金融科技系列丛书

Blockchain Finance
区块链金融

主编 郑红梅 刘全宝

9个 金融行业的应用解析
30个 实境演练和案例分析
帮读者真正了解区块链在金融行业的具体应用

西安交通大学出版社
XI'AN JIAOTONG UNIVERSITY PRESS

图书在版编目(CIP)数据

区块链金融/郑红梅,刘全宝主编.—西安:西安交通大学出版社,2020.6(2024.6 重印)
ISBN 978-7-5693-1720-6

Ⅰ.①区… Ⅱ.①郑… ②刘… Ⅲ.①电子商务—支付方式—教材 Ⅳ.①F713.361.3

中国版本图书馆 CIP 数据核字(2020)第 056685 号

书　　名	区块链金融
主　　编	郑红梅　刘全宝
责任编辑	郭鹏飞
出版发行	西安交通大学出版社 (西安市兴庆南路 1 号　邮政编码 710048)
网　　址	http://www.xjtupress.com
电　　话	(029)82668357　82667874(市场营销中心) (029)82668315(总编办)
传　　真	(029)82668280
印　　刷	西安五星印刷有限公司
开　　本	787mm×1092mm　1/16　印张 23.5　字数 587 千字
版次印次	2020 年 6 月第 1 版　2024 年 6 月第 7 次印刷
书　　号	ISBN 978-7-5693-1720-6
定　　价	56.00 元

订购热线:(029)82668525　(029)82667874
投稿热线:(029)82668525
读者信箱:xj_rwjg@126.com

版权所有　侵权必究

金融科技人才培养需要产教同行

今天,以云计算、大数据、人工智能、区块链等为代表的新一轮科技革命,对金融业产生着前所未有的影响。新技术正以其独有的渗透性、冲击性、倍增性和创新性推动金融行业发展到一个全新阶段。我国金融科技市场表现活跃,行业融资规模快速增长,优秀金融科技公司数量、金融科技融资额位于世界前列。金融科技是技术驱动的金融创新,通过新技术应用金融业务场景,为金融发展注入新的活力。发展金融科技教育,突出金融创新发展,培育金融科技人才成为当前我国高校重要使命之一。

中共中央总书记习近平于2019年10月24日在主持中共中央政治局第十八次集体学习时强调,要加快区块链和人工智能、大数据、物联网等前沿信息技术的深度融合,推动集成创新和融合应用。要加强人才队伍建设,培育一批领军人物和高水平创新团队。2019年8月,中国人民银行发布《金融科技(FinTech)发展规划(2019—2021年)》,提出要加强人才队伍建设,制定金融科技人才培养计划,造就既懂金融又懂科技的专业人才,优化金融业人员结构。

金融科技人才,是复合型创新人才,需要金融方面掌握扎实理论基础,科技方面掌握新兴前沿技术,具备对金融产品和金融服务的设计、应用、基本开发、维护的能力,具有良好的分布式思维、大数据思维等新思维,并能够针对不同金融场景掌握金融科技综合应用与设计能力。高校的金融专业人才毕业后可面向银行、保险、证券等金融机构,政府经济管理部门以及科技企业从事金融科技工作,应成为高素质复合型创新人才。金融与科技不仅仅是简单的结合,学生需要更深层次地了解这两者结合后所带来的新的商业逻辑和处理规则。当金融产业发生巨变时,如果我们教师还在课堂上固守传统的教学内容、教学方式,培养出的人才将无法适应和满足新时期金融行业的发展。所以,创新的内涵和产业的最新实践应用亟需补充到现有课程体系和人才培养体系中来,因此产教融合将是必然的要求和趋势。

区块链,作为金融科技核心技术之一,其"去中心化""不可篡改""公开透明"等特性在金融领域正在广泛应用,推动着金融服务模式的创新和变革,主要应用领域有:征信、审计、跨境支付、供应链金融、证券交易、保险、金融衍生品和租赁担保。由深圳职业技术学院经济学院的老师与北京知链科技有限公司共同编写的《区块链金融》一书,从区块链技术与金融的融合概述入手,详细介绍了区块链技术在金融中的典型应用场景,提出了区块链金融应用的风险及其监管方法,尤其是将理论内涵与实践应用场景无缝融合,通过理实一体的内容,加上实训实验的支撑,能够帮助金融专业的老师加速教学转型,让学生更易学习和掌握最前沿的金融科技知识。

金融科技时代已经到来,只有积极拥抱新技术,了解新场景,把握新机遇,才能赢得金融科技人才培养的新未来!希望该教材的面世,能够改变我国金融科技职教领域教材匮乏的局面,为新金融人才的培养贡献力量。

中国技术经济学会金融科技专委会副秘书长
郭金录
2020 年 3 月 10 日

前　言

2019年9月6日,中国人民银行印发《金融科技(FinTech)发展规划(2019—2021年)》(银发〔2019〕209号),指出"金融科技是技术驱动的金融创新,旨在运用现代科技成果改造或创新金融产品、经营模式、业务流程等,推动金融发展提质增效。在新一轮科技革命和产业变革的背景下,金融科技蓬勃发展,人工智能、大数据、云计算、物联网等信息技术与金融业务深度融合,为金融发展提供源源不断的创新活力。"

习近平总书记在中共中央政治局集体学习时强调,区块链技术的集成应用在新的技术革新和产业变革中起着重要作用。区块链技术应用已延伸到数字金融、物联网、智能制造、供应链管理、数字资产交易等多个领域。目前,全球主要国家都在加快布局区块链技术发展。我国在区块链领域拥有良好基础,要加快推动区块链技术和产业创新发展,积极推进区块链和经济社会融合发展。

行业的迅速发展和国家的政策支持为高职院校探索金融科技专业方向建设提供了有利依据和支撑。当前,许多高职院校正在进行金融专业的转型和金融科技方向的建设,《区块链金融》教材的编写正是适应这一趋势而做的努力和探索。

本书主要面向高职院校金融专业师生,通过大量的实境演练和案例分析,聚焦区块链技术的基本技术原理和金融场景应用,目标是培养金融与科技相融合的复合式人才,使其既掌握区块链技术的基本原理,又可以把握区块链技术如何赋能传统金融业务、解决传统金融业务的痛点,同时进一步理解区块链技术给经济、社会带来的深刻变革。

本书是产教融合的成果,主要由深圳职业技术学院、北京知链科技有限公司、平安集团等多方合作,共同完成。深圳职业技术学院紧跟金融科技发展的步伐,在全国高职院校中率先建设金融科技专业方向,率先开设"区块链金融"课程并进行教材的建设;北京知链科技有限公司率先完成"区块链金融创新实训平台"的开发,并将区块链技术赋能于课程建设和教学改革中;平安集团壹账链等为区块链的技术和场景应用提供了学习案例。

本书第一部分是区块链金融的基础篇,包括第一章到第五章,主要介绍了区块链技术的基本原理和区块链金融概况;第二部分是区块链在金融场景的应用,包括第六章到第十四章;第三部分是区块链发展前景及风险监管,包括第十五章和第十六章。

本书与其他区块链金融相关书籍相比,主要特色在于:

1.将复杂概念显性化,力求深入浅出。

将区块链技术赋能教学,设计模拟区块链工具,把看不到的底层技术,变成实实在在的数据块,将深奥的区块链知识点动态展示,显性化表达。通过各种模拟工具的演示让读者理解知识难点,特别适合文科学生学习。

2.区块链在金融场景中的应用逻辑清晰、循序渐进。

区块链在金融场景中的应用采取"传统金融业务流程—业务特点及痛点—区块链解决方案"这样三层逻辑逐步展开。学生能够循序渐进地学习,既学习和巩固了金融核心业务,也能够从金融风险控制等角度思辨地看待金融业务存在的行业痛点,进而理解区块链技术给金融行业带来的颠覆性变革和创新方向。

3.真实项目化的实战,培养学生解决区块链金融问题的能力。

全书的实境演练采用业务流程分角色全过程实战的形式。在实战中培养学生区块链思维和解决具体应用问题的能力,比如以百度超级链为公链,学生搭建测试链,学生通过模拟、体验、操作逐渐具备搭建链的能力和公链应用能力。

本书编写人员的分工如下:

深圳职业技术学院郑红梅副教授、北京知链科技有限公司刘全宝总裁任主编,提出编写设想、要求、大纲,对初稿进行总撰和统稿;第一章由白琳静编写,第二、三、四章由刘富潮编写,第五、十三章由王正硕编写,第六、七章由郑红梅编写,第八章由郭亚婕编写,第九章由郭亚婕、方浩文编写,第十章由刘富潮、邓剑兰编写,第十一章由刘富潮、张显未编写,第十二章由郑锦洲编写,第十四章由孙晓歌编写,第十五、十六章由农琴霞编写。

本书在编写过程中参考了大量区块链及区块链金融文献,吸收了他们的最新研究成果,在此表示感谢。由于作者水平有限,加上区块链金融课程在高职院校中刚开设,因此无论课程建设还是教材的编写都有很多不足,恳请同行和读者提出宝贵意见,以便不断完善。

编　者

2020 年 1 月

说 明

  区块链是一个复杂的多层次的技术系统，不只是单点技术的组成，其学习也需要多人配合和理实一体。为培养和提高学生对区块链金融实际应用部分的应用能力，促进高校积极开展区块链金融课程实践和应用技术人才培养，本教材在区块链理论部分，采用叙事、场景、实验的方式，通过多角度来帮助读者理解区块链技术。教材中的哈希、区块、区块链、时间戳、非对称加密、P2P网络、PoW、发行机制、智能合约等技术知识点都配有实操工具的二维码，读者可扫描相应二维码进行操作体验，加深对技术的理解。

  在后期区块链与金融部分的讲解，本书使用了基础知识、实境演练和案例分析的模式。目前，市面上尚无开源的区块链金融教学系统或网站供我们使用，为了让读者清晰理解区块链金融应用原理及过程，本教材使用了某科技有限公司的区块链金融创新实训平台中的案例场景。在教材中，我们对具体的应用案例采用了图释和说明的方式进行详细讲解，书中详细描述了每个案例的应用过程，使得教材内容全面、可读性强、通俗易懂。读者通过本书中相应案例的学习，无需实操，就能够体验区块链技术在相关金融行业中的具体应用，理解并掌握区块链在解决相关金融行业痛点方面的技术优势、创新性和重要意义。

  之所以以该平台的案例来讲解，是因为该平台包含公链、联盟链、私有链等多重环境与技术，涵盖供应链金融、保理融资、区块链电子发票、证券基金与商业保险等区块链应用场景。通过其特定教学环境和多人团队配合的方式，可以加强学生对区块链金融的理解和应用，满足学校理实一体、工管结合的复合型人才培养需要。

  本教材使用该平台只是为了讲解内容的需要。书中一部分案例提供有实操工具，一部分案例提供了视频讲解。对于未提供实操工具的案例，读者若想进行实际操作体验，可自行寻找相关的教学系统或网站。

编 者

2020 年 5 月

目 录

第一章　区块链金融概述 ... 1
- 第一节　从互联网到区块链 ... 2
- 第二节　区块链与金融科技 ... 6
- 第三节　区块链金融时代 ... 15
- 同步练习 ... 18

第二章　区块链基本概念 ... 19
- 第一节　区块链基础知识 ... 21
- 第二节　区块链技术的应用层次 ... 34
- 同步练习 ... 36

第三章　区块链技术原理 ... 38
- 第一节　数据层 ... 39
- 第二节　网络层 ... 47
- 第三节　共识层 ... 52
- 第四节　激励层及合约层 ... 58
- 第五节　应用层 ... 65
- 同步练习 ... 69

第四章　区块链术语解析 ... 72
- 第一节　区块链核心概念解析 ... 74
- 第二节　区块链跨链实现方式 ... 78

第三节　区块链现存的问题与解决方案 ………………………………… 82
　　同步练习 …………………………………………………………………… 87

第五章　区块链技术应用演练 …………………………………………… 89
第一节　建链实训 …………………………………………………………… 91
第二节　搭建区块链钱包实训 …………………………………………… 101
第三节　去中心化商贸交易实训 ………………………………………… 110
　　同步练习 ………………………………………………………………… 124

第六章　贷款业务 ………………………………………………………… 126
第一节　贷款业务及其流程 ……………………………………………… 127
第二节　传统贷款业务的难题 …………………………………………… 143
第三节　区块链金融解决方案 …………………………………………… 145
　　同步练习 ………………………………………………………………… 147

第七章　票据业务 ………………………………………………………… 150
第一节　票据及票据业务 ………………………………………………… 152
第二节　票据业务的主要痛点 …………………………………………… 159
第三节　区块链金融解决方案 …………………………………………… 168
　　同步练习 ………………………………………………………………… 171

第八章　供应链金融 ……………………………………………………… 173
第一节　什么是供应链金融 ……………………………………………… 174
第二节　供应链金融的困境 ……………………………………………… 176
第三节　区块链金融解决方案 …………………………………………… 178
　　同步练习 ………………………………………………………………… 201

第九章　跨境保理业务 …………………………………………………… 202
第一节　什么是商业保理 ………………………………………………… 203
第二节　跨境保理业务发展困境 ………………………………………… 211
第三节　区块链跨境保理解决方案 ……………………………………… 213
　　同步练习 ………………………………………………………………… 222

第十章　证券基金业务 ······ 223
第一节　证券基金业务简介 ······ 224
第二节　证券基金业务存在的主要问题 ······ 225
第三节　区块链金融解决方案 ······ 228
第四节　区块链应用与证券基金的案例实训 ······ 231
同步练习 ······ 257

第十一章　商业保险业务 ······ 258
第一节　商业保险概述 ······ 259
第二节　商业保险的困境 ······ 261
第三节　区块链保险解决方案 ······ 263
同步练习 ······ 296

第十二章　跨境支付业务 ······ 297
第一节　什么是跨境支付 ······ 299
第二节　传统跨境支付所面临的问题 ······ 302
第三节　区块链赋能跨境支付 ······ 303
第四节　区块链跨境支付的案例与展望 ······ 307
同步练习 ······ 309

第十三章　区块链发票 ······ 310
第一节　区块链发票的产生背景 ······ 312
第二节　什么是区块链发票 ······ 315
第三节　区块链发票案例实训 ······ 317
同步练习 ······ 330

第十四章　数字货币 ······ 332
第一节　数字货币概述 ······ 333
第二节　区块链在货币场景中的应用 ······ 335
同步练习 ······ 342

第十五章　区块链发展前景及挑战 … 344

第一节　区块链发展概述 … 345

第二节　区块链应用的参与主体 … 348

第三节　区块链前景展望及其挑战 … 350

同步练习 … 353

第十六章　国际监管与国内思考 … 354

第一节　主要国家及地区对区块链的监管政策 … 355

第二节　中国监管政策的思考 … 359

同步练习 … 361

参考文献 … 362

第一章

区块链金融概述

1. 理解金融科技的概念以及金融科技的运用场景。
2. 了解科技赋能现代金融业的发展历程。
3. 熟悉金融科技时代面临的机遇与挑战。
4. 掌握区块链基于金融科技时代的优势。
5. 了解区块链金融时代。

互联网　区块链　科技金融　FinTech　区块链金融

　　本章阐述了互联网的发展历程,区块链技术的发展脉络,金融科技的概念以及发展现状,并描述了其应用场景;指出了金融科技创新的瓶颈,以及区块链技术作为助燃剂对整个金融行业的影响。建议读者在进行此章节学习之前,可以简单了解互联网行业、金融科技行业、区块链行业的发展情况,以及区块链在金融领域的应用场景。

本章思维导图

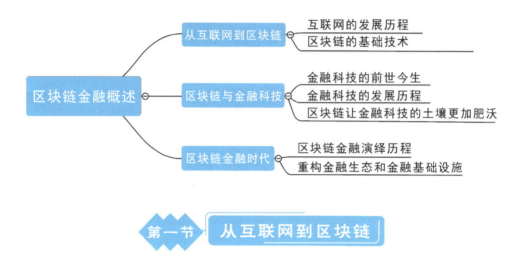

第一节 从互联网到区块链

一、从信息重构到价值重构

从前,车马慢,书信也很慢。

一骑红尘妃子笑,无人知是荔枝来。

唐僧师徒历经十余年,受尽"九九八十一难"取得真经。

现在的时代已完全不同,我们处在一个信息高速交换的时代,互联网改变了信息传递、交互和沟通等的方式,极大降低了沟通交流的成本。互联网带来的信息重构使世界发生了天翻地覆的变化。

(一)互联网的发展历程

17世纪末,蒸汽机的发明带来了工业革命,产生了工业文明。19世纪初,电动机的诞生带来了第二次技术革命。20世纪中期,随着互联网的出现,人类文明进入第三次技术变革时期。中国的互联网起始于20世纪80年代,如今,我们被互联网包围着:吃,可以网上订外卖;穿,可以在淘宝、京东上买衣服;住,网络成了像水、电、煤、气一样的必需品;行,网约车和共享汽车已经流行。互联网正在深深地影响着我们的生活、工作,它已成为我们生活和生产的基础设施。互联网发展也有其固定规律:萌芽兴起→野蛮生长→平稳过渡→有序增长→稳定发展,如今互联网处于野蛮生长和平稳有序的过渡期。我国互联网产业发展经历了三次大浪潮,如图1.1所示。

2019年11月,普华永道发布了《2019全球市值百大企业排名》,微软以9050亿美元高居榜首,排名前10的公司中,有7家属于互联网公司。以埃克森美孚、通用为代表的工业时代伟大的公司慢慢退出了历史舞台,而以苹果、微软、阿里巴巴等为代表的互联网公司影响着整个世界的发展轨迹,成就了属于自己的商业帝国。

第一章　区块链金融概述

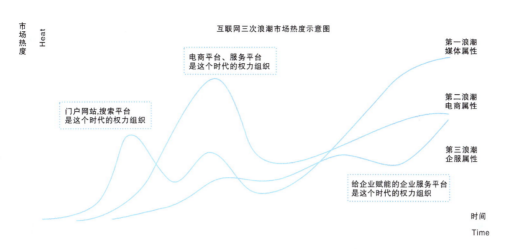

图 1.1　中国互联网产业的三次大浪潮

全球市值前十大公司变迁过程如图 1.2 所示。

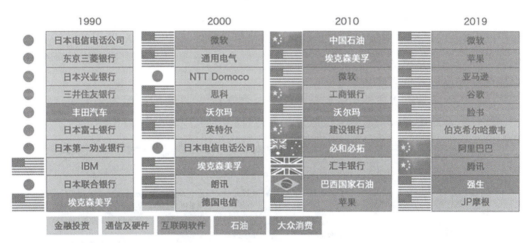

图 1.2　1990—2019 全球市值排名前 10 公司对比图

(二)比肩互联网的区块链

为什么开篇要提及这个问题？它跟我们将要学习的区块链相关：区块链会带来足以比肩信息重构的巨大变化。

区块链会改变什么？最重要的是会改变价值交互的方式，正如互联网改变了信息交互的方式一样。

二、区块链技术

在以比特币为代表的加密数字货币系统中，区块链技术是非常核心的底层技术。区块链技术最主要的优势是去中心化,能够通过数据加密、时间戳、分布式共识和经济激励等方法,在节点不需要互相信任的分布式系统中,实现基于去中心化的点对点交易、协调与协作,从而解决中心化机构普遍存在的问题,例如,高成本、低效率以及数据存储不安全等。

近年来,比特币快速发展,关于区块链技术的研究与应用也呈现出爆发式增长的态势,被认为是继大型机、PC、互联网、移动互联网、社交网络之后计算范式的第五次颠覆式创新,也是人类信用进化史上继血亲信用、贵金属信用、央行纸币信用之后的第四个里程碑。

区块链技术是下一代云计算的底层技术,有望像互联网一样彻底重塑人类社会活动形态,并实现从目前的信息互联网向价值互联网的转变。

(一)区块链的定义

区块链技术起源于 2008 年,由化名为"中本聪"(Satoshi Nakamoto)的学者在密码学邮件组发表的奠基性论文《比特币:一种点对点电子现金系统》中提出,目前尚未形成行业公认的区块链定义。

狭义来讲,区块链是一种按照时间顺序将数据区块以链条的方式组合成特定数据结构,并以密码学方式保证的不可篡改和不可伪造的去中心化共享总账(Decentralized Shared Ledger),能够安全存储简单的、有先后关系的、能在系统内验证的数据。

广义上,区块链技术则是利用加密链式区块结构来验证与存储数据、利用分布式节点共识算法来生成和更新数据、利用自动化脚本代码(智能合约)来编程和操作数据的一种全新的去中心化基础架构与分布式计算范式。

区块链技术是具有普适性的底层技术框架。总体来说,区块链系统由数据层、网络层、共识层、激励层、合约层和应用层共六层组成。具体每一层的作用如图 1.3 所示。

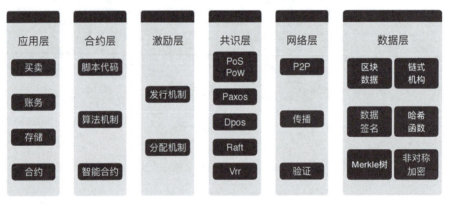

图 1.3 区块链的架构

(二)分布式账本

我们通过一个例子来说明:全校几万人一起开会,假设会议需要通过一项奖学金的决议,那怎么保证这个议程完全可靠,决议完全可信呢?

传统的方法是这样的:有工作人员专门负责笔录,把我们说的话全部记录下来,像记账一样。然后,我们举手表决,承认这份笔录的真实性。

那你发现其中的问题了吗?这个账是老师和学生会来记,账本在他们那里,也就是中心账本由他们控制。所以,想要篡改是挺容易的,对不对?而且举手表决,其中有多少成分是你的真实意见表示呢。

区块链的设计思路和上面的描述完全不同。这个账本由所有参加会议的人一起来记录，所有人都是独立的节点，而且发言会被广播到每个节点，并且验证记录。通过验证的信息会被加上当下的时间（即时间戳），然后这个带有时间戳的信息就被永久记录下来，存在所有人的账本里。到现在，大家应该已经发现，全校的人都拥有这个账本，而且里面记录的信息是被所有人验证的共识。

那为什么又说不可篡改呢？假设有人想修改这个账本上面的信息，单单修改一本是不够的，需要修改所有人的账本，显然也是不太可能的。当这个参与的节点越来越多时，这个分布式账本体系就会越来越牢固，这就是分布式账本（Distributed ledger）。

这样的技术手段就相当于我们一个群体有 N 个人，这个群体中所有的人，也就是 $N-1$ 个人在替其中任何一个人做担保。那么，这个 N 越大，群体越大，信任度就越高，共识当然就更可靠。不需要时间积累，也不需要一个中枢机构来背书，信任乃至信用就这么产生了。换言之，区块链以去中心化的特点解决了传统信用体系的弊端，即价值交换的基础设施建设，使得任何规模的价值交换都有了可以生存的土壤。

三、价值互联网：从信息传递到价值传递

互联网的诞生宣告了信息时代的到来，自此信息突破时空限制，以前所未有的速度进行传输。这场信息革命几乎完美地解决了信息传递问题，信息可在世界范围内无限复制，信息传递的边际成本近乎为零。但是，由于资产权属的唯一性，互联网所依托的 TCP/IP 协议不能实现信息确权，因此第一代信息互联网仍有赖于中介机构来承担记账功能，实现价值传递，这也制约了数字经济的进一步发展。

引入区块链分布式账本的记录机制能够推动互联网从信息互联到价值互联的转变。首先，如何去理解价值呢？

价值是人们的一种共识。而经济学里，供给和需求都在寻找这个共识的均衡点。寻找过程是通过市场来实现的，价格作为信号反映着供给需求面的变化，也影响着供给和需求的变化，实现资源的最优配置。这个过程会有很多摩擦，像信息不透明、物流交易成本、生产能力等。所以，价格和价值一定是动态变化的。

互联网交换传递信息，但区块链技术能够传递价值，价值和信息的区别在哪呢？

例如，A 表示要通过互联网给 B 授权一个剧本的版权，B 可能会有所顾忌，因为 A 的电脑里面还存储有副本，B 无法确定 A 是否还会给其他人授权，即使 B 知道别人也有这个剧本的授权，但要追查是否为 A 所授权的成本也很高。所以为了维护 B 的权益，必须高度依赖线下的合同和第三方公正等中介机构来证明，而区块链技术就可以有效地解决这个问题，通过价值的传递，让全网的每一个节点都知道 A 把版权给了 B，A 手里即使有副本，全网也不会承认这是 A 的版权，这就是区块链技术带来的价值传递。

如图 1.4 所示，信息通过复制进行传递，而区块链通过全新的记录机制进行资产确权，实现了价值转移。由此，信息不再只停留于虚拟世界，而实现了与现实世界产品的一一对应，股权、债券、产权等都可在区块链技术的帮助下以数字形式进行价值存储或者转移，数字化也使得所有交易流程公开透明、可溯源，为监管提供便利的同时，也杜绝了重复交易问题的发生，互

联网开始从信息高速公路升级为价值高速公路。

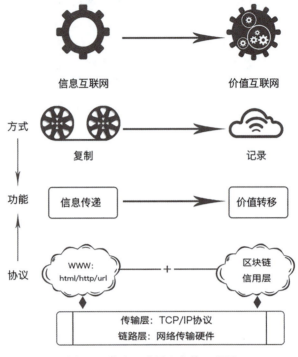

图 1.4　信息互联网和价值互联网

区块链运用分布式账本等技术,构建了一种跨越时间的共识机制,触及了人类社会交易的本质——信用和确权。这会带来对价值的重新认识,随之将带来交易模式的改变,价值共识和交易模式的改变,将进一步促进市场概念的重新塑造,这就是我们强调的"价值重构"。

第二节　区块链与金融科技

金融科技(Financial Technology,FinTech)是近年来发展很快,而且备受关注的领域。2016年,金融稳定理事会(Financial Stability Board,FSB)提出了金融科技的概念;2017年,我国成立了中国人民银行金融科技委员会,主要负责加强金融科技工作的研究规划和统筹协调。金融科技是以技术为驱动的金融创新,为互联网时代的金融业发展注入了新的活力,也给金融安全带来了新挑战。如图 1.5 所示为"金融科技"在谷歌中的搜索热度变化。

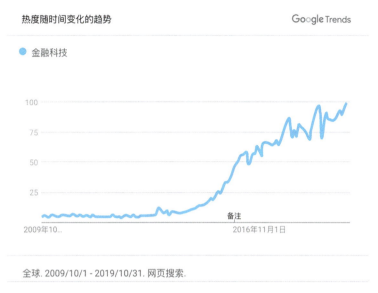

图1.5 "金融科技"在谷歌中的搜索热度变化

说明：图中的数字是一个比值，代表在给定的区域和时间内搜索兴趣相对于整个图中的最高点的比例。数字100代表流行度的峰值，而50代表流行度只有峰值的一半，0则代表流行度小于峰值的1%。

一、金融科技的前世今生

（一）金融科技的概念

在全球范围内，金融科技目前仍处于发展初期，涉及的业务模式尚不稳定，不同国家和地区在业务上也存在一定程度的差异，所以对金融科技尚无统一定义。2016年3月，全球金融治理的牵头机构——金融稳定理事会（FSB）发布了《金融科技的描述与分析框架报告》，这是国际层面初次较为明确的定义。

报告指出，金融科技是技术驱动的金融创新，金融科技主要是指由大数据、区块链、云计算、人工智能等新兴前沿技术带动，对金融市场以及金融服务业务供给产生重大影响的新兴业务模式、新技术应用、新产品服务等。

在实践中，金融科技有时是指对现行金融业务的数字化或者电子化，如网上银行、手机银行等；有时是指可以运用于金融行业的各类新技术，如分布式账本、云计算、大数据等；有时则指与现有金融机构形成合作或竞争关系的科技企业、电信运营商等。随着理论知识和实践应用的进一步发展，金融科技的概念也会随之变化，将不断调整、充实和完善。

（二）金融科技的主要分类

金融科技有两个层面的内涵。

一是指作为技术的金融科技，就本书而言主要是指作为未来金融行业支撑的四大关键技术：人工智能、区块链、云计算和大数据计算，如图1.6所示。

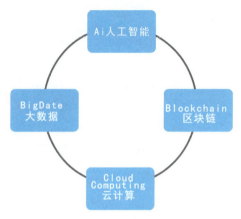

图 1.6　金融科技的四大关键技术

二是指以金融科技为技术支撑的金融业态(也即金融科技的应用场景)。金融稳定理事会(FSB)和巴塞尔银行监管委员会(Basel Committee on Banking Supervision,BCBS)把金融科技活动分为:支付结算、存贷款与资本筹集、投资管理、市场设施等,其中指出对于金融科技创新,其供给侧驱动因素是不断演进的新技术和金融监管,需求侧的影响因素则是不断变化的企业与消费者行为偏好。

目前,这 4 类业务在发展规模、市场成熟度等方面存在差异,对于现有金融体系的影响水平也有所差异,如图 1.7 所示。

支付结算	存贷款与资本筹集	投资管理	市场设施
＊ 零售类支付	＊ 借款平台	＊ 智能投顾	＊ 跨行业通用服务
移动钱包	借贷型众筹	财富管理	客户身份数字认证
点对点汇款	线上贷款平台	＊ 电子交易	多维数据归集处理
数字货币	电子商务贷款	线上证券交易	＊ 技术基础设施
＊ 批发类支付	信用评分	线上货币交易	分布式账本
跨境支付	贷款清收		大数据
价值转移网络	＊ 股权融资		云计算
数字交换平台	投顾型众筹		

图 1.7　金融科技业务模式分类

1. 支付结算类

支付结算类业务主要包括面向个人客户的小额零售类支付业务(如支付宝、Paypal 等)和针对机构客户的大额批发类支付服务(如跨境支付、外汇兑换等)。像微信支付和支付宝等互联网第三方支付,虽然业务发展迅速并趋于成熟,但依旧是依赖银行支付系统的,并没有从根本上替代银行的支付功能,也没有对银行体系造成重大冲击,二者更多的是实现分工协作,优势互补。

金融机构的支付服务主要针对客户大额、低频次以及对效率和费用不敏感的支付需求;互联网第三方支付则主要满足客户在互联网环境下对小额、高频、实时、非面对面、低费用的非现金支付需求,更多的是发挥对传统金融支付领域的补充作用。

2. 存贷款与资本筹集

此类业务主要包括 P2P 网络借贷和股权众筹,即融资方运用互联网平台,用债权或者股权形式向一定范围内的投资者募集小额资金。

此类业务的定位是服务传统金融服务无法完全覆盖的个人和小微企业,满足其融资需求。虽然借助互联网的优势其业务发展较快,参与机构数量众多,但仍然无法与传统金融融资业务相比,其所占比重依旧较低,只是作为一种对现有金融体系的补充而存在。

3.投资管理类

该类业务主要包括智能投资顾问和电子交易服务。智能投资顾问是运用智能化、自动化系统提供合理的投资理财建议;电子交易服务是提供各类线上证券、货币交易的电子交易服务。智能投资顾问模式主要出现在少数交易标准化程度较高的发达国家金融市场,应用领域还比较有限,发展前景也有赖于计算机人工智能和自我学习,最后能否提供比人工顾问更优的投资策略建议,还取决于市场、投资者能否逐步适应和接受。

4.市场设施类

该类业务主要包括可多行业通用的客户身份认证、多维数据归集处理等基础技术支持,以及分布式账本、大数据、云计算等技术基础设施。此类业务的科技属性较为明显,更多属于金融机构的外包服务业务范围。

在上述四类业务中,前三类业务具有较明显的金融属性,一般属于金融业务并纳入金融监管;第四类并不是金融行业特有的业务或技术应用,通常被界定为针对金融机构提供的第三方服务。

二、金融科技的发展历程

金融科技是一个现代概念,其发展可以追溯到 19 世纪,即 1838 年电报的使用和 1866 年第一条海底跨洋电缆的成功铺设。这两项技术创新奠定了 19 世纪晚期金融全球化的基础。

银行是最先运用电脑的行业之一,最早的电脑商用框架就是为一家银行设计的,这一技术的使用促使银行加快了内部操作的流程。自动取款机(Auto Teller Machine,ATM)被认为是 20 世纪最重要的金融技术发明创新,1967 年 6 月 27 日,巴克莱银行在英国恩菲尔德设置了世界上第一台自动取款机,人们通过这台电子通信设备可以进行金融交易,如图 1.8 所示。得益于这一发明,金融服务变得更为便利,人们不再为银行柜台所束缚。

ATM 是金融领域应用新技术的成果之一,在客户和金融机构之间用自动设备代替了人工,这大大降低了金融机构的服务成本。ATM 的出现从某种角度上说,开创了金融科技时代。ATM 是第一个显示科技与

图 1.8 1967 年世界上第一台自动提款机

金融之间内在联系的发明,在此之后,科技与金融的关系逐渐疏远,直到 20 世纪 80 年代后期,从消费者的视角看,金融仍然是建立在模拟技术之上的。

进入 21 世纪,金融业无论从外部还是内部都开始了完全数字化的进程,信息通信技术领域的投资展现了其与金融之间的关联性。传统金融机构面临着金融科技企业的直接竞争。

2009年，比特币的诞生让金融机构看到了其底层区块链技术所带来的革新：能够优先地构建价值信用体系，从而最大程度消除信息不对称，提升交易效率，降低交易成本。

（一）金融科技发展阶段

科技赋能现代金融业的发展历程如图1.9所示。

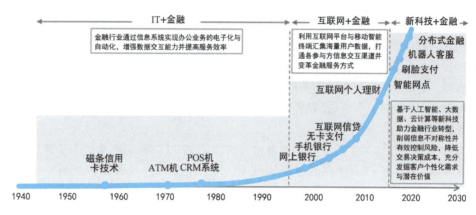

图1.9 科技赋能现代金融业的发展历程

金融科技的演化经历了几个主要阶段：

(1)金融科技1.0时代，即1866—1967年，金融业与技术的重要联系是模拟产业。

(2)从1967年开始，通信和交易处理的数字技术促进了金融业从模拟产业向数字产业的快速转型。至1987年，至少在发达国家，金融业已经高度的全球化和数字化。到2008年为止，这个阶段可称为金融科技2.0时代，这一时期，传统的金融类企业引导着金融技术创新，它们运用技术来开发新产品和服务。

(3)2008年之后可以说是金融科技3.0时代，这是一个崭新的阶段。新型的创业企业和技术类企业开始向消费者直接提供金融产品和服务。目前的工业4.0展现了实体和虚拟的产业机器之间联系日益加强的画面，制造业的智能化带来了诸多好处，如前所未见的规模化数据搜集、融合和分析。因此，金融科技4.0时代也逐渐出现，这个阶段金融科技企业与传统金融机构之间的金融科技创新联系将更为密切，并呈现出以下两个特征：基于技术视角的一体化技术解决方案；基于金融产业视角的金融科技创业企业与现有金融体系的融合。

但是，在金融科技4.0阶段，也可能出现威胁。金融科技的初创型企业在数量和复杂性上不断增加，它们建立了许多与传统服务的连接，而这些系统间的界面连接通常也是网络脆弱性的一般来源。为了防止危险的发生，数字化金融系统间的界面需要进行严格的审查，如产品开发期间的侵入性测试、实施者清白的历史记录以及对整体系统的全面审视。

纵观人类的金融发展史，科技创新与金融创新始终紧密相连：金属冶炼技术的发展让金属货币取代了实物货币，造纸印刷术的成熟让纸币逐渐流通。进入信息社会以来，信息技术的运算速度及新技术的出现速度不断加快，而金融与科技的共生式成长也使得现代金融体系经历着指数级的增长。

从"IT+金融"到"互联网+金融"阶段，再到现在我们正经历的以区块链、人工智能、大数据、云计算为代表的"新科技+金融"阶段，甚至于最新发展起来的"区块链+金融"阶段，每个金融阶段持续的时间越来越短，金融科技的创新速率越来越快，对于金融从业者及金融监管来说,新时代下的金融科技发展充满了机遇与挑战。

(二)金融科技的技术驱动因素

金融科技主要包括区块链、大数据、云计算和人工智能四大技术驱动因素。金融行业依靠这些新技术一方面不断拓展自身行业宽度,另一方面不断挖掘行业发展深度,对金融机构和市场产生着巨大的影响。

1.区块链

区块链技术是一种古老又创新的技术,从技术层面来说,区块链的基本要素已经存在很长时间。区块链本质上是一个去中心化的数据库,同时也是一串使用密码学方法相关联产生的数据块,每一个数据块中都包含了网络交易的信息,用于验证信息的有效性和生成下一个区块。

如果将比特币比作电子黄金,区块链就是一个公共的账本,每一个区块就是账本上面的一页,当其中任何一个人发生交易时链上的所有人都会在自己的账本上收到交易信息,并且这些交易信息完全是公开的、加密且不可被篡改的。于是,每个人手里面的账本都是最新的交易数据,这样就不需要任何权威的第三方清算机构。

2.大数据

大数据技术也是金融科技强有力的驱动因素之一。全球著名咨询公司麦肯锡在2011年发布的《大数据:创新、竞争和生产力的下一个前沿领域》报告中,首次提出"大数据"这一概念。该报告认为:"大数据指的是大小超出常规的数据库工具获取、存储、管理和分析能力的数据集"。大数据通常具有多种属性:国务院印发的《促进大数据发展行动纲要》中提到,大数据是以容量大、类型多、存取速度快、应用价值高为主要特征的数据集合。

国际数据公司(IDC)从大数据的四个特征来定义,即海量的数据规模(volume)、快速的数据流转和动态的数据体系(velocity)、多样的数据类型(variety)、巨大的数据价值(value)。

关于海量数据规模,根据国际数据公司的《数据宇宙》报告显示:2008年全球数据规模为0.5ZB,2010年为1.2ZB,人类正式进入ZB数据时代。更为惊人的是,2020年全球数据量仍保持每年高于40%的高速增长,大约每两年就翻一倍,可以看作是"大数据爆炸定律"。

关于大数据"快"的特点,主要体现在两个方面:一是动态的数据体系成熟发展,导致短时间产生庞大数据,例如,点击流、日志数据、GPS位置信息;二是数据处理技术的进步,导致数据流转加速。

大数据的"多样性"特点更为直观。随着传感器、智能交互协作技术的飞速发展,组织中的数据变得更加复杂,不仅包含传统的结构化数据,还包含来自网页、互联网日志文件(包括点击流数据)、电子邮件、文档、主动和被动系统的传感器数据等原始、半结构化和非结构化数据。

3.云计算

美国国家标准与技术研究院(NIST)对云计算的定义为:云计算是一种按使用量付费的模式,这种模式提供可用的、便捷的、按需的网络访问,进入可配置的计算资源共享池(资源包括网络、服务器、存储、应用软件和服务),这些资源能够被快速提供,只需投入很少的管理工作,或与服务供应商进行很少的交互。

中国云计算专家咨询委员会副主任、秘书长刘鹏教授给出的定义是:云计算是通过网络提供可伸缩的廉价的分布式计算能力。云计算通常体现为3种服务交互模式:基础设施即服务(IaaS)、平台即服务(PaS)和软件即服务(SaS)。

基础设施即服务是指把IT基础设施作为一种服务通过网络对外提供,并根据用户对资源的实际用量或占用量进行计费的一种服务模式。在"平台即服务"模式下,用户可以采用特定编程语句开发的应用程序管理数据。在"软件即服务"模式用户能够使用服务商在云基础设施上的应用,可以利用终端登录服务门使用相关应用程序和系统。

(1)云计算的应用。我国的阿里巴巴集团是国内较早提供金融云服务的企业。2013年11月27日,阿里云宣布将整合阿里巴巴集团旗下各方资源推出金融云服务,联合其金融产品解决方案,为银行、基金、保险等金融机构提供资源和互联网服务,同时还将为这些机构提供支付宝的标准接口和环境,让金融机构能够更好地开展互联网业务。金融云通过提供科技支撑,让小微金融更加专注于金融业务的创新发展,实现专业化、集约化发展,促进金融与科技信息的合作共赢。

(2)云计算的优势。云计算的迅速发展得益于其本身所具有的发展潜力和巨大优势,主要表现在以下几个方面。首先,云计算可以帮助用户迅速搭建应用,使企业不必购买硬件和组织人员维护应用,通过将应用搭建在云上,帮助企业领先一步。其次,云计算可以帮助企业节约建立基础设施的成本。按传统习惯部署软件,势必会对企业资源造成一定的浪费。

(3)云计算的不足。任何事物都有两面性,云计算也不例外,它依然面临许多问题。第一,数据的安全性问题。很多企业不会选择将具备竞争优势或包含用户敏感信息的应用软件放在云上,若数据泄露将会对企业产生重大冲击。第二,云计算会在一定程度上降低企业的自主权。企业出于谨慎考虑,通常希望能够完全管理和控制自己的应用,云计算在某种程度上降低了企业的自主权。

4.人工智能

人工智能(Artificial Intelligence,AI)是研究和开发用于模拟、延伸扩展人的智能的理论、方法、技术及应用系统的一门技术科学。人工智能首次被提出是在20世纪50年代,发展至今,经历了两次高潮和两次低谷。

第一次高潮是在1956—1974年,这一时期涌现了大批新的研究方向,包括搜索式推理、自然语言和微世界等。然而好景不长,在1974—1980年,人工智能的发展进入了第一次低谷,由于计算机运算能力的限制,导致AI程序在处理一些复杂问题时面临挑战,另外数据的缺乏也导致人工智能在自然语言方面进步缓慢。

得益于专家系统的应用,人工智能迎来了发展的第二个黄金时期。专家系统是一个智能计算机程序系统,其内部含有大量的某个领域专家知识与经验,能够利用人类专家的知识和解决问题的方法来处理问题。专家系统可以从一组知识库中验算逻辑和规则,从而解决某一特定领域问题。1980年,卡内基梅隆大学为数据设备公司设计的XCON专家系统,每年能为该公司节省4000万美元的运营费用,这引发了全世界范围内公司的效仿,1980—1987年,人工智能重获新生。

然而在1987年后,曾经发展良好的专家系统不能在更大规模和范围的领域得以运用,并且专家系统的维护费用居高不下,人们开始对专家系统失望,人工智能研究再次遭遇寒冬。

20世纪90年代后,随着计算机设备和技术,以及互联网的快速发展,人工智能逐渐被应用到越来越多的领域,如无人机、自动驾驶等,深度学习算法在语言和视觉识别上取得了较大的进展。2016年,AI击败了韩国围棋九段选手李世石,翻开了人工智能的新篇章。

三、区块链让金融科技的土壤更加肥沃

(一)区块链的特征

随着金融科技的不断发展,近年来创新与变革一直是金融领域的主旋律。金融业的发展壮大需要强大的信用体系为基础,金融机构也一直在寻求一种能够构建在互联网上的信用机制。区块链技术为此提供了一种可能,其特征表现见表1.1。

表 1.1 区块链技术特征

区块链特征	说明	对传统金融业发展瓶颈的突破
去中心化	由于使用分布式核算和存储,不存在中心化的硬件或管理机构,任意节点的权利和义务都是对等的,系统中的数据块由整个系统中具有维护功能的节点来共同维护	交易双方不再需要依赖一个中央系统来负责资金清算并存储所有的交易信息,而是可以基于一个不需要进行信任协调的共识机制直接进行价值转移。由于建立一个可靠的、中心化的第三方机构需要庞大的服务器成本和维护成本等,并且一旦受到攻击可能影响整个系统的安危,而去中心化方式在省却了这些成本的同时,其系统的每个节点均存储一套完整的数据拷贝,即便多个节点受到攻击也很难影响整体系统的安全。因此对去中心化模式而言,其本身的价值转移成本及安全维护成本都相对较低
透明性	系统是开放的,除了交易各方的私有信息被加密外,区块链的数据对所有人公开,任何人都可以通过公开的接口查询区块链数据和开发相关应用,因此整个系统信息高度透明	信任是金融业的基础,为维护信息,传统的金融业发展催生了大量高成本、低效率、单点故障的中介机构,包括托管机构、第三方支付平台、公证人、银行、交易所等。区块链技术使用全新的加密认证技术和去中心化共识机制去维护一个完整的、分布式的、不可篡改的账本,让参与者在无须相互认知和建立信任关系的前提下,通过一个统一的账本系统确保资金和信息安全。公开透明的信息能提升社会对整个金融行业的信息
自治性	区块链采用基于协商一致的规范和协议(比如一套公开透明的算法)使得整个系统中的所有节点能够在信任的环境自由安全地交换数据,使得对"人"的信任改成了对机器的信任,任何人为的干预不起作用	传统合约是指双方或者多方协议做不做某事来换取某些东西,每一方必须信任彼此会履行义务。而智能合约具备三个特点:自治、自足、去中心化,智能合约无须彼此信任,因为智能合约不仅是由代码进行定义的,也是由代码强制执行的,完全自动且无法干预。减少了金融行业内的人为错误,提升人群对金融的信任度

续表

区块链特征	说明	对传统金融业发展瓶颈的突破
数据不可篡改性	一旦信息经过验证并添加至区块链,就会永久地存储起来,除非能够同时控制住系统中超过51%的节点,否则单个节点上对数据库的修改是无效的,因此区块链的数据稳定性和可靠性极高	以区块链技术为支持的交易是基于一个防篡改的账本,想要闯入用户账户会非常困难。这能够保证金融行业客户账户的安全性
匿名性	由于节点之间的交换遵循固定的算法,其数据交互是无须信任的(区块链中的程序规则会自行判断活动是否有效),因此交易对手无须通过公开身份的方式让对方产生信任,对信任的累积非常有帮助	在传统的金融行业中,用户在交易过程中需要提交繁杂的个人资料信息,然而这些信息很容易导致用户隐私泄密。而区块链的匿名性能够保证用户在交易过程中只提供交易所需的信息,其他信息可以受到隐私上的保护

(二)区块链碰上金融科技的火花

金融行业发展的基础是信任。为了建立起信任机制,金融在发展过程中催生了大量的中心化机构,包括证券公司、第三方支付平台、银行和交易所等。但是,这类中心化机构对金融信息的处理存在时滞,中心化机构的运营也需要花费大量的成本。因此,如何低成本、有效地建立信任关系引起了金融业的广泛关注。

传统经济活动通常依靠中心化方案解决交易或支付问题,即通过某机构或政府信用作背书,将所有价值转移计算放在一个中心服务器中,所有活动参与者必须信任唯一中心化的人或机构。基于区块链技术的分布式数据库,通过程序化记录、储存、传递、核实、分析信息数据,形成信用机制,相比传统或第三方建立的信用机构,将节省大量人力和交易成本,为经济活动提供安全可信的交易环境。

就证券交易所而言,区块链技术主要用于股票的分类、发行和交易记录,因为区块链上的所有数据都是难以被篡改的,并且区块链中的交易确认和结算同时进行,在交易完成后自动写入分布式账本,并更新其他节点对应的分布式账本,自动化的运作机制可以大幅缩短结算的周期。

(三)区块链技术的优势

区块链技术在经济、金融领域将发挥以下优势:

一是降低信用风险。区块链技术开源、透明的特性,使经济活动参与者能够知晓经济事务规则。在区块链技术下,每个数据节点都可以验证账本内容、构造历史真实性和完整性,在一定程度上使经济活动可追责,易于降低系统信任风险。

二是金融机构业务流程优化。引入区块链技术后,交易被确认的过程即实现了清算、结算和审计的全过程。相比金融机构的传统运行模式,有可能节省大量的人、财、物资源,对优化金融机构业务流程、提高金融机构的竞争力具有重要意义。

三是驱动新型商业模式的创新发展。区块链技术的引入将突破中心化模式下的传统商业流程,实现大数据下难以实现的新商业模式,对数以万计的用户身份、制度和维护任务进行管理。

四是促进共享金融和共享经济发展。共享金融的本质是通过减少金融信息的不对称性,实现金融资源优化配置,并通过严格的第三方认证和监督机制,保证交易双方权益的落实,促成交易达成。通过使用区块链技术,金融信息和金融价值能够得到更加严格的保护,实现更高效、更低成本的流动,从而实现价值和信息的共享。

(四)区块链技术的不足

就区块链本身而言,底层的技术元素已相对成熟,但应用层面尚缺乏统一的标准。此外,在技术层面,区块链面临的技术难题主要包括51%的攻击问题、工作效率问题、资源消耗问题以及区块间的博弈和冲突等。

51%的攻击问题是指由于区块链的监管依靠网络中的所有节点共同完成,因此,从理论上讲,只要掌握全网51%的算力就能够篡改区块链数据。工作效率问题指的是由于采用分布式存储,即网络中的每一个节点都要存储一份数据库,并且当数据库发生更新时,节点需要进行确认并做记录,因此,在一些数据记录频繁产生的应用场景下,区块链的应用性可能会受到限制。

第三节 区块链金融时代

一、区块链金融演绎历程

区块链开始引人瞩目与比特币的风靡密切相关。区块链强大的容错功能,使得它能够在没有中心化服务器和管理的情况下,安全稳定地传输数据。从诞生到现在,区块链专家梅兰妮·斯沃恩(Melanie Swan)将区块链发展规划分为三个阶段:区块链1.0、区块链2.0、区块链3.0。

(一)区块链1.0:以比特币为代表的可编程货币

比特币设计的初衷,是构建一个可信赖的、自由、无中心、有序的货币交易世界,尽管比特币出现了价格剧烈波动、挖矿产生巨大能源消耗、政府监管态度不明等各种问题,但可编程货币的出现,让价值在互联网中直接流通、交换成为可能。可编程货币即指定某些货币在特定时间的专门用途,这对于政府管理专款专用资金等有重要意义。

区块链去中心化、基于密钥的毫无障碍的货币交易模式,在保证安全性的同时也大大降低了交易成本,对传统的金融体系可能产生颠覆性影响,也描绘出一幅理想的交易愿景——全球货币统一。区块链1.0设置了货币的全新起点,但构建全球统一的区块链网络还有很长的路要走。

(二)区块链2.0:基于区块链的可编程金融

数字货币的强大功能吸引着金融机构采用区块链技术开展业务,人们试着将"智能合约"

加入区块链中形成可编程金融。目前,可编程金融已经在股票、私募股权等领域有了初步的应用。例如,目前交易所积极尝试用区块链技术实现股权登记、转让等功能,华尔街银行通过联合打造区块链行业标准,提高银行结算支付的效率,降低跨境支付的成本。

目前商业银行基于区块链的应用领域主要有:

一是点对点交易。如基于 P2P 的跨境支付和汇款、贸易结算以及证券、期货、金融衍生品合约的交易等。

二是登记。区块链具有可信、可追溯的特点,因此可作为可靠的数据库来记录各种信息,如存储反洗钱客户身份资料及交易记录。

三是确权。土地所有权、股权等合约或财产的真实性验证和转移等。

四是智能管理。即利用"智能合同"自动检测是否具备生效的各种环境,一旦满足了预先设定的程序,合同会得到自动处理,比如自动付息、分红等。目前,包括商业银行在内的金融机构都开始研究区块链技术并尝试将其运用到实践中,也许现有的传统金融体系正在逐渐被区块链技术所颠覆。

(三)区块链 3.0:区块链在其他行业的应用

除了金融行业,其他领域也开始应用区块链。在法律、零售、物联、医疗等领域,区块链可以解决信任问题,不再依靠第三方来建立信用和信息共享,提高整个行业的运行效率和整体水平。

二、重构金融生态和金融基础设施

区块链的本质是一种分布式共享记账技术,通过使用全新的非对称加密认证手段和点对点的网络架构,维护一个无法篡改的连续账本数据库,能够让区块链中的参与者在无须相互认知和建立信任关系的前提下直接实现价值传递,而不再依赖于线下中介机构,被誉为"超越信息传递的第二代互联网技术"。这种信用范式的重构,在全球化的互联网金融基础设施中构筑起新的信用大厦,对金融机构和金融创新来说意义重大,逐渐成为金融科技的重要底层技术。

(一)分布式架构下的去中介化挑战传统金融机构的信用中介角色

现代金融的核心职能是信用中介。从早期古典经济学家如亚当·斯密、约翰·穆勒等提出"信用媒介论"以来,信用一直是金融活动的基础。信息不对称问题又决定了金融交易过程中介存在的必要性,市场信息不对称带来的"道德风险"和"逆向选择"问题无法避免,掌握信息较多的一方,往往会利用信息优势攫取对方利益,信用问题随之产生。例如金融领域的骗保、骗贷,这些行为严重影响了资源配置效率,阻碍了金融体系正常运转。

互联网的出现使得信息可以实时传递,这极大缓解了信息不对称的影响。但是,互联网时代的交易主要是信息的直接交互,而非交易双方直接面对面进行,交易双方相互了解不够深入,因此存在难以逾越的信任障碍。互联网金融中信用构建的基础在于信用数据的收集和分析,信用评级以及风险控制模型的准确度,主要取决于互联网金融机构对数据的积累和理解,信用数据俨然已经成为互联网金融企业竞争的核心要素。

然而,传统的信用数据获取仅限定于特定的征信企业,受自身利益关联和用途难以把控的影响,这些企业所获得的信用数据往往无法有效共享给互联网金融机构。互联网金融机构又因为无法获取有关征信的资质,而缺乏其所需的真实有效数据,使得互联网金融陷入两难的局面。因此,互联网金融的大数据技术和P2P等技术在有效减少信用构建成本的同时,也造成了"数据孤岛"乃至"信用孤岛"的问题。

区块链技术的出现则能有效化解这一难题,区块链技术通过共识算法、非对称加密等技术可在完全陌生的节点间建立信用,重建了征信行业的信用机制,所有的信用数据都被维护在区块链上,各个企业只要有客户提供的私钥就可以访问相关信息,且信息难以被篡改、安全可靠、公开透明。

(二)数字货币对传统货币的挑战引发货币融通方式的变革

金融的目的在于实现货币资金的融通。在周期性金融危机的阴影下,人们重新提出了古老的问题:完全去中心化和非国家化的货币发行,能否通过自由竞争形成更加稳定的货币体系?

以比特币为代表的若干种加密数字货币的涌现,特别是首个国家法定数字货币——委内瑞拉石油币的出现,引发了人们对当前以政府信用为背书的信用体系的思考。相较传统货币,数字货币的发行与交易具有低成本、高效率的特点,随着商业化创新和监管的完善,数字加密货币必将获得进一步的发展,同时也可丰富传统的货币以及支付体系。

除了货币的发行机制,区块链还可以有效改变当前的货币流通机制,提升金融运行效率。区块链系统将代替央行掌握、控制货币供应量,资金由区块链根据市场供需注入公共货币供应系统并进入交易市场。经由区块链,货币进入交易市场的方式更为直接,对央行等金融机构的依赖性也进一步降低,从而实现对传统金融运行本质上的变革。

(三)去中心化的价值转移奏响传统支付结算体系变革的前奏

金融作为经济的血液,"支付就是金融的血管",在不同主体的金融交换和货币债权转移过程中,支付成为"一切商业行为的入口,数据和流量的中心"。支付结算体系是金融系统的核心基础设施,关乎金融业的效率与稳定。而传统的支付结算体系依托清算中心进行银行间的数据交互,通过中心化机构的背书来解决信用问题,因此受制于多中心、多环节,对账、清算、结算的成本较高。互联网通过技术手段提升了支付结算的效率,但并没有改变其中心化的架构,一方面易受黑客攻击,安全性不高;另一方面,单点故障往往导致整个系统瘫痪,稳定性差。

区块链技术的核心特征是能以准实时的方式,在无须可信的第三方参与的情况下实现价值转移。与传统支付体系相比,区块链支付使得交易双方直接进行数据交互,实现点对点支付,不涉及中介机构,在极大地降低中心化支付方式系统性风险的同时,还具备成本和效率优势,同时,系统自动完成结算过程,实现了"交易即结算"。

(四)技术的高安全性带来金融市场风险管理的优化

金融是一种不确定、动态的经济过程,金融风险是金融活动的内在属性,普遍存在于现代金融之中。随着金融风险管理理论的演进,现代风险管理除了基本的防范损失外,还包括风险定价等以盈利及回报为中心的活动,金融风险管理已成为各类金融机构的主要业务。

传统互联网技术,尤其是大数据,为信息处理和信用分析提供了便捷的手段,这在一定程度上改善了风险管理。但是,互联网金融本身亦存在较大的安全隐患,一方面,大数据本身需要庞大数据库的支撑,随着数据的集中,固有的数据库存储和加密技术难以防范数据集更改和信息盗取等风险;另一方面,信用风险高发,P2P借贷平台违约事件不断。

区块链使得数据在公开透明、可追溯的同时,实现了去中心化,进而不易被篡改和盗取。

同时,在区块链构建的新的信用机制下,所有信息公开透明、真实有效,有助于建立白名单和黑名单,以准确对客户进行信用评级,从而有效进行事前风险控制、防范金融诈骗行为。此外,在智能合约的协助下,所有交易过程都可以智能化执行,降低操作风险。

1. 由于节点之间的交换遵循固定的算法,其数据交互是无须信任的,因此交易双方无须通过公开身份的方式让对方产生信任,对信任的累积非常有帮助,这属于区块链的什么特征。( )(单选)
   A. 透明性　　　　B. 匿名性　　　　C. 去中心化　　　　D. 数据不可篡改性
2. 区块链的本质是(　　)。(单选)
   A. 数据库　　　　B. 计算机技术　　C. 数据　　　　　　D. 信任机制
3. 区块链是用分布式账本技术和时间戳等一系列技术,它算是一个后互联网时代技术的集成体,通过这些技术,构建了一种跨越时间的共识机制,触及了人类社会交易的本质(　　)。(单选)
   A. 信用和信任　　B. 契约和贸易　　C. 信用和确权　　　D. 契约和确权
4. 互联网实现了信息转移,区块实现了(　　)。(单选)
   A. 货币转移　　　B. 技术转移　　　C. 价值转移　　　　D. 共识转移
5. 根据巴塞尔银行监管委员会对金融科技业务范围的划分,(　　)属于金融科技业务范围。(多选)
   A. 支付结算　　　　　　　　　　　B. 贷存款与资本筹集
   C. 投资管理　　　　　　　　　　　D. 市场设施
6. 金融科技的技术驱动因素主要包括哪些因素?(　　)(多选)
   A. 区块链　　　　B. 大数据　　　　C. 云计算　　　　　D. 人工智能
7. 金融科技的概念是什么?主要包括哪些方面的分类?(简答)
8. 简述区块链技术在经济、金融领域引入发挥的优势。(简答)
9. 简述区块链的定义。(简答)
10. 就区块链在金融行业的落地场景进行案例分析。(简答)

区块链基本概念

1. 掌握区块链的定义、基本组成及其设计的目的。
2. 掌握哈希的作用与技术特征,区块链引用哈希技术的关键点。
3. 掌握区块的基本组成,能熟练操作区块的基本模型。
4. 理解区块链的分类及每个阶段的典型代表。

比特币　以太坊　哈希函数　区块　区块链　可编程货币　可编程金融　可编程社会

本章首先介绍了区块链的基本概念与分类,逐一对区块链进行拆解,以了解哈希、区块、区块链,并通过操作模型展示其设计原理和意义。然后,按照区块链发展阶段的 1.0、2.0、3.0 三个层次分析区块链的演变和技术的更迭。建议读者先了解区块链知识点的相关概念,再操作配套的模型,动手体验区块链的内涵,从而能深刻理解区块链技术的内在价值。

本章思维导图

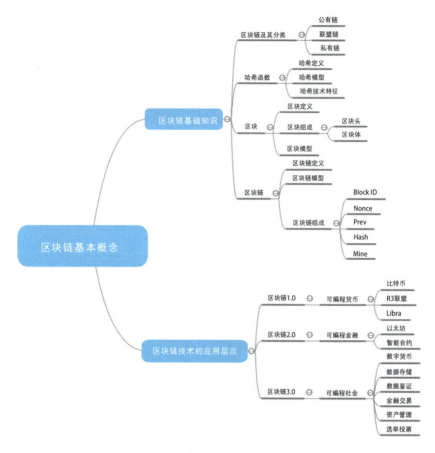

"区块链"究竟是什么？最开始大众对它的认知是比特币的底层技术，但是经过十余年的发展，区块链已经不再依附于"比特币"了，而是创造性地发展成为一种革命性的技术模式。

从技术层面来看，区块链是分布式数据存储、点对点传输、共识机制、加密算法等计算机技术的新型应用模式。点对点传输是指参与区块链网络中的所有成员节点都是权力对等的，没有上下之分，对区块链上的数据维护权力都是平等的；共识机制是指在分布式系统中确保上链数据的一致性的算法；分布式数据库则意味着链上数据的存储是公开透明的，链上的任何节点都有权力查看链上数据和交易，这也保证了数据的无法造假和改写；加密算法的加入保证了数据的隐私性和安全性。因此，区块链不是单一的技术，而是多种技术的综合，通过共识机制、加密算法、点对点的传输从而形成一个统一的分布式账本。

从价值层面来看，区块链被定义为第二代互联网，也就是价值互联网，用于传递价值。典型的代表是比特币区块链网络，稳定运行 10 年，在全球范围内自由传递比特币，并且每一个比特币都价值不菲，基于区块链的特性保证了比特币在运行过程中不被冒用。所以，区块链是记录价值、传递价值和价值本身转移的一个可信账本。

第一节 区块链基础知识

区块链是区块(Block)和链(Chain)的直译,其数据结构如图 2.1 所示,即每个区块中包含交易数据,负责记录一段时间内的数据记录和交易信息,并通过加密的方式,形成一条可信的链条,构建出一个不可篡改、全员共有的分布式账本。

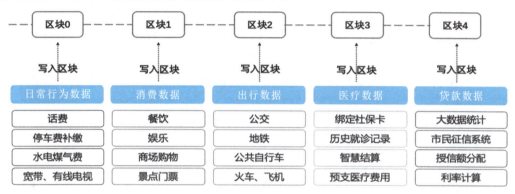

图 2.1 区块链结构

一、区块链及其分类

区块链按使用范围、准入机制和参与方式目前可以分成三种:公有链、私有链和联盟链,如图 2.2 所示。随着技术的突破和业务需求的增长,未来可能还会出现其他种类的区块链。

图 2.2 区块链分类

(一)公有链

1.公有链的定义

公有链是公开透明的,任何个体或者组织都可加入区块链中,也可以在公有链上发送交易,且交易能够获得该区块链的有效确认,每个链上的节点都可以竞争记账权。比特币区块链就是公有链的典型代表。

2.公有链系统存在的问题

(1)激励问题。为激励全节点(拥有区块链上完整数据账本的节点)提供资源,主动维护整个网络,公有链系统需设计激励机制,以保证公有链系统持续健康运行。在公有链系统中,为了获得打包记账权,得到记账奖励,节点需投入算力进行挖矿。目前比特币区块链的激励机制存在一种"验证者困境",即在新一轮的竞争记账中,没有获得记账权的节点同样付出了算力,但没有获得记账权,也就没有任何回报。

(2)效率和安全问题。目前比特币平均每10分钟产生1个区块,且其工作量证明机制(PoW)需要全网的所有节点共同验证一个难题,难题的难度不断进行调节,所以很难缩短区块时间。权益证明机制(PoS),不依靠算力争夺记账权,而是凭借节点的代币质押来争夺记账权,相对而言可缩短区块生成的时间,但更易产生分叉,所以交易需要等待更多的区块确认才被认为是安全。一般认为,比特币区块链中新产生的区块,需经过之后6个区块的产生,才能确认该区块足够安全,而这大概需要1小时,这样的交易处理速度,根本无法满足大多数应用需求。

(3)公有链面临的安全风险。公有链安全风险有多种来源,可能来自外部实体的攻击,来自内部参与者的攻击、组件的失效、算力集中化攻击等。

(4)隐私问题。公有链被称为公开的分布式账本,任何人都可以在链上进行交易传输和数据存储,同步区块链上的全部数据。目前仅通过"伪匿名"(伪匿名:节点在区块链上不体现出真实的姓名、性别等信息,以区块链地址的方式存在于链上)的方式对链上交易双方进行隐私保护。对于涉及大量商业机密和利益的业务场景来说,链上数据的公开不符合业务规则和监管要求。

(5)最终确定性(Finality)问题。它是指特定的某笔交易是否会最终被包含进区块,加入区块链中。公有链需要经过6个区块的确认,才能最终确定一笔交易的成功,所以在这之前只能保证一定概率的近似,比如在比特币中,一笔交易在经过2小时后最终被包含进区块的概率为99.9999%,这对现有工商业应用和法律环境来说可用性较差。

(二)联盟链

1.联盟链的定义

联盟链部分公开,是指某个群体或组织内部使用的区块链,对加入的组织和单位有一定的限制和要求。在联盟链记账权的确定上,需要预先指定几个节点为记账人,而且记账人会不断变化。每个区块的生成由预定的所有记账人共同决定和打包,链上的其他节点可以交易,但是没有记账权。通过这种记账方式,联盟链上的区块产生更快,交易的确认效率达到秒级共识。

2.联盟链的产生

联盟区块链的主要使用群体为银行、保险、证券、商业协会、集团企业及上下游企业,这些群体根据其使用需求不断改造区块链体系,从而形成了目前的联盟链形态。对于使用群体来说,区块链对于进一步提升其产业链条中的公证、结算清算和价值交换网络的效率很有帮助,但现有区块链技术的处理性能、隐私保护、合规性等都不能满足他们的业务需求。另一方面,他们意识到如果全面采用完全公链的设计理念,会颠覆现有的商业模式和固有利益,而且有很大的风险。于是,他们不断改造区块链体系,区块链的分布式账本和分布式共识解决了核心问题——联盟中多个参与方交互的信任问题。

3.联盟链的优点

相较于公有链,联盟链在效率和灵活性上更有优势,主要体现为以下几点:

(1)交易成本更低。链上节点发起的交易只需被指定的几个节点验证就可以了,而无须全网验证与达成共识。

(2)节点之间的连接更稳定。若有故障,联盟链可以迅速通过人工干预来修复,并允许使用共识算法减少区块时间,从而更快完成交易。

(3)更好的隐私保护。联盟链数据读取权限受到限制,可以对商业信息提供更好的保护。

(4)更加灵活。根据需要,运行联盟链的组织或公司可以修改该区块链的规则,还原交易,修改交易。

区块链的发展和演变很好地体现了经济金融史一再重现的中心化和去中心化的互相交锋和渗透。区块链的应用取决于现实的需求,正如以太坊创始人所说,"只有一种区域链能活下来的想法是完全的误导"。

(三)私有链

1.私有链的定义

私有链完全封闭,将区块链作为分布式记账系统进行记账,记账权不公开,而且只记录内部的交易,由公司内部或者个人独享。

2.私有链的特点

(1)交易速度快。私有链的交易速度比其他区块链都快,甚至接近常规数据库的速度。因为在组织内部,链上所有的节点以职责、权限、所属权等进行分配,即使只有少量的节点去验证交易数据,在链上也都具有很高的信任度,并不需要每个节点都来验证一个交易。

(2)隐私性更强。私有链的数据隐私政策不用传统的处理访问权限和使用办法,私有链上的数据不会公开地被连接到网络的任何人获得。

(3)交易成本大幅降低,甚至为零。私有链上可以进行非常廉价甚至完全免费的交易,如果一个实体机构控制和处理所有的交易,那么他们就不再需要为工作而收取费用。

(四)区块链的结构形式

上述三种类型的区块链分别适用于不同的业务场景。目前,公有链更多地运用在 BaaS 服务、游戏、版权等领域;联盟链摒弃了公有链挖矿激励的机制,指定记账人,很大程度上提高了交易记账的速度和业务的效率,主要适用于金融支付、银行结算等领域;私有链是内部组织使用的一种区块链,常用作分布式记账系统使用,比如:员工的绩效、出勤、内部财务往来等。三种区块链的结构形式,如图2.3所示。

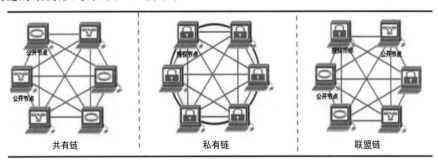

图2.3 区块链形式化结构

二、哈希函数

哈希函数(Hash 的音译),一般称为散列函数、杂凑函数,是把任意长度的输入文本,通过散列算法变换成固定长度的输出,输出的结果是由字符和数字组成的字符串,这个字符串就叫散列函数。哈希函数的输入域可以是非常大的范围,如输入的数值、数据体量、信息长度等,但是输出域是固定的范围。哈希的执行过程如图 2.4 所示。

图 2.4　哈希的执行过程

(一)哈希模型实训操作

进入区块链金融创新实训平台,单击初始区块链学习章节的【开始学习】按钮,则可以进入本次哈希模型的任务界面,如图 2.5 所示。

图 2.5　区块链金融创新实训平台任务界面

1.哈希学习任务

展开【区块链认知】菜单,单击【哈希】→【实境演练】,系统显示哈希模型的操作界面,如图 2.6 所示。

图 2.6　哈希模型实境演练界面

2.哈希模型实境操作

我们可以通过哈希模型来理解哈希的定义,哈希模型由三部分组成:①Data,Data 是内容的输入框,将需要记录的东西输入该框,通过输入框中输入的内容,指定了哈希的输入域。②Hash,来显示生成的哈希。③【生成】开关,点击该按钮,触发哈希的生成。

(1)在 Data 输入框中输入"区块链金融",点击【生成】按钮。此时的哈希值为:b55f312b859e6a1f54c4a71e801ace45,如图 2.7 所示。

图 2.7 哈希操作模型

(2)在已输入的"区块链金融"后面加一个标点符号,让输入的内容产生一点点变化,点击【生成】按钮,此时的哈希值为:858171eecbb3c69f77d4cd50e6e1791f,如图 2.8 所示。

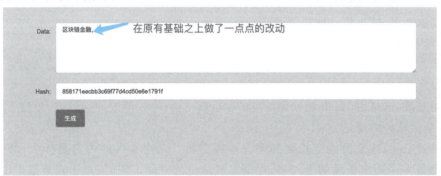

图 2.8 哈希操作模型

(3)在 Data 输入框中输入大量的内容,点击【生成】按钮,此时输出的哈希值为:718dca429c618801b8937ed4b7cc5a55,如图 2.9 所示。

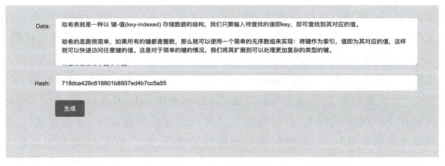

图 2.9 哈希操作模型

(4)在 Data 输入框中再次输入"区块链金融",点击【生成】按钮。再次输入"区块链金融"时,哈希值是:b55f312b859e6a1f54c4a71e801ace45,如图 2.10 所示。

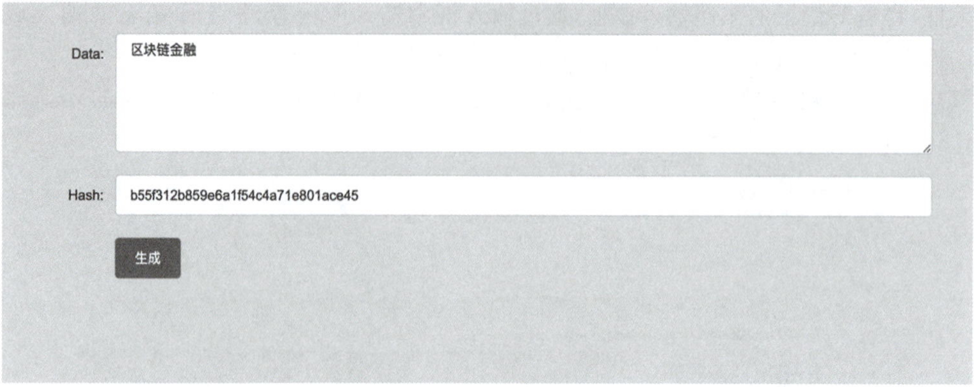

图 2.10　哈希操作模型

(二)哈希的特征

通过以上哈希模型的操作,我们可以总结出哈希的几个特征:

(1)不可逆,同样的输入值一定会得到同样的哈希值,但是在得到哈希值的情况下没办法还原出输入值。

(2)无冲突,输入值只要改动一点点,哈希值就会完全不一样,且毫无规律。

(3)固定输出,输入值无论长短,输出的哈希值长度都是一样的。

由于哈希算法的加入,区块链具备了以下三个技术特征:

(1)加密,这是由 Hash 的不可逆性决定的,因为你永远无法通过 Hash 值知道它背后的输入值。

(2)防篡改,这是由 Hash 值变化决定的。也就是说,输入值改变一点点,最后形成的哈希值会发生翻天覆地的变化。

(3)节省空间,这是由固定长度的字符串决定的。无论输入的内容是什么,最终输出的 Hash 值都是一个固定长度的字符串,保证了区块链的空间。同时,对于轻节点来说,具备存储能力,可以同步最新区块。

三、区块

区块链由"区块"和"链"两部分组成,链上的所有的交易、数据都以电子的形式存储下来,在区块链上存放这些电子数据、电子记录的地方,我们称之为"区块",是组成区块链的基本单元结构。每一个区块都被贴上时间标签,也就是说区块按时间顺序先后生成,每一个区块存放的是该区块被生成期间的所有交易数据。但是,每个区块的存储信息空间是有限的,就类似于我们的账页,一个账页记完之后就会有新的账页,也即会生成很多区块,每个区块通过特定的信息结构映射到上一区块的后面,前后顺连来呈现一套完整的数据链,从而构成"区块链"。

每个区块由区块头和区块体组成,如果把区块比作一个人,那么区块头更像是人的头部,用来存储结构化的数据,大小是 80B;而区块体是人的身体,记录了所有的交易数据,所需空间较大。假设新产生的区块上记录了 400 笔交易,那么区块体的空间大概比区块头大 1000 倍以上,虽然区块头比区块体小,但大部分功能都要通过区块头实现。

那么,如何去理解区块呢?区块各部分之间是如何起作用的?通过区块的实际操作,我们看一看区块的基本模型。

区块工具

(一)区块学习任务

(1)在【哈希】学习任务中点击【完成任务】按钮,解锁下一个任务,如图2.11所示。

图 2.11 完成哈希任务,解锁区块任务

(2)点击【区块】学习任务,切换到【实境演练】操作界面,如图 2.12 所示。

图 2.12 区块学习任务操作界面

(二)区块模型操作

1.区块模型简单认知

图 2.13 中框线部分显示了简单的区块模型。区块模型中包含了哈希的结构,说明哈希是区块的一部分,除了哈希之外,区块还包括另外三个部分:

图 2.13　区块模型

(1) Block,区块高度,代表当前区块在区块链中位置,区块高度是识别区块的另一种方式,通过该区块在区块链中的位置进行识别。第一个区块,其高度为 0,每一个随后被存储的区块在区块链中都比前一区块"高"出一个位置,就像箱子一个接一个堆叠在其他箱子之上。与哈希值不同的是,区块高度并不是唯一的标识符,在区块链的增长过程中可能会出现两个或两个以上的区块有同样的高度,这种情况叫做"区块链分叉"。

(2) Nonce,随机数,Number once 的缩写,在密码学中 Nonce 是一个只被使用一次的任意或非重复的随机数值。区块链中被用来作为矿工挖矿的答案。

(3) MINE,挖矿。在本模型中 MINE 模拟的是挖矿操作,也就是不断碰撞 Nonce 的过程,直到碰撞出正确的 Nonce 值。

2. 区块模型实境操作

针对区块模型,通过一系列实际操作,我们可以体会区块的运行机制以及操作机理。

(1) 在区块的模型工具中输入"区块链金融"5 个字后,整个区块会发生什么变化,如图 2.14 所示。

图 2.14　区块操作模型

我们观察到,当在 Data 中输入"区块链金融"这个 5 个字以后,整个区块模型的颜色从蓝色变为红色。为什么会产生颜色的变化呢?

①初始状态为:

Nonce＝72608

Data 为空

Hash＝ 0000348bd3ce10ec00ecc29d31ec97cd

②修改后的状态为:

Nonce＝72608

Data＝区块链金融

Hash＝ b55f312b859e6a1f54c4a71e801ace45

在 Data 为空时,也有自己的哈希 0000348bd3ce10ec00ecc29d31ec97cd,此时的区块会匹配一个唯一的 Nonce 值 72608,这个 Nonce 值是当前状态的区块答案。当改变 Data 中的内容时,区块哈希发生了变化,变成了 b55f312b859e6a1f54c4a71e801ace45,不再是之前的哈希了。但是此时的 Nonce 没有发生变化,还是 72608,这就导致了区块哈希与 Nonce 的不匹配,整个区块会变成错误的状态。那么,如何才能将篡改的区块变成正确的呢?

(2)点击底部的【MINE】按钮,重新计算 Nonce 值,直到匹配出正确的答案,如图 2.15 所示。

图 2.15　区块操作模型

通过执行【MINE】挖矿的操作,重新对答案进行了哈希碰撞,碰撞出了新的 Nonce 值 23814,这是当前区块的随机数。同时,我们还发现哈希值随着 Nonce 的变化而变成了 0000312b859e6a1f54c4a71e801ace45,新生成的哈希最前面是由 n 个 0 组成的,标志着我们找到了 Nonce 这个答案。

3.区块模型基础问题分析

(1)从模型的设计层面考虑,区块与哈希存在哪些区别?

答:在哈希模型的基础上增加了 Block(区块高度)、Nonce(随机数)和 MINE(挖矿)的操作。

(2)在 Data 的输入框中输入任意内容,会出现什么变化?

答:在 Data 框中输入其他内容,也就是对原有区块的内容进行篡改,篡改之后的区块就会变成一个错误的区块,得不到节点的认可,所以整个区块颜色会变成红色,表示成为一个错误的块。

(3)点击下方的【MINE】按钮,区块会有什么变化?

答:随机数变化 Hash 值也随之变化,直到哈希值的前几位出现零,此时的 Nonce 值被认为是答案。当 Nonce 和哈希值匹配之后,整个区块由红色的错误区块变成绿色的正确区块。

4.区块模型总结

操作平台中的区块模型只是简单地把区块中的元素进行了关系的串联,通过模型的认知,我们可以总结出区块的如下特点:

(1)在哈希的基础上增加了 Block、Nonce、MINE;

(2)在 Data 中输入内容后,Hash 发生变化,整个区块变成错误的区块;

(3)点击 MINE 按钮后,进行哈希碰撞,找出正确的 Nonce 唯一值,此时的 Hash 值前面几位是 0。

5.区块模型拓展

通过区块模型,我们了解了区块的基本组成部分和各元素的逻辑关系,如图 2.16 所示。那么,真实的区块包含哪些内容,又由哪些部分组成的呢?

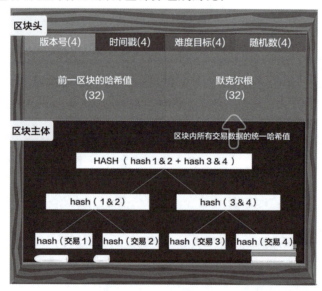

图 2.16　区块数据模型

(1)区块头包含的数据

版本号(Version):用来标识交易版本和所参照的规则。

前一区块哈希值:也称"父区块哈希值",这个哈希值通过对前一个区块的块头数据进行哈希计算得出。它的意义在于:每个新挖出的区块都按秩序接在前一个区块的后面。

默克尔根(Merkle Root):在区块主体中,所有交易信息先进行两个一组的哈希计算,这种结构叫做 Merkle 树(Merkle Tree),而且是一棵倒挂的树。

时间戳(Time)：记录这个区块生成的时间，精确到秒。

难度值(Target bits)：挖出该区块的难度目标。每产生2016个区块，数据区块运算难度会调整一次。

随机数(Nonce)：矿工怎样才能知道试对了哈希值呢？随机数就是这道数学题的解，挖矿过程就是在寻找这个随机数。

(2)区块主体打包了所有的交易数据，每一条交易数据单独形成独有的交易哈希，这些交易哈希两两配对形成新的哈希，最终所有的交易哈希变成一个哈希值，这个哈希值叫做默克尔根哈希。

四、区块链

2008年，比特币刚诞生时，并没有"区块链"这个概念。2015年，经济学人发布了封面文章《重塑世界的区块链技术》后，区块链技术在全球掀起一股金融科技狂潮，世界各大金融机构、银行争相研究区块链技术，仅2016年就有数十亿美元投资到区块链相关产业中。2017年9月，中国政府网(www.gov.cn)发表文章《我国区块链产业有望走在世界前列》，公开支持区块链技术发展，并向全国人民普及了区块链技术。随后区块链在金融、保险、零售等经济领域的应用开始加速落地，随之而来的是区块链产业公司大量成立。

区块链的推进是一种自上而下的形式，也就是说政府、职能部门、国家先行订立标准和支持政策，相关的企业、组织、个人再进行大量的研究、应用等，这种自上而下的形式代表着区块链对社会的影响和重要性。

(一)区块链学习任务

1.区块链认知

(1)在【区块】任务中点击【完成任务】按钮，解锁【区块链】任务。如图2.17所示。

区块链工具

图2.17 完成区块任务，解锁区块链任务

(2)点击【区块链】→【实境演练】，进入到区块链操作模型，如图2.18所示。

图 2.18　区块链操作模型

这是一个简单的区块链模型,它由三个区块组成,分别是区块 0、区块 1、区块 2。整个区块链模型包含以下 6 部分。

(1)区块高度:当前区块在整个区块链中的位置。

(2)Nonce 值:随机数,当前区块的挖矿答案。

(3)Data:区块打包的数据。

(4)Prev 值:前置区块哈希,上一区块哈希。

(5)Hash 值:区块哈希,当前区块的区块哈希。

(6)MINE:挖矿。

2.区块链知识点

(1)区块高度从 0 开始,不是我们所常见的从 1 开始。在所有的区块链中,第一个区块的区块高度都是 0,这是因为在计算机语言中,第一是从 0 开始的。

(2)Prev 前置区块哈希。模型中存在两种哈希值:Prev 和 Hash,Prev 是前一区块的哈希,将前一区块哈希带到后一区块中,作为本区块的一部分,这样做的好处是达到防篡改的目的。

(3)哈希指针。如何理解哈希指针呢?我们来分析这个模型:

区块 0 的 Hash 是 0000348bd3ce10ec00ecc29d31ec97cd

区块 1 的 Prev 是 0000348bd3ce10ec00ecc29d31ec97cd

区块 1 的 Hash 是 0000e760668b6273d38c832c153fde57

区块 2 的 Prev 是 0000e760668b6273d38c832c153fde57

通过对比可以看出:区块 0 的区块哈希是区块 1 的前置哈希,区块 1 的区块哈希是区块 2 的前置哈希。前置区块的哈希不仅作为下一区块的一部分,而且还形成串联,这种串联关系就叫做"哈希指针"。哈希指针是一种数据结构,准确说是一个指向数据存储位置的指针,同时也是位置数据的哈希值。相较于普通的数据指针,哈希指针不但可以告诉你数据存储的位置,而且还可以验证数据有没有被篡改过。

正因为哈希指针这种指向性的关系,才将区块形成了区块链。具体的形式如图 2.19 所示。

图 2.19　哈希指针

(4)创世区块。在区块链的模型中有一个区块是非常特殊的——第 0 号区块。在第 0 号区块中 Prev 是 00000000000000000000000000000000,因为它的前面没有区块了,前置区块哈希全部是 0,我们把这个区块叫做创世区块。

(5)防篡改。区块链中核心的技术特征是防篡改,那么区块链是如何体现防篡改特征的?从下面的模型中来学习。

(二)区块链模型操作

(1)这是区块最初始的状态,所有区块都是正确的块,Data 中输入的是空值(空值,对计算机来说也是有内容的信息),如图 2.20 所示。

图 2.20　区块链初始状态

(2)在区块 0 中输入"区块链金融",输入之后会发现整个区块链的链条全部变成了红色,也就是说所有的区块变成了错误的区块,所有的区块哈希都发生了变化,如图 2.21 所示。

图 2.21　区块链的错误状态

(3)接下来依次点击每一个区块上的【MINE】按钮,重新计算区块的 Nonce 值。由于重新进行了挖矿操作,整个区块链都会变成了正确的块,同时每一个区块的 Nonce 和 Hash 发生了变化,而且在挖矿的过程中会有大量的资源消耗,如图 2.22 所示。

图 2.22　区块链恢复正确状态

第二节　区块链技术的应用层次

区块链技术的应用分区块链 1.0、区块链 2.0、区块链 3.0 三层,如图 2.23 所示。

图 2.23　区块链技术的应用层次

一、区块链 1.0

区块链 1.0 是可编程货币,是与转账、汇款和数字化支付相关的密码学货币应用。在区块链 1.0 时期,只解决了一个问题:金融支付问题,这一阶段典型的代表是比特币。通过这一层次的应用,区块链技术大幅影响着金融市场,大型金融机构诸如纽交所、芝交所、纳斯达克、高盛、花旗等机构都纷纷进入区块链领域。

这一阶段产生了影响力比较大的联盟链 R3 联盟,目前全球 70 多家机构已经加入了区块链联盟 R3,其核心任务是进行区块链技术的概念验证和相关技术标准的制定。同时,在证券市场领域区块链也引起了各大证券交易所的重视。2015 年 11 月,伦敦证券交易所、伦敦清算所、法国兴业银行、瑞银集团(UBS)以及欧洲清算中心(Euroclear)等机构联合成立了区块链集团,探索区块链技术将如何改变证券交易的清算和结算方式。

这一层次应用的另一个影响是构建新型货币体系,比如 Facebook 准备发行的 Libra 以及我国央行准备发行的数字货币等。

二、区块链 2.0

区块链 2.0 也叫做可编程的金融,是经济、市场和金融领域的区块链应用,例如股票、债券、期货、贷款、抵押、产权、智能财产和智能合约。这一阶段区块链从金融支付领域向社会更多的领域进行扩展和延伸,典型的代表是以太坊(ETH)。

基于区块链可编程的特点,人们尝试将智能合约添加到区块链系统中,形成可编程金融,从而可以在区块链上定制自己想实现的应用和程序。

智能合约的核心是将现实中的条款、规则、规范等转化成程序代码,利用程序算法替代人执行合同。这些合约执行的前提是现实中的资产数据化,依托资产、过程、系统的组合与相互协调实现自动化。智能合约形成了新型的执行形式,使得区块链从最初的金融支付体系,向金融的其他应用领域拓展,比如在食品溯源、版权维护、证券交易等领域逐渐开始有应用落地。

三、区块链 3.0

区块链 3.0 也叫做可编程的社会,是价值互联网的核心。这一阶段区块链能够对每一个网络中代表价值的信息和数据进行归属权的确认、计量和存储,从而实现资产在区块链上可被追踪、控制和交易。

区块链 3.0 的核心是由区块链构造一个全球性的分布式记账系统,它不仅能够记录金融业的交易,而且几乎可以记录任何有价值的能以代码形式表达的事物。作为扩展应用阶段,人们意识到区块链的应用价值不再局限于区块链技术本身,其衍生的应用价值也被逐渐挖掘出来。3.0阶段,我们在现实世界中的行为信息,如个人信息、消费信息、资金信息、生活缴费、对账流水、医疗数据等,通过信息上链,实现真实性、可追溯和不可篡改。

区块链3.0突破了金融领域,进入社会治理、程序智能化领域,应用范围扩大到了整个社会,包括身份认证、公证、仲裁、审计、域名、物流、医疗、邮件、签证、投票等应用。伴随着5G技术的发展与普及,物联网与区块链的结合变得更为密切,区块链技术有可能成为"万物互联"的一种最底层协议。

四、区块链技术的应用场景

根据区块链技术潜在的应用场景,可以将区块链的主要应用归纳为数字货币、数据存储、数据鉴证、金融交易、资产管理和选举投票六个场景。

(1)数字货币:以比特币为代表,本质上是由去中心化的分布式网络系统生成的加密数字货币,其发行过程由程序自动执行,不依赖特定的中心化机构,完全地去中心化。

(2)数据存储:区块链的高冗余存储、去中心化、高安全性和隐私保护等特征使其特别适合数据存储和隐私保护,以避免因中心化机构遭受攻击或权限管理不当而造成的大规模数据丢失或泄露。

(3)数据鉴证:区块链数据带有时间戳、数据指纹,数据上链之前由共识节点共同验证和记录,以达到不可篡改和伪造,这些特点使得区块链可广泛应用于各类数据公证和审计场景。例如,区块链可以永久地安全存储由政府机构核发的各类许可证、登记表、执照、证明、认证和记录等。

(4)金融交易:区块链技术与金融市场应用有很高的契合度。区块链可以在去中心化系统中自发地产生信用,能够建立无中心机构信用背书的金融市场,从而在很大程度上实现"金融脱媒";同时利用区块链自动化智能合约和可编程的特点,能够极大地降低成本、提高效率。

(5)资产管理:区块链能够实现无形和有形资产的确权、授权和实时监控。无形资产管理方面可广泛应用于知识产权保护、域名管理、积分管理等领域;有形资产管理方面则可结合物联网技术形成"数字智能资产",实现基于区块链的分布式授权与控制。

(6)选举投票:区块链可以低成本高效率地实现政治选举、企业股东投票等应用,同时基于投票可广泛应用于预测市场、社会制造等领域。

1.区块链的产生时间是(　　)。(单选)
A. 2018年　　　　B. 2008年　　　　C. 1998年　　　　D. 2019年
2.比特币是(　　)发明的?(单选)
A. 徐小平　　　　B. 科比　　　　　C. 中本聪　　　　D. 哆啦A梦
3.关于哈希值,下列说法中正确的是?(　　)(单选)
A. 哈希值通常用一个短的随机字母和数字组成的字符串来代表

B. 改变明文中任意一个字母,得到的哈希值有可能相同

C. 哈希值的计算算法有且只有一种

D. 每次哈希计算得到的哈希值长度是不固定的

4. 哈希算法的特点不包括(　　)。(单选)

　A. 不可逆　　　　　　　　　　　　B. 无冲突

　C. 无论输入值是什么,哈希值长度一致　　D. 可破解

5. 区块包括哪几部分?(　　)(单选)

　A. 区块头、区块体　　　　　　　　B. 难度值、时间戳

　C. 梅克尔根、随机数、交易信息　　D. 交易信息、区块头

6. 区块头中不包括(　　)。(单选)

　A. 前一区块的ID　　B. 难度值　　C. 时间戳　　D. 交易数据

7. 比特币创立之初,区块的大小是多少(　　)?(单选)

　A. 1MB　　　　B. 2MB　　　　C. 4MB　　　　D. 8MB

8. 区块链的分类为(　　)。(单选)

　A. 公有链、私有链和联盟链　　　　B. 公有链、私有链和唯链

　C. 唯链、私有链和联盟链　　　　　D. 公有链、私有链和侧链

9. 公有链的代表是(　　)。(单选)

　A. 比特币　　　B. 赤链　　　C. R2联盟　　D. 超级账本

10. 区块链的主要应用场景不包括(　　)。(单选)

　A. 数字货币　　B. 数据存储　　C. 金融交易　　D. 云计算

第三章

区块链技术原理

1. 掌握区块链的六层模型及每层的数据意义和技术价值。
2. 熟悉区块链六层模型的技术组成。
3. 掌握区块链智能合约的概念、原理和技术特征。
4. 了解区块链数据层、网络层、共识层的基本组成和技术分析。

数据层　网络层　共识层　激励层　合约层　应用层　智能合约　P2P 网络

　　本章首先介绍了区块链的数据层技术组成,包括:数据区块、链式结构、时间戳等概念,接着逐一将区块链的六层结构模型进行一一拆解和详细分析,将区块链技术原理的知识点按照六层模型的方式进行归类讲解,便于读者掌握知识点在区块链中所处的地位以及在这一层次中解决什么实际问题。然后站在行业的应用角度和企业关注度上对重点知识点进行了应用上的详细介绍。建议读者先全面了解区块链六层模型整体架构,明确每一层在实际运用中的定位和作用,再深入到具体的知识点讲解中,配合着模型的操作,从而掌握区块链的技术原理。

第三章 区块链技术原理

本章思维导图

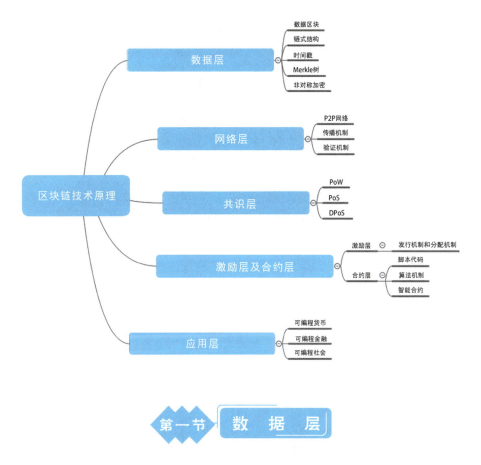

第一节 数 据 层

从技术的角度,区块链的组成架构呈金字塔状,由各个技术层叠加而成,每层之间相互协调,在实际应用中完成整个区块链的服务。完整的区块链有六层模型,自下而上依次为数据层、网络层、共识层、激励层、合约层和应用层,如图 3.1 所示。但这些的技术层并不都是区块链的必须组成部分,判断一个网络服务是否为区块链的标准,要看它是否同时运用了数据层、网络层和共识层这三层技术。

从字面理解,数据层是保存了区块链中与数据有关的一些算法、信息、结构等,封装了数据区块、相关的数据加密、时间戳等基础数据和基本算法,这是整个区块链技术中最底层的数据结构。这些技术在金融系统经历了数十年的应用,证明了其非常安全、可靠,区块链则巧妙地将这些技术结合在了一起。

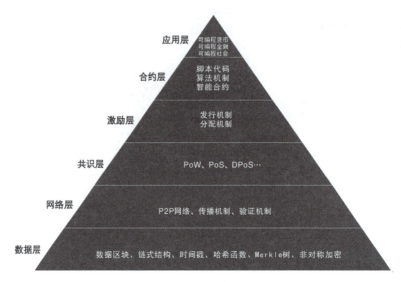

图 3.1　区块链六层模型

一、数据区块

数据区块是区块链的基本组成单元，并按照时间和特定的数据结构联系在一起，它保存了整个区块链网络上的交易数据，这些数据是被所有区块链节点验证、共识和共享的。通过数据区块，可以查询到每一笔链上交易的历史。

区块会记录下区块生成时间段内的交易数据，并且每一笔交易记录都会有时间戳进行时间标记，区块体实际上就是交易信息的合集。简单说，区块就是区块链里存储信息的载体，就像火车里用来装货物的车皮一样。区块链大体上分为区块头和区块体两部分，区块头用于链接到前一个区块，并且通过时间戳特性保证历史数据的完整性；区块体则包含了经过验证的、区块创建过程中产生的所有交易信息，如图 3.2 所示。

图 3.2　区块数据结构

二、链式结构

在区块链技术中,数据以区块的方式永久储存。区块按时间顺序逐个先后生成并连接成链,区块链就是由一个个区块组成的链,每一个区块记录了创建期间发生的所有交易信息。如图 3.3 所示。

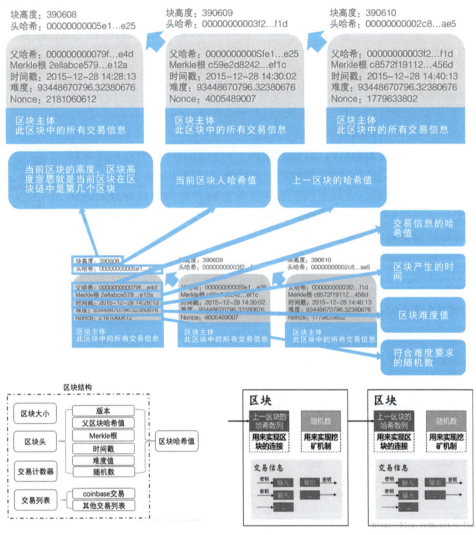

图 3.3　链式结构

三、时间戳

时间戳(time stamp)表示一份数据在某个特定时间之前已经存在的、完整的、可验证的数据,通常是一个字符序列,唯一地标识某一刻的时间。它是使用数字签名技术产生的数据,签名的对象包括了原始文件信息、签名参数、签名时间等信息,被广泛应用在知识产权保护、合同签字、金融账务、电子报价投标、股票交易等方面。

(一)时间戳基础知识

1.时间戳的定义

时间戳是指从格林威治时间 1970 年 01 月 01 日 00 时 00 分 00 秒(北京时间 1970 年 01 月 01 日 08 时 00 分 00 秒)起至现在的总毫秒数。通俗地讲,时间戳是能够表示一份数据在一个特定时间点已经存在的、完整的、可验证的数据。它主要是为用户提供一份电子证据,以证明用户的某些数据的产生时间。在实际应用中,它可以使用在包括电子商务、金融活动的领域,尤其可以用来支撑公开密钥基础设施的"不可否认"服务。

2.时间戳的分类

(1)自建时间戳:此类时间戳是通过时间接收设备(如 GPS、CDMA、北斗卫星)将时间传到时间戳服务器上,并通过时间戳服务器签发时间戳证书。此种时间戳可用于企业内部责任认定,但在法庭认证时并不具备法律效力,由于其在通过时间接收设备接收时间时存在被篡改的可能,故此不能作为法律依据。

(2)具有法律的效力的时间戳:是由我国中科院国家授时中心与北京联合信任技术服务有限公司负责建设的第三方可信时间戳认证服务,由国家授时中心负责时间的授时与守时监测。因其守时监测功能而能保障时间戳证书中时间的准确性和不被篡改。获取时间戳平台有"大众版权保护平台",可与我国中科院国家授时中心时间同步。

时间戳工具

(二)时间戳学习任务

1.解锁时间戳任务

(1)完成【区块链】→【非对称加密】任务,解锁【时间戳】任务,如图 3.4 所示。

图 3.4 解锁时间戳学习任务

(2)进入【时间戳】→【实境演练】,点击【时间戳】功能按钮,跳转到时间戳体验工具界面,如图 3.5 所示。

第三章　区块链技术原理

图 3.5　时间戳学习任务

2.时间戳模型体验

(1)时间戳的工具体验,如图 3.6 所示,可以在线访问链接:https://tool.lu/timestamp/。

图 3.6　时间戳体验工具

整个时间戳工具分为三部分。

①现在:访问时间戳工具的时间,这个时间是经过换算之后的,单位是秒数。

②时间戳:时间戳是一个很庞大的数字,它在不断变化。在模型中"1572068112"这个数字代表了一个时间戳,是以秒为单位的,同时可以转换成北京时间。

③时间:将我们平常可见的时间,转换成时间戳。

(2)点击时间戳【转换】按钮,将时间戳转换成平常认知的北京时间,或者将北京时间转换成时间戳格式,如图 3.7 所示。

图 3.7　时间戳转换

3. 时间戳的作用

（1）防篡改。一般使用的方式就是把参数拼接，双方将约定的"密钥"加入 Dictionary 字典集中，按 ABCD 顺序进行排序，最后在 MD5＋加密，客户端将加密字符串和请求参数一起发送给服务器。服务器按照上述规则拼接加密后，与传入过来的加密字符串比较是否一致。

（2）防复用。用传统的方式进行加密，无法解决"防复用"的问题，这时需要在客户端和服务端分别生成 UTC 的时间戳，这个 UTC 是防止用户的客户端与服务端不在同一个时区，然后把时间戳拼在密文中，达到"防复用"的有效性。

四、Merkle 树

Merkle 树（梅克尔树）是数据存储的一种结构，主要在比特币区块链中使用，存在于区块头中。梅克尔树是一种二叉树，所谓二叉树就是两个叶子节点的信息形成一个节点的信息，也就是说区块体中包含了一组节点，它们含有大量的叶子节点，每一个节点都是它的两个子节点的哈希，通过二叉树的方式形成一个根节点。最终形成的效果是：从信息的最低端，叶子信息进行两两配对，形成一个，再次两两配对形成一个，最终会生成一个顶端的根哈希，代表着这树的"顶端"。

这种形式的目的在于：当一个恶意的用户试图在梅克尔树的底部修改任意一笔交易时，这个更改将导致本节点哈希发生变化，通过传导作用上面的节点也会发生变化，然后逐级上升，最终改变了根节点，因此也改变了这个区块的哈希，导致这个协议把它注册成一个完全不同的区块（几乎可以肯定是一个无效的工作证明）。

在图 3.8 中，最底部的子节点信息 D0、D1、D2 和 D3 是叶子节点包含的数据，也就是叶子节点的数据值。继续往上看，N0、N1、N2 和 N3 就是叶子节点，它是将数据（也就是 D0、D1、D2 和 D3）进行哈希后得到的哈希值；再往上看是中间节点 N4 和 N5，把相邻的两个叶子结点合并成一个字符串，然后运算这个字符串的哈希，它们分别是 N0 和 N1 经过 Hash 运算得到的哈希值、N2 和 N3 经过 Hash 运算得到的哈希值；接着往上，Root 节点是 N4 和 N5 经过 Hash 运算后得到的哈希值，这就是这棵梅克尔树的根哈希。

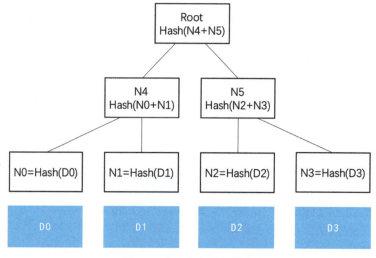

图 3.8 梅克尔树数据结构

从 Merkle 树的结构可以看出,任意一个叶子节点的交易被修改,叶子节点 Hash 值就会变化,最终根节点的 Hash 值就会随之改变。所以,确定的根节点 Hash 值可以准确地作为一组交易的唯一摘要。Merkle 树具有以下特点:

(1)首先是它是树状结构,最常见的结构是二叉树,但也可以是多叉树,它具有树结构的全部特点。

(2)Merkle 树的基础数据不是固定的,区块中包含的数据由矿工进行选择,因为它只要数据经过哈希运算得到的 Hash 值。

(3)Merkle 树是从下往上逐层计算的,就是说每个中间节点是根据相邻的两个叶子节点组合计算得出的,所以叶子节点是基础。

五、非对称加密

数据加密的基本过程就是对原来为明文的文件或数据按某种算法进行处理,使其成为不可读的一段"密文",只能在输入相应的密钥之后才能显示出明文,通过这样的途径来达到数据不被非法窃取的目的。该过程的逆过程为解密,即将该编码信息转化为其原来数据的过程。在链上数据分布式公开的情况下,数据加密算法在区块链中的广泛应用保证了数据的隐私性和传输的唯一性。

(一)对称加密

1.对称加密的定义

对称加密是指加密和解密使用同一个秘钥,因此叫做对称加密。对称加密只有一个秘钥作为私钥。也就是说,对称加密产生的是一把钥匙,加密和解密过程都是用这把钥匙来进行。

对称加密的具体算法有:DES、3DES、TDEA、blowfish、RC5、IDEA,其中常见的有 DES、AES、3DES 等。

如图 3.9 所示,发送方要将一个信息发送给接收方,这个信息就是我们图中看到的明文,在发送之前,将一个秘钥(这里可以理解为一个口令,但是这个口令只有发送方和接收方知道)和明文一起加密成一个密文,发送给接收方,接收方用秘钥进行解密看到明文。这个过程就是对称加密算法。

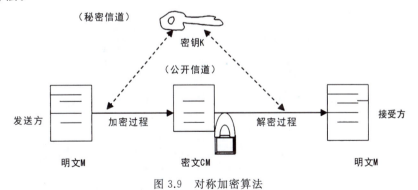

图 3.9 对称加密算法

2.对称加密的优缺点

(1)优点:算法公开、计算量小、加密速度快、加密效率高。

(2)缺点:秘钥的管理和分发非常困难,不够安全。在数据传送前,发送方和接收方必须商定好秘钥,然后双方都必须要保存好秘钥,如果一方的秘钥被泄露,那么加密信息也就不安全了。另外,每对用户每次使用对称加密算法时,都需要使用其他人不知道的唯一秘钥,这会使得收、发双方所拥有的钥匙数量巨大,密钥管理成为双方的负担。

(二)非对称加密算法

1.非对称加密算法的定义

非对称加密算法需要两个密钥:公开密钥(public key)和私有密钥(private key)。公开秘钥和私有秘钥的界定,取决于将哪个秘钥进行了开放。公开密钥与私有密钥是成对的,如果用公开密钥对数据进行加密,只有用对应的私有密钥才能解密;如果用私有密钥对数据进行加密,只有用对应的公开密钥才能解密。因为加密和解密使用的是两个不同的密钥,所以这种算法叫做非对称加密算法,经典的非对称加密算法包括 RSA、ECC、PGP 等。

在图 3.10 中,发送方和接收方都各有一对秘钥,分为公钥和私钥。所谓公钥就是公开的,任何人都能得到,而私钥就只有自己知道。非对称加密算法的过程为:发送方将发送的明文和对方的公钥一起经过加密,生成密文发给接收方,接收方用自己的私钥解密获得明文。需要注意的是,这里的公钥就是对方的公钥,发给谁就是谁的公钥。整个非对称加密算法很好地解决了对称加密算法的很多问题,在区块链上也得到了普遍应用。

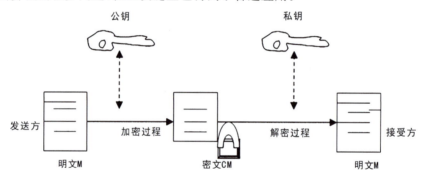

图 3.10 非对称加密算法

非对称加密的传输过程可以总结为:

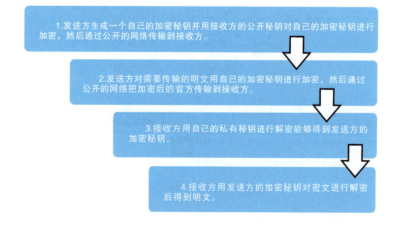

2.非对称加密算法的优缺点

非对称加密算法的优点:安全性高。非对称加密使用一对秘钥,一个用来加密,一个用来解密,而且公钥是公开的,秘钥是自己保存的,不需要像对称加密那样在通信之前要先同步秘钥。因此非对称加密算法更安全,密钥越长就越难破解。

非对称加密算法的缺点:加密和解密花费时间长、速度慢。在某些极端情况下,甚至能比对称加密慢 1000 倍,因此非对称加密算法只适合对少量数据进行加密。

第二节 网络层

网络层包括分布式组网机制、数据传播机制和数据验证机制等。P2P 组网技术早期应用在 BT 这类 P2P 下载软件中,比如我们熟知的"迅雷"下载软件就是采用 P2P 的组网机制,这也意味着区块链具有自动组网功能。

一、P2P 网络

P2P 在区块链技术中叫对等网络,或者叫做点对点网络。所谓的对等,指的是参与网络的节点权限、地位、职责都是平等的,不存在强中心。因此,P2P 网络可以理解为对等计算(Peer-to-peer computing)或对等网络(Peer-to-peer networking),国内一些组织将 P2P 理解成"点对点"或者"端对端"。我们可以将 P2P 定义为:网络的参与者共享他们所拥有的一部分硬件资源(CPU 处理能力、GPU 显卡能力、内存资源等),这些共享资源通过网络提供服务和内容,能被其他对等节点(Peer)直接访问而无须经过中心。在此网络中的参与者既是资源、服务和内容的提供者(Server),又是资源、服务和内容的获取者(Client)。

在 P2P 网络环境中,彼此连接的多台计算机都处于对等地位,各台计算机有相同的功能,无主从之分。一台计算机既可作为服务器,设定共享资源供网络中其他计算机使用,又可以作为工作站,也就是说整个网络不依赖集中服务器,也没有专用的工作站。网络中的每一台计算机既能充当网络服务的请求者,又对其他计算机的请求做出响应,提供资源、服务和内容,通常这些资源和服务包括:信息的共享和交换、计算资源(如 CPU 计算能力共享)、存储共享(如缓存和磁盘空间的使用)、网络共享、打印机共享等。

区块链中加入 P2P 网络,使得区块链中每一个节点都是完全对等的,从而达到去中心化的目的。去中心化,不是不要中心,而是由节点来自由选择中心、自由决定中心。在去中心化系统中,任何人都是一个节点,任何人都可以成为一个中心,任何中心都不是永久的,而是阶段性的,任何中心对节点都不具有强制性。

P2P 网络工具

(一)分布式系统

1.分布式系统学习任务

(1)完成【时间戳】→【判定方式】任务,解锁【分布式系统】任务,如图 3.11 所示。

图 3.11　解锁判定方式任务

（2）进入【分布式系统】→【实境演练】，进入到 P2P 网络工具的体验界面，如图 3.12 所示。

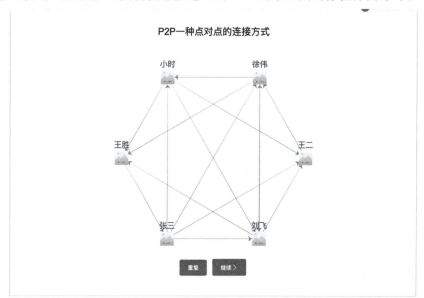

图 3.12　分布式网络模型

从 P2P 模型可以看出，所有的节点都是点对点连接的，点对点的连接方式正如模拟工具所展示的一样，每一个节点都相互连接，都在对等的位置上，不存在中心化的节点。每一个节点都和其他节点产生联系，无须通过中介进行关联，这种模型就是典型的对等网络模型。

2.分布式系统模型体验

（1）尝试在这个网络中加入一个节点，来观察一下整个连接过程。点击继续进入到下一个操作界面，比如在这个网络中加入"区块链"这一节点，如图 3.13 所示。

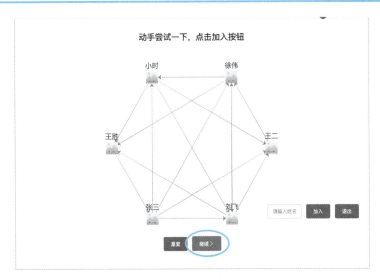

图 3.13　分布式网络模型

在网络中加入一个节点后,我们会看到它与每一个节点都建立了联系,在该网络中,所有网络节点都是同等地位,没有服务端和客户端之分,一个节点既是服务端也是客户端。客户端之间可以进行直接通信,不需要再经过服务端的中转,从而提高网络传输速度、减小服务器压力。

(2) 通过这个模型,我们还可以详细看到各节点之间信息传输的机制、效率和延迟情况,如图 3.14 所示。

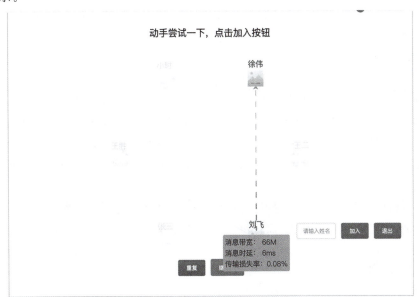

图 3.14　分布式系统网络传输

(3) 在对等网络中可以添加组网节点,在输入框中填写要输入的名称,点击【加入】按钮,就会发现新加入的节点与网络中的节点彼此互联,如图 3.15 所示。

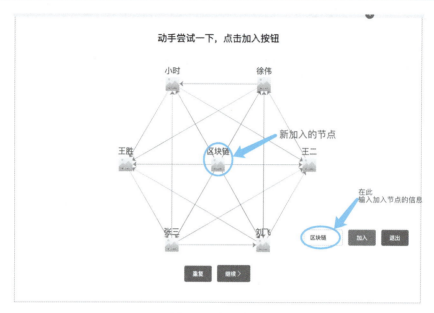

图 3.15　加入节点

3. P2P 网络总结

对等网络可运用于因特网边缘相对强大的计算机(个人计算机),相较于客户端的计算任务能执行更高级的任务。现代的计算机具有速度极快的处理器、海量的内存以及超大的硬盘,而在执行常规计算任务时,比如浏览网页和发送邮件等,无法完全发挥这些配置的潜力。新式 PC 能够同时充当许多类应用程序的客户端和服务器(对等方),区块链中加入 P2P 网络以后,对整个区块链的网络会产生以下几方面的价值。

(1)容错性。容错性的核心其实就是"可以承受出现错误的能力,以此降低系统崩溃的概率"。

(2)抗攻击性。从经济的角度来说,如果你有 5000 万美元,我只需劫持你一人就能全部获得这 5000 万美元,但如果这 5000 万美元是 10 个人分散持有的,那么你必须威胁勒索 10 个人,瞬间工作量就飙到了 10 倍,而且这 10 倍的工作量还要在同一时间里完成,这对任何一个抢劫犯来说,都是噩梦。在现实中,比特币就是这样的逻辑,它把 2100 万个比特币,都分配到每个节点上。

(3)抗勾结性。"反勾结"就是尽可能避免节点之间相互产生协调,因为在区块链上的节点遍布世界各地,相互之间互不认识,而且每一个节点都能够进行独立的决策。

二、传播机制

信息的传播机制就是信息传播的形式、方法以及流程等各个环节,由传播者、传播途径、传播媒介以及接收者等构成的统一体。信息传播机制是针对信息从发布到接收过程和渠道的总体概括。例如,微信信息传播的本质是它把人的社会关系引入到信息传播中,使社会关系成为影响信息传播效果的一个重要因素,它体现了网民的社会关系和各种不同层面的文化认同。

对于区块链来说,链上的信息传播也需要具备传播者、传播途径、传播媒介以及接收者四个基本元素：

(1)传播者是链上交易的发起人，一般是一个区块链地址，也就是发起地址；

(2)传播途径是区块链的P2P组网机制，通过分布式的网络来完成信息的传播；

(3)传播媒介是区块链上的多有节点，交易信息需要经过每一个节点的验证和打包，才能最终达到接收者的地址里；

(4)接收者是接收该信息的区块链地址。区块链比较特殊，接收者地址可以是一个明确的区块链地址，也可以是空的地址，空地址就代表了这条交易数据是部署的智能合约。

区块链的传播是有一定的规律的，如图3.16所示，这是区块链完全去中心化的一种结构。当其中一个节点进行数据传输时，先将信息传给与自己相连的几个节点，这几个节点接收到信息之后，再传输给与自己相连的节点，按照这种传输的模式，将数据传输到全网。

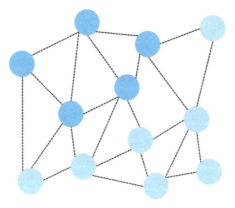

图3.16　P2P组网传播

三、验证机制

验证机制是区块链系统整个交易流程中的基石部分。在区块链中，如何证明一笔交易没有被篡改过？如何证明该笔交易是由发起人发起的而不是别人？在1976年以前，这些问题是无法解决的，因为当时全世界都是采用对称加密算法，即对信息的加密和解密是同一种秘钥。这一体系固然有它的优点，各种精心设计的加密算法在电报、密文的传输中起到了举足轻重的作用。

然而，如果加密后的信息不仅仅局限在发起者和接收者之间，而是需要经过全网节点验证其内容，对称加密算法便无处下手了，因为加密和解密的口令相同，解密者不仅可以验证密文，而且可以篡改密文。此时在全网中只有交易双方知道验证密文的口令，也就无法通过共识验证交易的真实性了。因此，非对称加密算法应运而生。

在非对称加密算法中，公钥仅针对唯一的私钥进行解密，通过其他任何途径加密的信息无法通过公钥还原。在区块链系统中，全网节点获知加密者的公钥，就可以在无法伪造的前提下唯一地确认交易发起者的身份。与此同时，考虑到信息传输过程中可能的失真、误码，Hash函数被用于生成信息摘要。Hash是不可逆向求解的，哈希算法具备"雪崩效应"，一个微小的改变会导致完全不同的哈希散列值。

图3.17展示了数字摘要和数字签名的形成过程。数字摘要就是把文件中的部分信息进

行单独哈希,生成数字摘要;数字签名是为了保证在区块链网络中数据不被篡改。因此,只需将密文和其摘要同时使用私钥加密,并在解密端对密文使用相同的 Hash 函数,与发过来的摘要进行比对,就可以验证信息的完整性。在这一过程中,非对称加密算法和 Hash 函数分别承担了"身份确认"和"可靠性验证"的功能。

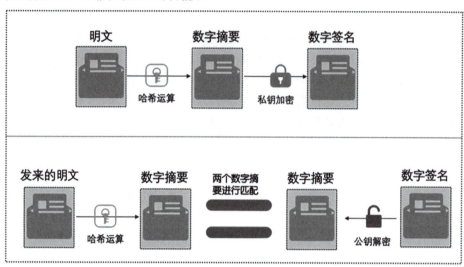

图 3.17　数字签名

共识层封装了网络节点的各类共识机制算法。共识机制算法是区块链的核心技术,因为区块链是一个去中心化的记账体系,由共识机制来决定由谁来记账,对于记账方式的选择将会影响整个系统的安全性和可靠性。目前已经出现了十余种共识机制算法,其中比较知名的有工作量证明机制(PoW,Proof of Work)、权益证明机制(PoS,Proof of Stake)、股份授权证明机制(DPoS,Delegated Proof of Stake)等。数据层、网络层、共识层是构建区块链技术的必要元素,缺少任何一层都将不能称之为真正意义上的区块链技术。

一、PoW(Proof of Work)

工作量证明(简称 PoW)是共识机制的一种,可以简单地理解为一份证明,证明你做过一定量的工作,通过查看工作结果就能够知道你具体完成了多少指定的工作。比特币挖矿就是采用的这种机制,比特币网络是通过调节计算难度,来保证每一次的竞争记账都需要全网的矿工计算大约 10 分钟,才能够得到一个满足条件的结果。

如果矿工已经找到一个满足条件的结果,那么我们就可以认为是全网的矿工完成了指定难度系数的工作量。而获得记账权的几率取决于矿工们工作量在全网的占比,如果占比是 30%,那么所获得的记账权几率也就是

PoW 操作模型

30%,所以,只有提高工作量才能够提升竞争力,这样才能够获得更多的记账权。

(一)共识机制学习任务

(1)从【分布式系统】任务逐级解锁,将【共识机制】任务解锁,如图 3.18 所示。

图 3.18　解锁共识机制学习任务

(2)进入【共识机制】→【实境演练】任务操作中,系统内置了 PoW 操作模型,如图 3.19 所示。

图 3.19　PoW 操作模型

(二)PoW 操作模型体验

(1)我们可以把工作量证明的过程理解成一个密码破解的过程,给定一个指定的密码,需要去破解,那么你的计算速度就越快,破解密码的速度也越快。下面这个模型中,给定了一个随机位数密码,答案的长度越长,破解的难度就越大,如图 3.20 所示。

图 3.20　PoW 操作模型

（2）有了这个密码之后，点击【继续】按钮，为了能清晰看到整个破解的过程，再添加一个显示密码破解的界面，如图 3.21 所示。

图 3.21　PoW 操作模型

（3）接着点击【继续】按钮再加入一个算力可调节、计算能力可控制的调节按钮，便于直观看出算力与破解速度之间的关联，如图 3.22 所示。

图 3.22　PoW 操作模型

（4）现在所有的元素都准备好了，点击【开始匹配】按钮，调节算力：按照 10、100、400 这三个档位进行观察。分别如图 3.23、图 3.24、图 3.25 所示。

图 3.23　算力为 10 时

图 3.24　算力为 100 时

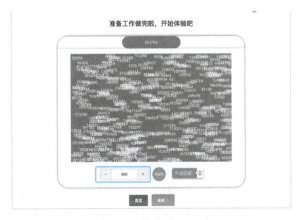

图 3.25　算力为 400 时

　　通过三种算力的对比,发现屏幕上显示的破解数字明显不同。算力越高,屏幕上显示的数字碰撞出答案的概率越来越大,进度显示也越来越快,直到匹配出正确的密码。这是一个标准的 PoW 的例子,通过消耗算力也就是计算能力,来寻找或者碰撞一个答案。

(三)PoW 共识机制总结

目前在全球范围内,公有区块链中 90% 以上都采用 PoW 共识机制,这一共识机制有其特有的优点:

1. 去中心化

将记账权公平的分派到每一个节点。你能够获得的币数,取决于你挖矿贡献的有效工作,用于挖矿的矿机性能越好,获得的收益就会越多,也就是根据工作证明来执行币的分配方式。

2. 安全性高

破坏系统需要投入极大的成本,如果想作弊,要有压倒大多数人的算力(51% 攻击)。在比特币的 PoW 机制中,由于获得计算结果的概率趋近于算力的占比,因此在不掌握 51% 以上算力的前提下,矿工欺诈的成本要显著高于诚实挖矿,甚至根本不可能完成欺诈。

PoW 共识机制作为最早的、目前使用也最为广泛的共识算法,也存在一定的弊端:

1. 挖矿造成大量的资源浪费

这种记账方式需要耗费大量的算力和计算机资源。以比特币为例,目前比特币已经吸引全球大部分的算力,这就使得依据算力公平分配奖励的机制,演变为了对矿机算力的大举投入。

2. 共识达成的周期较长

区块确认共识达成的周期较长(10 分钟),现在每秒交易量上限是 7 笔,不适合商业应用。PoW 共识机制算力的集中化,慢慢地偏离了原来的去中心化轨道。

二、PoS(Proof of Stake)

权益证明机制(简称 PoS)也称股权证明机制,是 PoW 共识机制的升级,类似于把资产存在银行里,银行会依据持有数字资产的数量和时间分配相应的收益。PoS 通过评估你持有代币的数量和时长来决定你获得记账权的几率,这就类似于股票的分红制度,持有股权较多的人能够获得更多的分红。

同理,采用 PoS 的数字资产,系统会根据币龄向你分配相应的权益,币龄是你持币数量和时间的乘积。比如你持有 100 个币,总共持有了 30 天,那么此时你的币龄就为 3000。权益证明机制的计算公式:

> 记账权的几率=代币数量×持有时长

PoS 共识机制从设计上说,比 PoW 共识机制更加先进,存在以下优势:

(1)在一定程度上缩短了共识达成的时间,由于不需要依靠算力碰撞答案了。

(2)因为 PoS 不需要比拼算力挖矿,PoS 不会造成过多的电力浪费,更加环保。

(3)防作弊,PoS 更难进行 51% 攻击。因为拥有 51% 币才能发起攻击,网络受到攻击却会造成自己利益受损,显然很不划算。

但是,PoS 共识机制中投票的权重取决于其持有 token 的多少,也就是说每个网络节点链接到一个地址,这个地址所持有的代币越多,获得生产下一个区块的概率就越大。从本质上来说,还是需要挖矿,没有从根本上解决商业应用的痛点。

三、DPoS(Delegated Proof of Stake)

DPoS 共识机制的定义

DPoS 股份授权证明机制是依据当时 PoW、PoS 的不足而改进的共识算法，它的目的是为了提高性能。也就是交易确认的时间，在更短的时间内达成共识，从而提高交易的处理性能。类似于董事会投票，持币者投出一定数量的节点，代表他们进行验证和记账。运行机制类似于议会制度或人民代表大会制度，如果代表不能履行他们的职责，比如轮到他们记账时，他们没能完成则会被除名，网络会选出新的节点来取代他们。

1.DPoS 共识机制的设计思路

在 PoS 共识中，人们使用财产证明来"挖矿"；在 PoW 共识中，人们使用算力来抢夺"记账权"，只要你持有币、具有算力，你就可以参与挖矿。但是，PoS 并没有解决性能问题，我们认为提高性能就是提高 TPS(单位时间内处理交易的笔数)，TPS 等式如下：

TPS ＝ 交易笔数(transactions)/ 区块时间(block_time)

其中，TPS 表示区块链每秒能确认的交易数，交易数(transactions)是由区块大小(block size)和平均每笔交易大小决定的，区块越小、交易越大，交易笔数越少。而区块大小受全网网络状态(network bandwidth)限制，是由记账节点之间物理带宽(witness performance，单位时间内链路能够通过的数据量)决定的。区块链上记账节点的个数(witness count)直接决定了物理带宽的上限，因为记账节点数量越多，则对物理带宽要求越高，对网络的稳定性要求也越高。需要注意的是在 DPoS 中，记账节点不叫做矿工，而是改称为见证人 Witness。所以这个等式转换为：

TPS ＝ (block size network bandwidth witness performance) / (block time × witness count)

从上述公式可以看出，如果要提高 TPS，就要增大区块大小 block size、提升记账节点网络带宽 network bandwidth、提升记账节点处理性能 witness performance、减小区块时间 block time、减小记账节点数量 witness count。而分子中的网络状态、物理带宽基本受限于物理资源的限制，所以能提升的空间不大。分母中的区块时间和见证人是由共识算法决定的，我们可以从区块时间、记账节点数入手来提升性能，DPoS 算法正是从这两项着手改进的。

第一个能改进的便是降低记账节点的数量，也即见证人的数量。在 PoW 和 PoS 共识机制中，任何节点都可以随时参与挖矿，随时退出，这样一来会带来很多问题。无法确定记账节点的数量，也无法确定记账节点之间的网络环境，记账节点数越多网络环境越复杂，这些不确定性会增大网络分区的概率，从而导致区块链分叉。

如果要减少记账节点的数量，就需要事先规定好记账节点的数量，然后让全网所有节点投票决定哪些节点可以成为记账节点，这样就限制并减小了见证人数量，这个过程也称作投票选举。这也就是 DPoS 共识机制设计的基本思路：DPoS 通过规定记账节点的数量，由节点来共同选择哪些节点是记账节点，来保证 TPS 的高速度。

2.DPoS 共识机制的优缺点

DPoS 共识机制存在以下优势：

(1)秒级的共识验证。DPoS 的每个客户端都有能力决定哪些节点可以被信任，相较于

PoW,DPoS 大幅提高了区块链处理数据的能力,甚至可以实现秒到账。

(2)优势资源集中。类似于现在的比特币,算力集中到几个大型的矿场中,会让这些大型矿场形成自己的权利。

(3)合作而非竞争。PoW 竞争的是算力,PoS 竞争的是股权,而 DPoS 是选出行使权利的节点,更像是一种合作关系。

DPoS 共识机制同样也存在一些缺点,具体如下:

(1)去中心化程度低。行使权利和职责的是被选出来的那几个节点,相当于权利集中在被选出来的节点上,其他节点就失去了发言的机会,相较于 PoW 和 PoS,其去中心化的程度降低了。

(2)投票的积极性并不高。绝大多数持股人从未参与投票,因为投票需要时间、精力以及技能,而这恰恰是大多数投资者所缺乏的。

第四节 激励层及合约层

在公链体系中,因为没有中心负责整个网络中的交易记账,同时链上的每个节点也没有绝对的权利和义务来帮助其他节点进行记账,那么如何确保链上的节点不断地进行挖矿和打包记账呢?

针对这个问题,区块链将经济因素集成到技术体系中来,包括经济激励的发行机制和分配机制等。在公有链中必须激励按照规则参与记账的节点,并且惩罚不遵守规则的节点,这样才能让整个系统朝良性循环的方向发展。而在私有链中,则不一定需要进行激励,因为参与记账的节点往往是在链外完成了博弈,通过强制力或自愿来要求参与记账。

一、发行机制和分配机制

通过共识机制矿工不断进行竞争记账的根本原因在于,矿工能够获得区块链的奖励,这种奖励通常以数字货币的形式呈现。例如,在比特币区块链中,如果你获得最新区块的记账权,就会获得一定数量比特币的奖励。

比特币的发行机制和分配机制

比特币不依靠特定货币机构发行,它依据特定算法,通过大量的计算产生,使用整个 P2P 网络中众多节点构成的分布式数据库来确认并记录所有的交易行为,并运用密码学来确保数据流通各个环节的安全性。比特币与其他虚拟货币最大的不同是其总数量非常有限,总数量将被永久限制在 2100 万个,具有极强的稀缺性。

比特币发行机制工具

1.比特币工具模型体验

(1)点击【发行机制】→【实境演练】,可以看到发行机制的模型,如图 3.26 所示。

第三章 区块链技术原理

图 3.26 发行机制工具模型

（2）发行机制模型中设定了以下体验值，如图 3.27 所示。

总金币值：126 个

获得奖金：当前你获得了多少金币

当前奖金：当前时间的奖励金是多少

倒计时：180 秒的倒计时时间

题目：所要完成的文字题目

输入框：输入答案的区域

图 3.27 发行机制工具模型

（3）规则如下：总的金币值为 126 金币，第一次分发的奖励金是 64 金币（奖励金会随着时间不断变化），时间是 180 秒，需要在规定的时间内输入红色字体显示的文字，点击【提交】按钮，完全正视为回答正确，赢得当前的奖励金，继续回答下一个问题，如图 3.28 所示。

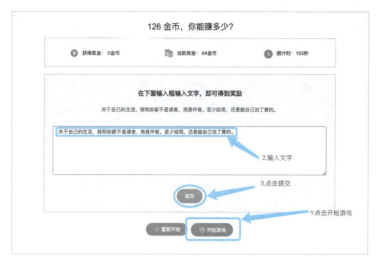

图 3.28　发行机制工具模型

（4）文字输入完成，点击【提交】按钮，校验答案的正确性。正确者会给予奖励，继续进行之后的关卡，如图 3.29 所示。

图 3.29　提交答案

2. 比特币发行机制总结

上述模型的设计思路是：总量 126 金币，每隔 30 秒金币奖励减半，你回答问题越快、越准确，所得的金币越多。参照了比特币的发行思路，比特币网络会自动调整数学问题的难度，让整个网络约每 10 分钟得到一个合格答案；随后比特币网络会新生成一定量的比特币作为赏金，奖励获得答案的人。2009 年比特币诞生的时候，每笔赏金是 50 个比特币，诞生 10 分钟后，第一批 50 个比特币生成了，此时的货币总量就是 50。随后比特币约以每 10 分钟 50 个的速度增长，当总量达到 1050 万时（2100 万的 50%），赏金减半为 25 个，当总

图 3.30　比特币发行机制

量达到 1575 万（新产出 525 万，1050 的 50%）时，赏金再减半为 12.5 个。比特币的发行机制如图 3.30 所示。

二、合约层

合约层是区块链可编程特性的基础，封装了各类脚本、算法和智能合约，包含了图灵完备（可以在区块链上独立部署自己的合约程序）和非图灵完备的编程语言，各自负责不同功能机制。区块链 1.0 的代表比特币本身就具有简单脚本的编写功能，但这种脚本编写不允许节点进行独立应用的部署。以太坊强化了编程语言协议，在编程语言上以太坊开启了区块链 2.0 时代，最大化完善了合约的独立部署，理论上可以编写可实现任何功能的应用。

（一）脚本代码

脚本代码（Script）是含有 bind 和 alias 等命令的集合，简单来说就是一条条可以看到的文字命令，脚本程序在执行时，由系统的一个解释器将其一条条翻译成机器可识别的指令，并按程序顺序执行。由于脚本在执行时多了一道翻译的过程，所以它比二进制程序执行效率要稍低一些。

脚本可以存为后缀名为.cfg 的文件，执行时在控制台输入：exec(脚本文件名).cfg 即可。比如将一个脚本存为 buys.cfg 文件，则在控制台中输入：execbuys.cfg 则可以实现我们所需要的功能。要实现一个命令只要把这一过程定义（alias）好，并且分配一个键位给这个命令，以后只要按分配好的键位，就可以实现这一过程，所有脚本都是通过这一方法实现的。

区块链中的脚本代码，分为输入脚本和输出脚本。输入脚本在比特币中扮演着验证交易所有者、交易花费等功能；输出脚本则是在交易产生时对交易进行锁定和签名。如此一来，输入脚本和输出脚本相互配合保证了区块链系统中每笔交易的归属、去向和唯一花费等。

在区块链中脚本系统是个比较抽象的概念，也是其中很重要的部分，可以说区块链系统之所以能形成一个有价值的网络，依靠的就是脚本系统，它就像是一个发动机，驱动着区块链系统不断进行着各种数据的收发。此外，脚本系统使区块链实现了各种各样的业务功能，本来只是通过区块链来记账，而通过脚本系统，大家可以使用区块链来记录各种各样的数据，比如订单、众筹账户、物流信息、供应链信息等，这些数据一旦可以记录到区块链上，区块链的优点就能够充分发挥出来。

（二）算法机制

算法机制（Algorithm）是指解题方案的准确和完整描述，是一系列解决问题的清晰指令，算法代表着用系统的方法解决问题的策略机制，也就是说，能够对一定规范的输入，在有限时间内获得所要求的输出。如果一个算法有缺陷，或不适合某个问题，执行这个算法将不会解决这个问题。不同的算法可能用不同的时间、空间或效率来完成同样的任务，一个算法的优劣可以用空间复杂度与时间复杂度来衡量。

合约层中加入的算法机制，控制了区块链中加密算法、合约算法、共识算法的执行动作，使区块链的运行按照预先设定的范围和规则来执行，确保整个运行过程是一个有机体。

（三）智能合约

1. 智能合约定义

智能合约（smart contract）至少可以追溯到 1995 年，是由尼克·萨博（Nick Szabo）提出来的,他给出的定义是:智能合约是一套以数字形式定义的承诺(promises),包括合约参与方可以在上面执行这些承诺的协议。智能合约可以拆解为三个部分来理解:承诺、数字形式、协议。

(1)承诺。承诺指的是合约参与方同意的(经常是相互的)权利和义务,这些承诺定义了合约的本质和目的。以销售合约为例,卖家承诺发送货物,买家则承诺支付合理的货款。

(2)数字形式。数字形式意味着合约必须写入计算机可读的代码中。因为只要参与双方达成协定,由智能合约建立的权利和义务必须在一台计算机或者计算机网络执行。

(3)协议。协议是技术实现(technical implementation),以此为基础合约承诺被实现,或者合约承诺实现被记录下来。选择哪个协议取决于许多因素,其中最重要的因素是在合约履行期间被交易资产的本质。

再次以销售合约为例,假设参与方同意货款以比特币支付。选择的协议很明显将会是比特币协议,在此协议上,智能合约必须运行在某种区块链所规定的协议中,并且该智能合约一定是数字化的承诺。那么,在生活中智能合约更多地扮演着什么角色呢?我们通过一个模拟工具来解释。

智能合约模拟工具

2.智能合约模拟工具

(1)进入智能合约学习任务。点击上一个任务的【完成任务】解锁【智能合约】任务,在【智能合约】任务上点击【实境演练】进入到智能合约模拟工具界面,如图3.31所示。

图3.31 智能合约学习任务

(2)本模拟工具的设计以网络购物为例,展示了智能合约在其中发挥的作用和扮演的角色,如图3.32所示。

图 3.32　智能合约模拟工具

（3）顾客：王小明向网络商城下了一笔订单，此时订单的信息传到了商家的客户端里，但是小明支付的资金却存在了智能合约里面，如图 3.33 所示。

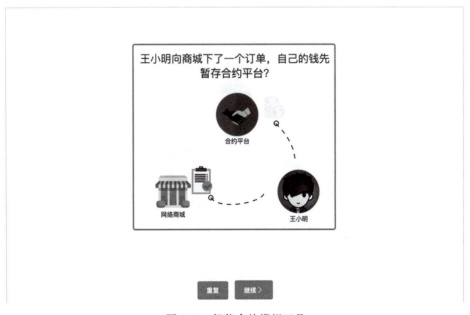

图 3.33　智能合约模拟工具

（4）智能合约收到钱以后，自动触发一个通知商家发货的指令，如图 3.34 所示。

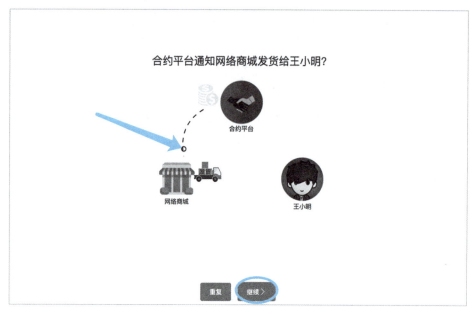

图 3.34　智能合约模拟工具

（5）商家收到智能合约发来的发货指令以后，向客户小明发货，小明收到货物以后，进行了确认。当智能合约收到了客户确认订单的指令后，自动将货款结算给商家，如图 3.35 所示。

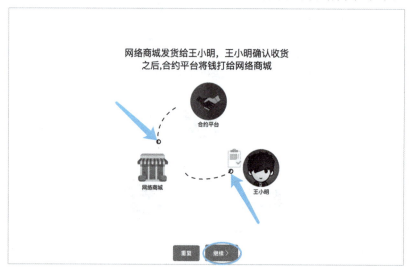

图 3.35　智能合约模拟工具

3.智能合约总结

整个模拟工具过程，类似于我们生活中的支付宝应用。智能合约在一定程度上确实代替了部分中介的职能，由编写好的程序自动执行，避免人为因素的参与。智能合约内置于区块链之中，合约的执行必须有触发条件，这个触发条件可以是时间、事件、行为等。达到了智能合约的执行条件，会将接收到的数据按照设定好的规则，改变数据的状态和值，输出为变化后的数据，如图 3.36 所示。

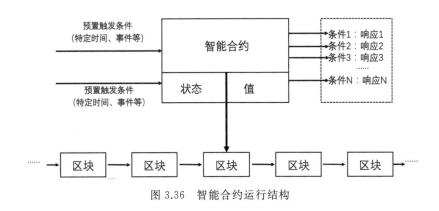

图 3.36 智能合约运行结构

4.智能合约相关问题

智能合约产生于 1995 年,区块链产生于 2009 年,智能合约远早于区块链而出现,为什么智能合约在互联网时代没有得到社会的关注,反而到了区块链时代,智能合约成为一大热门?

答:智能合约看上去就是一段计算机执行程序,满足可准确自动执行即可,那么用传统的技术为何很难实现,而需要区块链等新技术呢?传统技术即使通过软件限制、性能优化等方法,也无法同时实现区块链的特性:一是数据无法删除、修改,只能新增,保证了历史的可追溯,同时作恶的成本很高,因为其作恶行为将被永远记录;二是去中心化,避免了中心化因素的影响。

基于区块链技术的智能合约不仅可以发挥智能合约在成本效率方面的优势,而且可以避免恶意行为对合约正常执行的干扰。将智能合约以数字化的形式写入区块链中,由区块链技术的特性保障存储、读取、执行等过程的透明可跟踪、不可篡改。同时,由区块链自带的共识算法使得智能合约能够高效地运行。

应用层封装了区块链的各种应用场景和案例,未来的可编程货币和可编程金融也将会搭建在应用层。可以说,区块链技术的未来取决于应用层的完善程度。

 可编程货币

可编程货币是以数字形式表示的加密数字货币,也称为代币或者叫 Token,其不同于电子货币,是一种价值的数据表现形式,通过数据交易发挥交易媒介、价值存储等功能。但它不是任何国家和地区的法定货币,没有政府的公信力和权威作为背书,只能通过使用者之间的协议来发挥上述功能。

可编程货币是一种具有灵活性的,整体的发行、分配、验证等环节都依靠算法来保证,几乎独立存在的数字货币,基于区块链设计的比特币就是可编程货币的一种。区块链构建了一个全新的数字支付系统,在这个系统中,人们可以进行无障碍的数字货币交易或跨国支付。由于区块链具有去中心化、不可篡改、可信任等特性,它能够保障交易的安全性和可靠性,这会对现有的货币体系产生较大影响。区块链 1.0 开启了货币的全新起点,但构建全球统一的区块链网络还有很长的路要走。

二、可编程金融

基于区块链可编程特点,人们尝试将智能合约添加到区块链系统中,形成可编程金融,拓展了区块链在泛金融领域的众多应用。如果说可编程货币是为了实现货币交易的去中心化,那么可编程金融就能实现整个金融市场的去中心化。区块链的应用范围从货币领域扩展到具有合约功能的其他领域,交易的内容包括房产契约、知识产权、权益及债务凭证等。同时,以太坊、合约币、彩色币等的出现,也预示着区块链技术正逐步成为驱动金融行业发展的强大引擎。

与虚拟货币的技术支撑平台不同,区块链 2.0 的核心理念是把区块链作为一个可编程的分布式信用基础设施,用以支撑智能合约的应用。图灵完备的智能合约标志着可编程金融的出现。图灵完备的智能合约是指,可以在区块链上独立部署自己的合约程序,预示着我们可以按照自己的需求设定链上的规则应用。如何理解图灵完备的智能合约呢?可以通过下面的模型来学习。

以大坊模型工具

(一)以太坊模型体验

(1)进入到区块链平台任务。点击上一任务的【完成任务】解锁【区块链平台】学习任务,在该任务中点击【实境演练】,进入到以太坊操作模型的体验中,如图 3.37 所示。

图 3.37　区块链平台学习任务

(2)本模型通过一个非常简单的程序,来解释什么是图灵完备的智能合约。模型中准备两个显示框,分别是:输入框,在输入框中输入执行的内容;结果框,设定规则,并显示出执行后的结果。规则是"当在左侧输入数字 1 运行时,右侧显示'正方形';当输入其他数字运行时,右侧显示'三角形'",如图 3.38 所示。

第三章　区块链技术原理

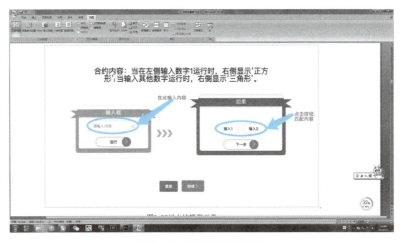

图 3.38　以太坊模型工具

(3)在结果框中点击【输入 1】按钮,点击【下一步】会出现一个"三角形"和一个"正方形",按照规则点击"正方形"。如图 3.39、图 3.40 所示。

图 3.39　以太坊模型工具

图 3.40　以太坊模型工具

（4）第一个规则设定好之后，开始设定第二个规则：输入其他数字时显示"三角形"，还是在右侧的显示框中选中"三角形"。如图3.41所示。

图3.41　以太坊模型工具

（5）所有的规则设定好之后，点击【下一步】，再点击【继续】就可以运行了。在左侧输入要运行的内容"1"，点击【运行】按钮，右侧会出现正方形的图案，如图3.42所示。

图3.42　以太坊模型工具

（6）输入其他数字，比如"2"时，会出现"三角形"，如图3.43所示。

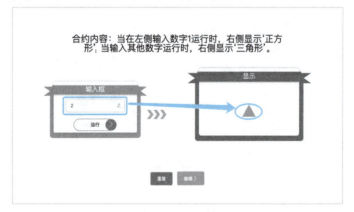

图3.43　以太坊模型工具

三、可编程社会

区块链 3.0 阶段,也就是可编程社会阶段。这一阶段区块链的应用将超越金融领域,拓展到身份认证、审计、仲裁、投标等社会治理领域和工业、文化、科学、艺术等领域。区块链技术提供了一种通用技术和全球范围内的解决方案,即不再通过第三方建立信用和共享信息资源,从而提高整个领域的运行效率和水平。随着 5G 技术的不断成熟,区块链中网络带宽的上限问题亦能得以解决,区块链技术能将所有的人和设备连接到一个全球性的网络中,科学地配置全球资源,实现价值的全球流动,推动整个社会发展进入智能互联新时代。

在过去的几个世纪里,人类已经见证了历次技术革命,如工业革命、石油革命等。这些革命显著降低了交易成本、创造了新的沟通方式并改变了基础设施架构,最终实现了新的技术范式。新技术逐步渗透于经济、社会和生活复杂的动态过程中,也为人类社会及其经济组织的运行方式带来颠覆性变化。

从历史的角度来看,自治组织边界的变动不仅会改变其内部的连接结构,也会改变外部的连接状态,有目的的互动行为会促使组织自发地向更高级的形式演进,从而改变整个社会组织的连接结构和监管方式。区块链带来的交易成本节约和信任重构,既提高了社会管理效率,也完善了社会治理方式,区块链也许最终会带领人们走向更加公正、秩序和安全的自治社会(Decentralized Autonomous Society,DAS)。

1. 对称加密的具体算法有( )。(单选)
A. AES B. Elgamal
C. 背包算法 D. ECC(椭圆曲线加密算法)
2. 加密技术可分为哪两部分?( )(单选)
A. 密钥和明文 B. 密钥和加密算法 C. 明文和加密算法 D. 密文和加密算法
3. 时间戳的组成部分不包括( )。(单选)
A. 需加时间戳的文件的摘要(digest) B. DTS 收到文件的日期和时间
C. DTS 的数字签名 D. DTS 收到文件的摘要
4. 时间戳生成的方法步骤不包括( )。(单选)
A. 提取用户电子数据摘要(Hash 值)
B. 用户提出时间戳请求,Hash 值被传递给时间戳服务器
C. 时间戳服务器采用权威时间源,由国家授时中心负责授时和守时
D. 由可信第三方时间戳服务机构对电子数据摘要和权威时间记录进行数字签名生成时间戳
5. 关于区块如何连接成区块链说法错误的是( )。(单选)
A. 区块链由一串使用密码学算法产生的区块连接而成
B. 区块按顺序相连形成链状结构,也就是区块链大账本

C. 每个区块都是在前一个区块数据的基础上生成的,该机制保证了区块链数据的唯一性

D. 区块自动会连接成区块链,无须额外的操作

6. 关于最长的链说法错误的是(　　)。(单选)

A. 节点永远认为最长链是正确的区块链,并将持续在它上面延长

B. 矿工都在最长链上挖矿,有利于区块链账本的唯一性

C. 如果给你转账的比特币交易不记录在最长链上,你将有可能面临财产损失

D. 最长的链不一定是正确的链

7. 去中心化的三个优点不包括(　　)。(单选)

A. 防篡改性　　　B. 容错性　　　C. 抗攻击性　　　D. 抗勾结性

8. 关于去中心化中的中心,下方说法正确的是(　　)。(单选)

A. 去中心化,就是不要中心

B. 去中心化,是中心决定节点

C. 去中心化,不是不要中心,而是由节点来自由选择中心

D. 去中心化,不是不要中心,而是有很多永久的中心

9. 如何计算矿工这10分钟竞争中能够获胜的概率?(　　)(单选)

A. 由他有多少比特币决定

B. 无法表示,这个是不固定的

C. 跟个人的挖矿经验有关系

D. 矿工所掌握的所有矿机占比特币全网总算力的百分比是多少

10. 下面哪种共识机制效率最低?(　　)(单选)

A. PoW　　　B. PoS　　　C. DPoS　　　D. Pool

11. PoW的全称是(　　)。(单选)

A. 权益证明机制　　　　　　　B. 权益授权证明机制

C. 工作量证明机制　　　　　　D. 燃烧证明机制

12. 智能合约是由谁提出来的?(　　)(单选)

A. 中本聪　　　B. V神　　　C. CryptoNote　　　D. 尼克·萨博

13. 智能合约被提出的时间是(　　)年。(单选)

A. 1995　　　B. 2008　　　C. 1895　　　D. 1900

14. 下面关于智能合约的说法错误的是(　　)。(单选)

A. 一套承诺指的是合约参与方同意的(经常是相互的)权利和义务

B. 一套数字形式的计算机刻度代码

C. 智能合约是甲乙双方的口头承诺

D. 智能合约是一套以数字形式定义的承诺(promises),包括合约参与方可以在上面执行这些承诺的协议

15. 哈希函数有3个重要的性质,下面不包括的是?(　　)(单选)

A. 抗碰撞性　　　B. 原像不可逆　　　C. 不可逆加密　　　D. 难题友好性

16. 保证比特币的安全性的三个维度不包括(　　)。(单选)

A. 分布式账本技术　　　　　　B. 巨大的计算力成本

C. 密码学的应用　　　　　　　D. 密码学原理

17. 关于核心层描述不正确的是？（　　　）(单选)
A. 核心层是区块链系统的最重要的组成部分
B. 会影响整个系统的安全性和可靠性
C. 核心层是溯源应用落地过程中必不可少的重要组件
D. 共识机制与 P2P 网络传输是区块链的核心技术

区块链术语解析

1. 掌握区块链公钥、私钥的概念和数字签名算法的作用。
2. 熟悉 51% 攻击的基本概念和存在的风险。
3. 理解区块链账户模型 UTXO 意义以及使用价值。
4. 了解闪电网络、侧链、挖矿等相关技术的意义。

公钥　私钥　DApp　UTXO　51%攻击　挖矿　矿工

　　本章主要介绍区块链时代的最新术语,依托于区块链的术语,将内容分为:区块链的核心概念解析、区块链跨链实现方式、区块链现存的问题与解决方案。通过详细的文字介绍和可操作的技术模型来一步一步体验最新的行业术语的真实内涵,便于读者分清知识点的主次,明确区块链本身的优势和现存的问题,从综合的角度理解区块链本身。同时,本章节针对核心的知识点,比如:公钥、私钥、UTXO 等进行了外延价值的分析。建议读者先从最基础的核心概念入手,了解区块链时代的专业名称,再深入到现状和问题的解决方案中。

第四章 区块链术语解析

本章思维导图

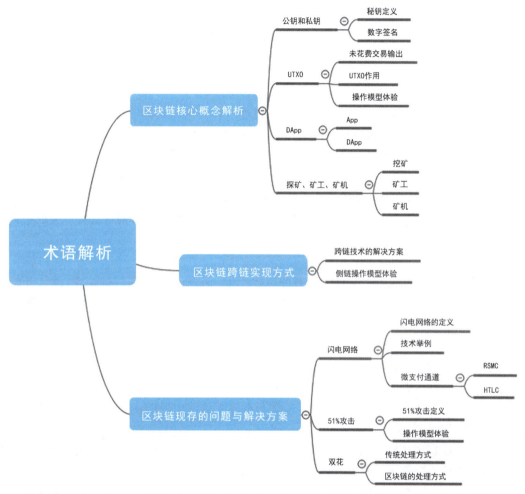

近年来社会上对区块链的关注度和曝光度持续上升,国内众多巨头公司纷纷张开双臂拥抱,把区块链当做互联网时代的伟大颠覆性创新,一窝蜂研究怎样把区块链变成自己抢占商业先机的工具。因为区块链的出现,很多陌生的概念也应运而生,比如:双花、UTXO 等;很多传统认知的概念,被赋予了新的含义,比如:矿工、挖矿等;很多只有密码学家、数学家才会关注的专有名词,因为区块链的原因,我们所有人必须耳熟能详,比如:公钥、私钥等。

第一节　区块链核心概念解析

一、公钥和私钥

公钥(Public Key)与私钥(Private Key)是通过一种公开秘钥算法得到的一对密钥对(即一个公钥和一个私钥),公钥是密钥对中公开的部分,私钥则是非公开的部分。公钥通常用于加密会话密钥、验证数字签名,或加密可以用相应的私钥解密的数据,在区块链网络中保证数据传输的唯一性和隐私性。[1]通过这种算法得到的密钥对能保证在世界范围内是独一的。使用这个密钥对的时候,如果用其中一个密钥加密一段数据,必须用另一个密钥解密。比如用公钥加密数据就必须用私钥解密,如果用私钥加密也必须用公钥解密,否则解密将不会成功。

- 一把私有钥匙,又叫秘钥,只有用户自己独有,不能对外公开。
- 一把公开钥匙,又叫公钥,可公开发行配送,可以对外发送和公开。

每支钥匙具备改变属性的功能。私有的钥匙产生一个私有改变属性的功能,而公开的钥匙产生一个公开改变属性的功能。[2]这些功能是反向相关的,例如,如果一个功能是用来加密消息,另外一个功能则被用来解密消息。不论此改变属性功能的次序为何皆不重要。公开的钥匙系统的优势是两个用户的沟通不需要提前商量口令,只需要保护好自己的私钥就可以安全地进行沟通。例如,假设一个送信者需要传送一个信息给一个收信者,而信息的秘密性是必要的,送信者以收信者公开的钥匙来加密,而仅有收信者的私有钥匙能够对此信息解密。公开的钥匙密码学是非常适合于提供认证、完整和不能否认的服务的,所有的这些服务即是我们所知的数字签名。

公钥和私钥在区块链中被用作个人账户的两把钥匙,是区块链中非常重要的两个概念,他们是成对出现的。公钥用于解锁发来的信息,私钥用于保护自己的数字资产,以及对发送的信息进行加密。

二、UTXO

1.UTXO 概念认知

UTXO(unspent transaction output,未花费的交易输出),这是比特币交易中核心概念。在比特币中实际上是没有币的概念,都是 UTXO,比特币系统里没有账户,自然也没有余额等内容。一个 UTXO 的基本单位是"聪","聪"是比特币的最小计量单位,一个比特币等于 10^8 聪。一个 UTXO 一旦被创建则不可分割,只能当做交易的输入被花费掉,花费后产生新的 UTXO,这样周而复始地实现货币的价值转移。因此我们使用的比特币钱包看到的账户余额实际上是 UTXO 聚合计算的产物。怎么去理解 UTXO 呢?通过一个简单的思维题来学习。

UTXO 工具

2. UTXO 操作模型体验

（1）点击上一任务的【完成任务】，解锁【交易原理 UTXO】学习任务，在该任务中点击【实景演练】进入到交易原理 UTXO 操作模型的体验中，如图 4.1 所示。

图 4.1　交易原理－UTXO 学习任务

（2）先来解读一下样例：第一个是系统支付 100 元给张三；第二个是张三支付 20 元给李四；第三个则是张三支付 20 元给李四→支付 10 元给王五＋支付 10 元给李四，我们会发现样例三中不是直接显示的张三的余额，而是形成了两笔交易支付给王五和返回李四的交易，如图 4.2 所示。

图 4.2　UTXO 模型工具

（3）在题目中设计的两个问题也是和样例类似。第一个题目的答案是：张三支付李四 100 元，题目二的答案是张三支付李四 100 元→支付 50 元给张三＋支付 50 元给李四，如图 4.3 所示。

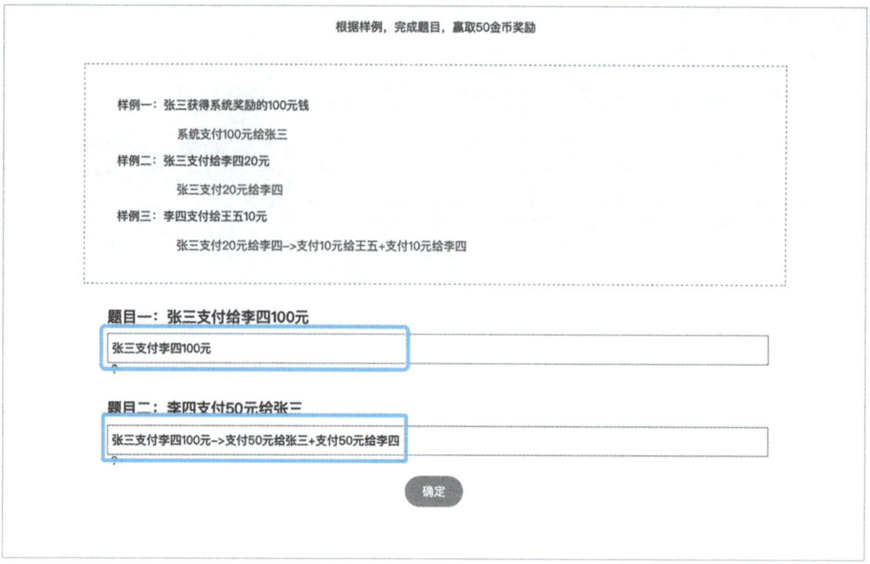

根据样例，完成题目，赢取50金币奖励
样例一：张三获得系统奖励的100元钱
系统支付100元给张三
样例二：张三支付给李四20元
张三支付20元给李四
样例三：李四支付给王五10元
张三支付20元给李四-->支付10元给王五+支付10元给李四
题目一：张三支付给李四100元
张三支付李四100元
题目二：李四支付50元给张三
张三支付李四100元-->支付50元给张三+支付50元给李四
确定

图 4.3　UTXO 模型工具

3.UTXO 总结

从这个模型中的例子可以得出，在 UTXO 模型中，任务交易的形成，必须由交易来完成一笔交易。最终实现账户中的多笔进项交易和多笔出项交易。

接下来再分析一个 UTXO 的例子，如图 4.4 所示。

Coinbase 交易
交易号：#1001
交易输入
交易输出(UTXO)
第几项
数额
收款人地址
挖矿所得
(1)
12.5
(张三的地址)
普通交易
交易号：#2001
交易输入
交易输出(UTXO)
资金来源
第几项
数额
收款人地址
#1001(1)
(1)
2.5
(李四的地址)
(2)
10
(张三的地址)
普通交易
交易号：#3001
交易输入
交易输出(UTXO)
资金来源
第几项
数额
收款人地址
#2001(1)
(1)
5.00
(王五的地址)
#2001(2)
(2)
7.50
(张三的地址)

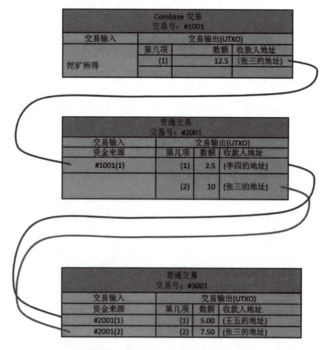

图 4.4　UTXO 交易结构

这个过程是通过 UTXO 实现的，如图 4.4 所示。区块链账本里记录的是一笔又一笔的交易,每笔交易都有若干交易输入,也就是资金来源,也都有若干笔交易输出,也就是资金去向。一般来说,每一笔交易都要花费(spend)一笔输入,产生一笔输出,而其所产生的输出,就是"未花费过的交易输出",也就是UTXO。每一笔交易的来源和去向在UTXO的账户里都能找到,可以一步一步地追查到交易的源头,区块链之所以采用UTXO的账户模型,就是为了达到"可追溯"的目的。

UTXO在实际的应用中要遵守一定的准则:

(1)所有的资金来源都必须来自前面某一笔或者某几笔交易的UTXO。

(2)任何一笔交易的交易输入总量必须等于交易输出总量,等式两边必须配平。

三、DApp

DApp是Decentralized Application的缩写,译为:分散式的应用程序。App我们都知道,在智能手机上安装的应用程序也就是App。而DApp比App多了一个"D","D"的意思是分散式的、去中心化的。所以,它的意思是分散式的应用程序或去中心化的应用程序。

DApp是一种分布式的应用程序,也是建立在互联网基础之上的,与传统的App最根本的区别是:DApp运行在去中心化的网络上,也就是区块链网络中。网络中不存在中心化的节点可以完整地控制DApp。而App我们都知道,是中心化的。需要请求某台服务器来获取数据,处理数据等。比如:我们现在使用的微信,看似是A与B之间的直接通话,其实实际的流程是A先将信息传给微信的服务器,由服务器进行转换和编码,再发送给B,从而达到消息的传送。所以,我们现在接触的所有的App都有一个中心化的服务器。

区块链相对于DApp来说是应用运行的底层环境。简单的可以类比为手机上的各种App。学习区块链不是学习区块链的底层部分,可能更多的人需要学习DApp的开发,构建能够运行在区块链环境上的应用程序。

四、挖矿、矿工、矿机

1.挖矿

区块链中的"挖矿"实际上就是记账的过程,比特币的运算采用了一种称为"工作量证明(Proof of Work,PoW)"的机制,系统为了找出谁有更强大的计算能力,每次会出一道数学题,只有最快解出这道题目的计算机才能进行记账。而抢到记账权的计算机会获得数字货币的奖励。通常把这个行为称为"挖矿",把获得的数字货币视为挖矿成功获得的奖励。

2.矿工

矿工在字典里的定义是"现实社会中指在矿山上班的工人,包括各种矿山工种的工人的总称。"而比特币矿工是以计算机为手段,靠计算机的算力工作,获得相应的比特币奖励或者手续费。其他山寨币的矿工跟这个也大同小异。

3.矿机

矿机,就是用于赚取数字货币的电脑,这类电脑一般有专业的挖矿晶元,多采用烧显卡的方式工作,耗电量较大[4]。用户用个人电脑下载软体然后运行特定算法,与远方服务器通信后可得到相应数字货币,是获取数字货币的方式之一。

随着区块链的不断发展,挖矿行为变成了一种社会化的现象,那么挖矿的工具也在不断地发生变化，从最开始的 CPU 矿机，再到 GPU 矿机，再到专门用于挖矿的 ASIC 矿机，如图 4.5 所示现在个体的矿机已经不能挖到数字货币了，就出现了矿池和矿场。近期又出现了新型计算机——量子计算机，量子计算机的特点主要有运行速度较快、处置信息能力较强、应用范围较广等。与一般计算机比较起来，信息处理量愈多，对于量子计算机实施运算也就愈加有利，也就更能确保运算具备精准性。量子计算机的出现，给区块链的设计带来了极大的挑战，其运算速率远超现在的计算机性能，能实现秒级破解。

CPU矿机　　　　　　　　　　CPU矿机

ASIC矿机

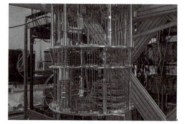
量子计算机

图 4.5　矿机

第二节　区块链跨链实现方式

1.侧链的概念

侧链是跨链技术的一种解决方案，侧链的方案只是解决数字货币之间的相互传递，并未从根本上解决区块链之间信息的跨链传递。所谓的侧链是指以正式上线的、独立的区块链网络为主链，通过双向锚定的方式进行依附的山寨币。其中第一个区块链通常被称为主区块链或者主链，每两个区块链则被称为侧链。这种技术为开发区块链技术的新型应用和实验打开了一扇大门。如图 4.6 所示，是一种单一锚定比特币的形式。

图 4.6　比特币侧链模型

如何去理解这一种货币锚定的形式呢？通过一个模型来进行详细阐述。

2.侧链模拟工具

（1）进入侧链模拟工具学习任务。点击上一任务的【完成任务】解锁【侧

侧链模拟工具

链与闪电网络】学习任务,在该任务中点击【实景演练】进入到侧链模型的体验中,如图 4.7 所示。

图 4.7　侧链学习任务

(2)模型中预置两条区块链:A 链和 B 链,如图 4.8 所示。

图 4.8　侧链模拟工具

(3)点击【继续】按钮,你在 A 链上有 50 个金币,B 链上的资产是 0。现在需要用 B 链上的金币去支付一种商品,如图 4.9 所示。

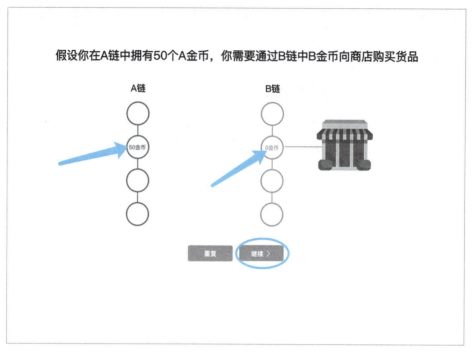

图 4.9　侧链模拟工具

(4)点击【继续】按钮,你需要将 A 链中的 50A 金币放入一个特定的地址中进行金币锁定,这个特定的地址就是智能合约,如图 4.10 所示。

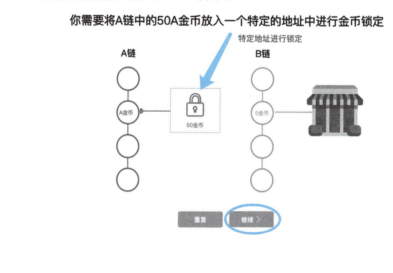

图 4.10　侧链模拟工具

(5)点击【继续】按钮,B 区块链得到你的锁定证明之后,会在你 B 链的账户中产生换算比例后的同价值 B 金币(本次模拟假设 A∶B＝1∶1),如图 4.11 所示。

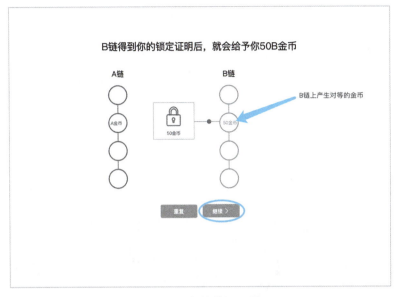

图 4.11　侧链模拟工具

（6）B 链上产生了 B 金币，你就可以进行正常的支付了，如图 4.12 所示。

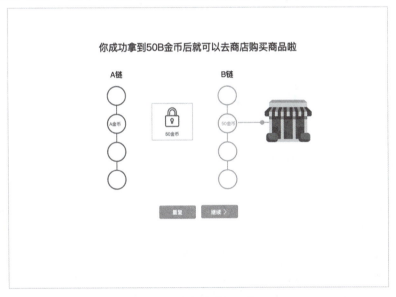

图 4.12　侧链模拟工具

通过该模型演示，我们可以知道，侧链是通过智能合约与主链进行锚定的。被锁定在智能合约里的数字货币，任何人或组织都不能使用。同时，侧链还支持反向的价值换算。

3.侧链的实现方式

单一托管：最简单的实现主链与侧链双向锚定的方法就是通过将数字资产发送到一个主链单一托管方（类似于交易所），当单一托管方收到相关信息后，就在侧链上激活相应数字资产，如图 4.13 所示。这个解决方案的最大问题是过于中心化。

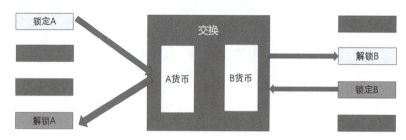

图 4.13 单一托管

联盟模式:联盟模式是使用公证人联盟来取代单一的保管方,利用公证人联盟的多重签名对侧链的数字资产流动进行确认,如图 4.14 所示。

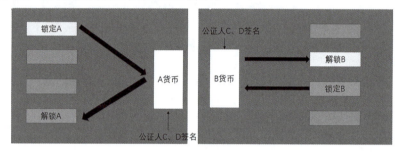

图 4.14 联盟模式

第三节 区块链现存的问题与解决方案

一、闪电网络

比特币的交易网络中存在的最大问题便是交易性能:全网每秒 7 笔的交易速度,远低于传统的金融交易系统,比如 VISA 每秒能处理上千笔交易、支付宝每秒能处理上万笔交易[3]。同时,等待 6 个块的可信确认导致约 1 个小时的最终确认时间,1 个小时最终确认时间对于大多数小额交易的节点来说是无法承受的。对于小额交易,是否真需要这么高的可靠性?闪电网络就是为了处理大量的小额交易设计出来的,通过智能合约来完善链下的交易渠道。

闪电网络的主要思路十分简单——将大量交易放到比特币区块链之外进行,是一个点对点对等网络,完全去中心化的数字货币微支付系统,目的是实现安全的链下交易,其本质是使用了哈希时间锁定智能合约(即哈希锁定和时间锁定。使用哈希锁定将发起方的交易代币进行锁定,并通过时间锁定让接收方在某个约定的时刻前生成支付的密码学证明,并与先前约定的哈希值一致,则可完成交易)来安全地进行零确认交易的一种机制。通过以上的思路也就产生了微支付通道:是解决小额度、高频次支付场景的方案,目的是缩减支付的交易数量,使高频次、小额支付成为可能。

闪电网络有两个核心的概念:RSMC(Recoverable Sequence Maturity Contract)和 HTLC

(Hashed Timelock Contract)[3]。

1.RSMC:可撤销的顺序成熟度合同,一个类似准备金的机制

【举例】A 和 B 之间由于双方业务需要长期频繁转账,而且每次转账也都是小额,为了方便,他们准备平时不进行实际的转账,而是记账,然后一段时间后算总账。所以他们共同拿出一笔钱开设一个基金账户,每人存入 50,则分配方案就是 A:50,B:50。随着业务的发展,只需每次更新分配状态,每次更新都记录在闪电网络上,只有在最终结算时再记录到区块链中。RSMC 解决了通道中币单向流动问题。

2.HTLC:哈希的带时钟的合约,本质就是限时转账

【举例】A 想转账给 B,但 A 和 B 没有支付通道,B 与 C 有支付通道,B 先发给 A 一个哈希值。A 可以先跟 C 签订一个合同,如果你在一定时间内能告诉我一个暗语,我就给你多少钱。C 于是跑去跟 B 签订一个合同,如果你告诉我那个暗语,我就给你多少钱。B 于是告诉 C 暗语,拿到 C 的钱,C 又从 A 拿到钱。最终达到结果是 A 转账给 B。HTLC:解决了币跨节点传递的问题。

二、51%攻击

1.51%攻击概念认知

51%攻击,就是一名恶意矿工控制了全网大部分算力(超过了 50%),然后进行强制交易。所谓的算力,就是矿工的计算能力。在 PoW 共识机制下,区块链中的节点,依靠工作量来获得打包记账权,工作量是单位时间内我所付出的计算资源。如果发生 51%攻击,就会破坏区块链去中心化的特性,同时会让区块链网络处于其他攻击风险之下。通过一个模拟工具来理解拥有了 51%的算力,我能做什么?

51%攻击工具

2.51%攻击模型体验

(1)进入 51%攻击学习任务。点击上一任务的【完成任务】解锁【51%攻击】学习任务,在该任务中点击【实景演练】,进入到 51%攻击操作模型的体验中,如图 4.15 所示。

图 4.15 进入到 51%攻击任务

(2)模拟工具的案例背景是一杯咖啡的风波,张三要用5枚数字货币向李四购买一杯咖啡。张三支付成功之后(交易成功,但是数字货币并不会立刻到李四的账户上),这笔交易就会放在交易池中,等待矿工打包记账和验证,如图4.16所示。

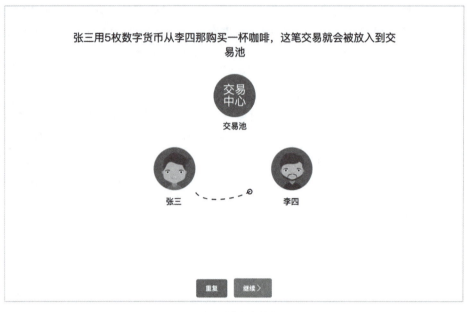

图 4.16　51%攻击模拟工具

(3)点击【继续】按钮,正常情况下,这笔交易被放进区块链中是"5枚数字货币从张三账户到李四账户",如图4.17所示。

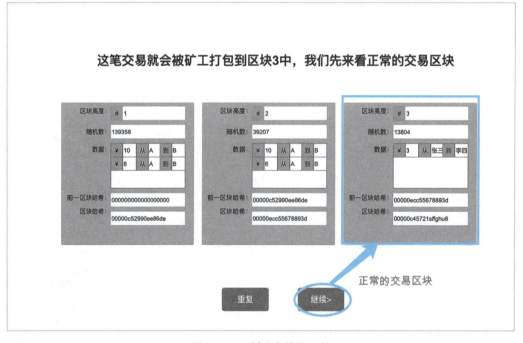

图 4.17　51%攻击模拟工具

(4)点击【继续】按钮,但是张三在整个区块链网络中,拥有51%的算力。他不想去支付这笔交易,该如何做呢?因为他的算力超过了全网的50%,他就拥有了优先获得打包记账权(这只是一个大概率事件,不代表一定能获得记账权),就会把从张三到李四更改为张三到张三,将这笔交易的接收人改为自己,如图4.18所示。

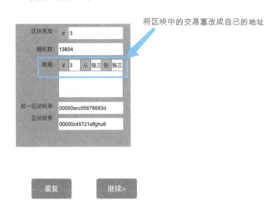

图4.18 51%攻击模拟工具

再将篡改后的区块广播到整个区块链网络,从而完成了一次不用支付货币就能得到咖啡的交易。我们在模拟工具中,做的是一种假设,但是现实中会存在51%的算力吗?我们来看一张算力分布图,如图4.19所示。

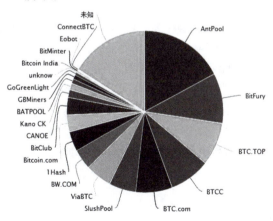

图4.19 算力分布图

这是2017年11月的算力分布图,全球算力排名前五的比特币矿池有:AntPool、BTC.com、BTC.TOP、ViaBTC、F2Pool,目前全球约70%的算力在中国矿工手中。从图4.19中可以看出,算力集中的很明显。很大可能性能形成51%攻击,而且历史上也出现过51%攻击,之后就再也没有出现过了。因为,51%攻击者本身也是这条链上的节点,凭借自己的高算力来破坏整条链的规则,会导致加密货币贬值,自己的也会有很大的损失。所以,这里面的设计原理,涉及博弈论的知识。

3. 51%攻击能做什么

(1)修改自己的交易记录,进行双重支付;

(2)阻止区块确认部分或者全部交易;

(3)阻止部分或全部矿工开采到任何有效的区块。

拥有51%算力的节点,比网络其他节点优先获得打包记账权,他就会把打包好的区块放在自己的区块链里,不广播出去,紧接着挖下一个,这样一来他永远比别人挖得快,等到差不多的时候,把自己打包的区块全部放出去,变成了最长的区块链,因为区块链有一个准则就是最长的链是最正确的链。因为区块链本身的结构限制,拥有51%算力的矿工,以下事情是做不到的:

(1) 阻止交易被发出去;

(2) 改变每个区块产生的数字货币数量;

(3) 凭空产生数字货币。

三、双花

在加密货币系统中,由于数据的可复制性,使得系统可能存在同一笔数字资产被重复花费的情况,这也称之为双花(double spend attack),又叫双重消费攻击。

举个简单的例子,小新拿着100块钱买了巧克力,同时他又复印了一份同样的假的100块钱去买一瓶葡萄酒,又买成功了。通俗的理解,双花就是同一笔数字现金,被使用了两次。

对于这种情况,传统形式和区块链都有自己的处理手段:

1.传统的处理方式

现在所有的价值传输都是依赖第三方中介机构,典型如银行、支付宝、微信等。在现实中,防止双花一般从交易入手来控制。比如,我们以典型的刷卡交易举例,小新刷卡消费了100元,这意味着小新卡上的100元转移到了卖家的卡上。

不过卡之间的转账处理可能需要一定的时间,于是小新几乎同时又消费了100块钱,银行也几乎同时收到了小新的两笔消费记录,但银行可没那么傻了,银行会按交易时间的先后顺序一笔一笔处理,第一笔处理完之后,小新已经没钱了,第二笔自然就失败了。

还有一种情况是小新刷卡买完巧克力之后,自作聪明想制作一张同样的卡,然而卡的磁道,芯片的信息根本难以复制。利用信息安全加密等技术杜绝了非法货币的产生。

区块链解决双花的思路基本上有点类似,从货币价值的不可篡改复制,到交易的难以重复确认,然而用到的技术手段却完全不一样。

2.区块链的处理方式

区块链利用点对点的网络传输技术和公钥加密技术,解决双花问题。货币的拥有权是由公共总账来记录,并由挖矿算法和共识机制来进行验证。区块链是无须信任的,因为在区块链上没有中心存在,所有的交易往来依据算法产生,只需要信任这个系统。区块链中的每个区块中记录的就是一笔一笔的交易,它们被打包到区块中,然后进入共识机制、挖矿算法、脚本验证等多个环节,最后发布到区块链上,这些区块都可以公开查看,每个人都能看到每一笔交易记录。

回到上文的例子,小新同时花了100块钱买巧克力和葡萄酒,那么,这两笔交易会同时向全网进行广播,所有的区块链节点会收到广播的请求,同时每个节点上会存在全网所有的区块信息也就是全网的账户信息,来验证小新该交易的合法性。如果两笔交易一前一后到达,那么全网任意一个节点都能验证出第二笔为重复支付。

1. 51%攻击能做什么?(   )(单选)

   A. 修改自己的交易记录,这可以使他进行双重支付

   B. 修改变每个区块产生的比特币数量

   C. 凭空产生比特币

   D. 把不属于他的比特币发送给自己

2. 引发区块链数字加密货币的三大安全问题不包括(   )。(单选)

   A. 区块链自身机制   B. 区块链生态

   C. 使用者   D. 政府限制

3. 扩容是为了解决什么问题?(   )(单选)

   A. 网络拥堵,信息传输慢

   B. 电脑内存有限

   C. 网速太慢,需要加大区块的容量

   D. 比特币网络拥堵,交易确认慢

4. 下列哪种共识算法下易产生51%攻击(   )(单选)

   A. PoW   B. DPoS   C. PBFT   D. RAFT

5. 传统的余额模式很容解决双花问题,只需要判定交易发生的先后顺序即可。那么在比特币区块链中如何解决双花问题?(   )(单选)

   A. 区块链利用点对点的网络传输技术和公钥加密技术

   B. 区块链利用分布式存储和公钥加密技术

   C. 区块链利用点对点的网络传输技术和私钥加密技术

   D. 区块链利用零知识证明技术和公钥加密技术

6. 侧链的技术基础是(   )。(单选)

   A. 双向锚定   B. 单一托管   C. 联盟模式   D. 中心化

7. 关于闪电网络的说法错误的是?(   )(单选)

   A. 闪电网络是一个点对点对等网络

   B. 闪电网络是完全中心化的数字货币微支付系统

   C. 使用了哈希时间锁定智能合约来安全地进行确认交易的一种机制

   D. 通过设置巧妙的"智能合约",使得用户在闪电网络上进行未确认的交易和黄金一样安全

8. 挖到两个连续的区块,先隐藏这两个区块,等到其他矿工挖出一个区块后,他再广播自己的两个区块,这样的做法被称为(   )。(单选)

   A. 自私挖矿   B. 快速挖矿   C. 公开挖矿   D. 长链挖矿

9. 闪电网络由谁提出？（　　）(单选)
A. Joseph Poon 和 TadgeDryja
B. Joseph Poon 和 Nick Szabo
C. Nick Szabo 和 TadgeDryja
D. Leslie Lamport 和 TadgeDryja

10. 下面关于比特币节点的说法错误的是？（　　）(单选)
A. 每一个比特币钱包都是一个节点
B. 一个节点就是一个人
C. 拥有完整区块链账本的节点叫做全节点
D. 比特币是一种点对点的电子现金系统，更直接地说，是节点对节点

11. 中国拥有的全节点数是（　　）。(单选)
A. 约占全球的10%
B. 约占全球的15%
C. 约占全球的5%
D. 约占全球的6%

12. 下面关于交易的说法错误的是？（　　）(单选)
A. 发起一笔比特币转账后，你需要将交易广播至全网
B. 挖矿节点接到这笔交易后，先将其放入本地内存池进行一些基本验证
C. 验证成功，则将其放入"未确认交易池（Unconfirm Transaction）"，等待被打包
D. 不需要任何验证，直接就会被打包

第五章

区块链技术应用演练

1. 掌握搭建区块链的步骤、每个步骤涉及的区块链技术以及该技术的作用。
2. 熟练掌握区块链节点的概念和作用。
3. 理解并掌握节点的 Node ID 和地址的概念和意义。
4. 掌握在没有中心机构的环境下的商业交易模式。
5. 掌握 UTXO 的支付方式。
6. 掌握区块链记录交易数据的规则。
7. 掌握区块链钱包搭建的过程。

搭建区块链　创世区块　区块链节点　节点账户　去中心化交易　UTXO　非对称加密

本章为模拟实训部分,包括区块链建链模拟实训、区块链钱包搭建与去中心化交易实训三部分内容,建议读者学习实训步骤以及步骤背后所涵盖的知识点,理解实训过程,从而理解区块链技术的应用。

本章思维导图

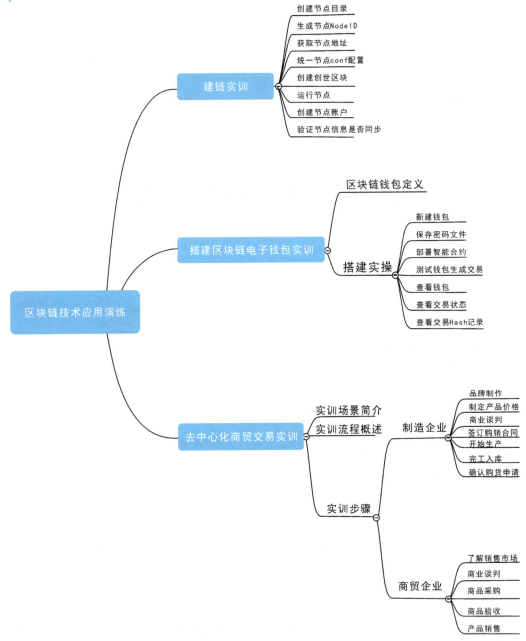

第五章　区块链技术应用演练

第一节　建链实训

进入区块链金融创新实训平台,单击区块链应用演练章节的【进入课程】按钮,则可以进入本次实操模拟的任务界面,如图 5.1 所示。

图 5.1　区块链金融创新实训平台任务界面

一、创建节点目录

(1)展开【建链模拟操作】菜单,单击【创建节点目录】→【实境演练】,系统显示创建节点目录的步骤演示,如图 5.2 所示。

图 5.2　创建节点目录任务实境演练

(2)单击演示动画中的【继续】按钮,观看创建节点目录详细步骤的可视化演示,如图 5.3 所示。

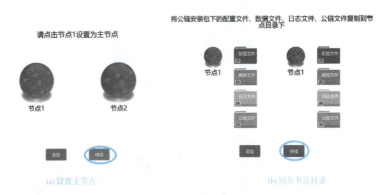

(a) 设置主节点　　　　　　　　　　(b) 同步节点目录

图 5.3　创建节点目录

图 5.3 中,节点是指一台电脑或其他设备与一个独立地址和具有传送或接收数据功能的网络连接。节点可以是工作站、客户、网络用户或个人计算机,也可以是服务器、打印机和其他网络连接设备。在区块链中有众多节点,但主节点只能有一个,用来生成区块链;其他节点被称为从节点,从节点会同步主节点的区块。

本次可视化演示中的节点 1 就是主节点。把节点 1 设置为主节点后可以查看到主节点下的四类文件:配置类文件(主节点就是在这里进行配置的);数据类文件(节点间的数据存放在这些文件中);日志文件(操作结果保存的地方);公链文件(区块链安装包文件)。将这四类文件拷贝到其他节点下面,则完成节点目录的创建。

二、生成节点 Node ID

节点 Node ID 也叫节点编号、节点标识,是标识节点的唯一号。每个节点都有一个独一无二的节点号,在表现形式上节点 Node ID 就是一串字母和数字组合的字符串。每个节点在生成节点 Node ID 之前,必须先执行节点目录中"公链文件"下的安装包。执行这个文件后,就会在数据文件中生成一个 Node ID 文件,然后就可以看到当前节点的 Node ID。

(1)单击【生成节点 Node ID】→【实境演练】,系统显示生成节点 Node ID 的可视化演示,先单击主节点或节点二中的【点击执行】按钮,再点击【继续】按钮,如图 5.4 所示。

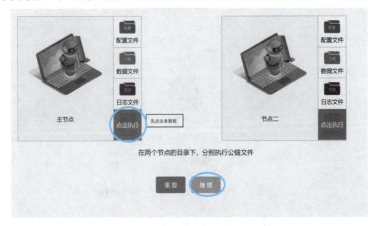

图 5.4　节点 Node ID 任务实境演练

(2)单击【打开文件】按钮,系统显示每个节点的 Node ID,如图 5.5(a),图 5.5(b)所示。

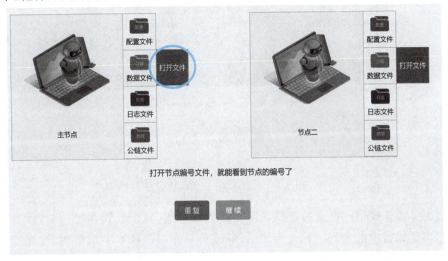

(a)打开节点文件

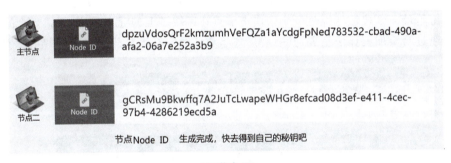

(b)节点 ID

图 5.5　显示每个节点的 Node ID

三、获取节点地址

(1)单击【获取节点地址】→【实境演练】,系统显示获取节点地址的可视化演示,如图 5.6 所示。

图 5.6　获取节点地址任务实境演练

(2)单击【继续】按钮,系统显示每个节点的私钥、公钥生成的过程,如图 5.7 所示。

图 5.7 节点私钥、公钥生成过程

图 5.7 中,节点 Node ID 通过随机数发生器生成私钥,每个私钥是唯一的,作为节点账户的钥匙,相当于银行卡的密码。私钥生成后,通过非对称加密技术生成公钥,这样就形成了公私钥对,私钥是用户自己保存的,公钥是公开的,任何人都能够看到。

(3)单击【继续】按钮,系统显示区块链地址生成的可视化过程与最终生成的主节点、节点二的区块链地址。区块链地址是每个区块链节点在区块链上的标识,类似于银行卡的卡号,区块链地址通过哈希加密算法生成,其表现形式是数字合字符组成的字符串,如图 5.8 所示。

(a)区块链地址的生成

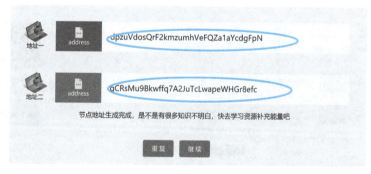

(b)区块链地址

图 5.8 区块链地址生成

四、统一节点 Conf 配置

(1)单击【统一节点 Conf 配置】→【实境演练】,系统显示统一节点 Conf 配置的可视化演示,如图 5.9 所示。

图 5.9　统一节点 conf 配置任务实境演练

(2)单击【继续】按钮,系统将显示统一节点 Conf 配置每一步骤的可视化演示:确定主节点并配置节点端口号,如图 5.10 所示;加入 P2P 网络,如图 5.11 所示;选择共识机制,如图 5.12 所示。

(a)确定主节点

(b)配置节点端口号

图 5.10　确定主节点并配置节点端口号

在进行节点配置时,首先需要确定一个主节点,然后配置每个节点的端口号,对端口号进行设置时,节点之间的端口号不能相同,否则将导致端口号冲突,不能形成区块链。

图 5.11　加入 P2P 网络

P2P网络已经加入成功,开始选择共识机制

图 5.12　选择共识机制

图 5.12 中,PoW 工作量证明机制、PoS 权益证明机制、DPoS 委托权益证明机制是目前区块链中最常用的三种共识机制。

五、创建创世区块

(1)单击【创建创世区块】→【实境演练】,系统显示创建创世区块的可视化演示,如图 5.13 所示。

图 5.13　创建创世区块任务实境演练

(2)依次点击创建创世区块所需的配置内容,系统逐步显示创世区块中包含的所有元素,如图 5.14 所示。

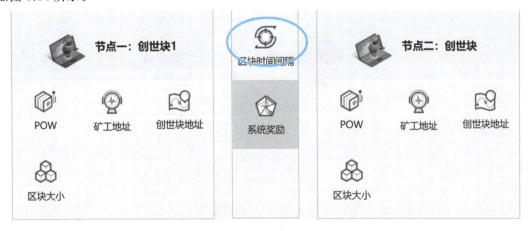

图 5.14　配置创世区块

创世区块是区块链中第一个被创造出来的区块,创世区块创建时一般需要同时创建的元素包括:共识机制、创造本区块的矿工地址(打包该区块的节点地址)、创世区块地址、区块大小、区块产生的时间间隔、每个区块被记录时给予矿工的奖励。

六、运行节点

(1)单击【运行节点】→【实境演练】,系统显示运行节点的可视化演示,如图 5.15 所示。

图 5.15　运行节点任务实境演练

以上运行节点的目的是为了同步主链的区块,激活新搭建的区块链。

(2)单击【继续】按钮,系统将显示运行节点后节点开始产生区块的可视化演示,如图 5.16 所示。

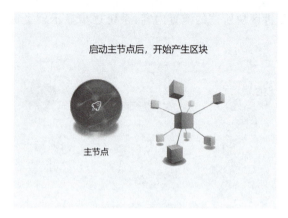

图 5.16　启动主节点

在运行节点的时候需要优先启动主节点,然后再启动其他节点(从节点),主节点启动后同步主链上的区块,从节点启动后同步主节点的区块。

七、创建节点账户

(1)单击【创建节点账户】→【实境演练】,系统显示创建节点账户的可视化演示,如图 5.17 所示。

图 5.17　创建节点账户任务实境演练

创建节点账号就是创建节点目录,图 5.17 是在主节点的目录下创建一个新的节点目录,目的是为了使用一个新的节点,验证该主节点创建成功。

(2)这里我们以"Bob 创建一个账户和一个查询账户余额的目录"为例进行可视化演示,单击【继续】按钮,系统将显示可视化演示的过程与最终 Bob 的账户地址,如图 5.18 所示。

第五章 区块链技术应用演练

目录创建完成，在Bob目录下创建一个Bob账号

(a) 创建账号

在主节点的根目录下，创建两个目录：account和Bob目录

Bob地址： d5aGK5422DAdsadsa24ds34a3fsa2f3a5s4x21z4a5dS

(b) 创建目录

图 5.18 创建账户和目录

八、验证节点间信息是否同步

本演示通过使用主节点给 Bob 的地址发送一笔虚拟币的方式，来验证主节点是否创建成功。

(1) 单击【验证节点间信息是否同步】→【实境演练】，系统显示验证节点间信息是否同步可

视化演示,如图 5.19 所示。

图 5.19　验证节点间信息是否同步任务实境演练

(2)单击【继续】按钮,系统显示主节点向 Bob 账户发送虚拟币的可视化步骤:获取 Bob 的地址与公钥,如图 5.20(a)所示;向 Bob 的地址转账如图 5.20(b)所示;Bob 使用私钥解密虚拟货币,如图 5.20(c)所示。

主节点拿到 Bob 的地址是为了给 Bob 进行转账,拿到 Bob 的公钥是为了把转账的这笔虚拟币贴上 Bob 的公钥,作为标签,目的是证明这笔交易是 Bob 所有,因为只有 Bob 的私钥进行解密。

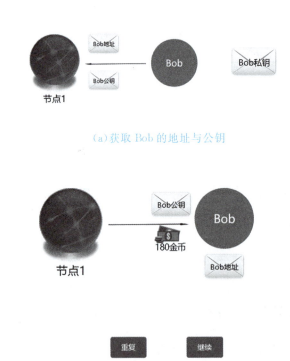

(a) 获取 Bob 的地址与公钥

(b) 向 Bob 的地址转账

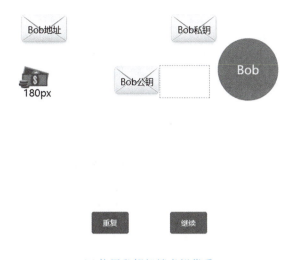

(c)使用私钥解锁虚拟货币

图 5.20　主节点向 Bob 账户发送虚拟币

Bob 收到这笔虚拟币之后,使用自己的私钥与虚拟币上的公钥配对,配对成功才能将虚拟币提取出来放到自己的账户里。

本次搭建区块链是以百度超级链为主链搭建测试链的过程。通过搭建测试链,巩固公钥、私钥、哈希加密算法、非对称加密算法、P2P 网络结构等区块链知识点。

第二节　搭建区块链钱包实训

一、区块链钱包定义

数字经济案例

区块链钱包是存放区块链资产的工具。在区块链的世界任何人都可以生成大量的私钥、公钥、地址,我们不可能自己用纸笔来计算出来,那么如何生成这些数据呢?

区块链钱包就是这样一个工具,来帮助我们生成私钥、公钥以及符合某些公链规范的地址。

二、新建钱包

(1)进入区块链金融创新实训平台,单击数字经济章节的【进入课程】按钮,则进入本次实操模拟的任务界面,如图 5.21 所示。

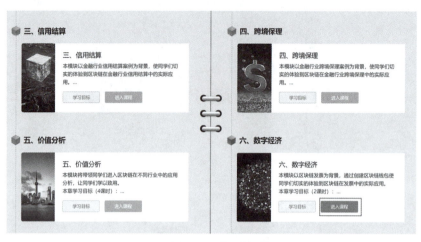

图 5.21　进入课程

（2）单击展开【搭建区块链钱包】菜单，单击【新建钱包】→【实境演练】，系统显示新建钱包界面，如图 5.22 所示。

图 5.22　新建钱包任务实境演练

（3）在"密码输入"的输入框中输入用于创建钱包的密码，点击【新建钱包】，如图 5.23 所示。

在现实世界中，一个银行卡只对应一个密码，对密码修改后，原密码就失去作用了。但是，在区块链钱包中，钱包密码有其自己的特征：一个钱包在不同手机上可以用不同的密码，彼此相互独立，互不影响。例如，在 A 手机钱包中设置了一个密码，在 B 手机导入这个钱包并设置一个新密码，并不影响 A 手机钱包的密码使用。

图 5.23　创建钱包成功

三、保存密码文件

（1）进入【保存密码文件】任务的【实境演练】界面。

（2）在【密码输入】框中输入上一步设置成功的密码,点击【验证密码】按钮。

（3）密码验证成功后,点击【下载密码库文件】按钮,系统将下载到本地一个拓展名为 Json 的文件,如图 5.24 所示。

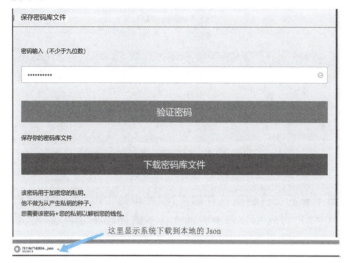

图 5.24　下载密码库文件

图 5.24 中,下载出来的 Json 文件又称为密码库文件,与密码库文件相关的几个公式如下：

（1）密码库文件＋密码＝银行卡号＋银行卡密码。密码库文件和密码配合能解锁账户里面的数据,就相当于银行卡号与银行卡密码配合解锁银行卡的数据。

（2）密码库文件≠银行卡号。密码库文件包含了两部分内容,区块链地址和私钥。但是银行卡号只是用户地址,所以二者是不一样的。

（3）密码库文件＝加密私钥。从这个等式可以看出,密码库文件就是经过加密后的私钥。那么在解锁钱包数据或者支付时,必须输入密码,目的是为了解密私钥,再导入密码库文件,用于和密码配对。

（4）密码库文件＋密码＝私钥。密码库文件和密码配合来解锁钱包的数据,那私钥也可以解锁钱包数据。

四、解锁钱包

（1）进入【解锁钱包】任务的【实境演练】界面。

（2）单击【请选择你的钱包文件】按钮,系统弹出本地文件预览框,选择上一步我们生成的文件,如图 5.25 所示。

图 5.25 导入密码库文件

使用谷歌浏览器下载的文件将默认存储在"我的电脑"中的"下载"文件夹中,如果找不到文件存放在哪个位置了,可以在浏览器中查询文件下载到哪个文件夹中。以谷歌浏览器为例,点击右上角的"三个点"的图标,会看到"下载内容"这一项,点击就能看到我们下载的文件。

(3)密码库文件读取成功后,在【密码输入】文本框中输入自己的密码,点击【解锁】按钮,解锁成功后,系统将显示当前区块的地址和账户余额,如图 5.26 所示。

图 5.26 结算钱包查看钱包余额

由于区块链钱包的初始状态为加密状态,需要用设置的加密机制将钱包解锁,同解锁银行卡里面的资产是一样的,需要拿到银行卡和密码,才能解锁里面的数据资产。每一个密码库文件都对应一个密码,密码库文件相当于一张银行卡,但是钱包中可以有多张银行卡,也就是说一个区块链钱包中可以存在多个密码库文件。

五、部署智能合约

(1)进入【部署智能合约】任务的【实境演练】界面。

(2)单击【请选择你的钱包文件】按钮,系统弹出本地文件预览框,选择上一步我们生成的钱包文件,如图 5.27 所示。

图 5.27　导入钱包文件

如图 5.27 所示,系统在当前钱包中预置了一段合约代码,这个合约代码是基于星云链编写的,不同链上的智能合约代码规则是不一样的,这里我们只需明白这段代码代表了合约的规则,规定了交易执行的规则即可。智能合约的编写语言系统中提供了两种类型:javascrpt 和 Typescript,当前显示的语言是 javascript。

(3)在密码框中输入设置过的密码,点击【解锁】按钮,可以查看到当前钱包内的余额,如图 5.28 所示。

图 5.28　解锁钱包

（4）点击【测试】按钮，当测试结果中出现"True"字样时，证明本条智能合约部署成功，如图 5.29 所示。

图 5.29　测试合约部署

任何部署到区块链中的合约，在部署之前都需要进行测试，测试是确保合约能够正确执行的必要手段。由于一旦部署到区块链中的智能合约便不能修改，因此部署之前的测试就尤为重要了。

（5）点击【提交】按钮，将智能合约部署到区块链上，部署成功后将能够在链上查看本条智能合约的交易哈希值与地址，后续通过调用智能合约地址即能达到执行智能合约的效果，如图 5.30 所示。

图 5.30　查看交易哈希与合约地址

六、测试钱包生成交易

（1）进入【测试钱包生成交易】任务的【实境演练】界面中。

（2）导入钱包文件，输入密码后点击【解锁】按钮，进行对钱包余额的查看，填写目的地址与需要发送的金额，点击【生成交易】按钮，如图 5.31 所示。

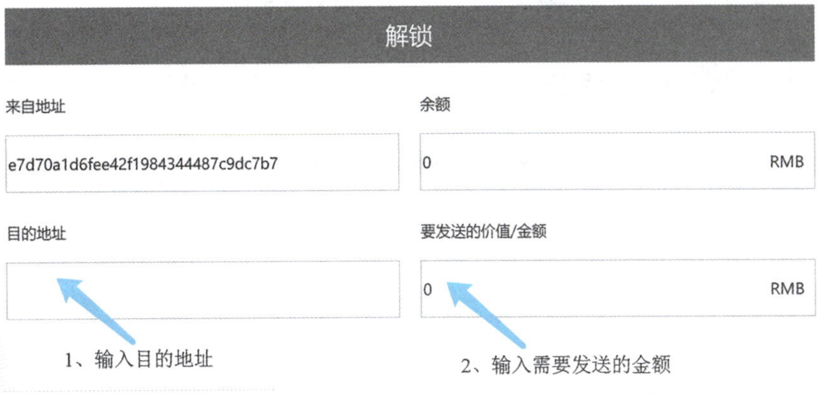
解锁
来自地址
e7d70a1d6fee42f1984344487c9dc7b7
余额
0
RMB
目的地址
要发送的价值/金额
0
RMB
1、输入目的地址
2、输入需要发送的金额

图 5.31　发送交易

图 5.31 中【目的地址】是交易方的区块链地址，即其他进行本操作人员的地址中的字符。

(3)生成交易成功后，系统显示原始交易内容与签名交易内容，如图 5.32 所示。

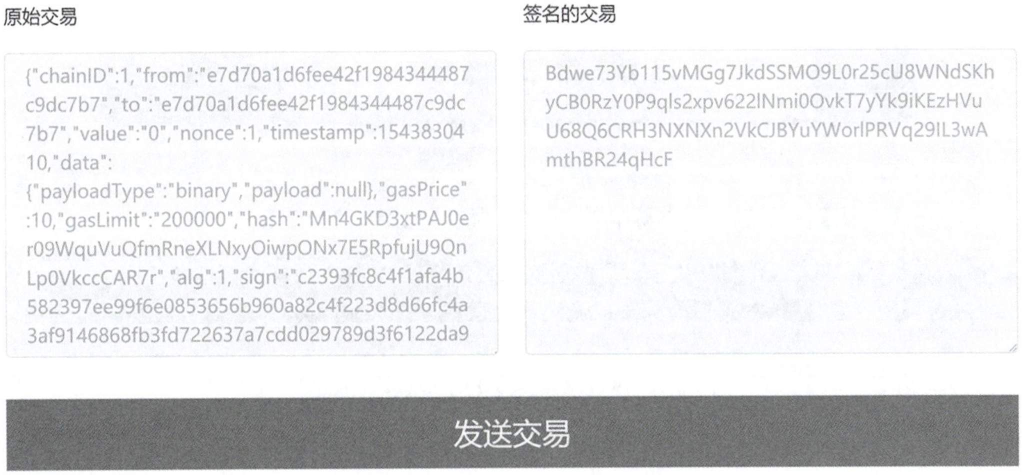
原始交易
签名的交易
{"chainID":1,"from":"e7d70a1d6fee42f1984344487
c9dc7b7","to":"e7d70a1d6fee42f1984344487c9dc
7b7","value":"0","nonce":1,"timestamp":15438304
10,"data":
{"payloadType":"binary","payload":null},"gasPrice"
:10,"gasLimit":"200000","hash":"Mn4GKD3xtPAJ0e
r09WquVuQfmRneXLNxyOiwpONx7E5RpfujU9Qn
Lp0VkccCAR7r","alg":1,"sign":"c2393fc8c4f1afa4b
582397ee99f6e0853656b960a82c4f223d8d66fc4a
3af9146868fb3fd722637a7cdd029789d3f6122da9
Bdwe73Yb115vMGg7JkdSSMO9L0r25cU8WNdSKh
yCB0RzY0P9qls2xpv622lNmi0OvkT7yYk9iKEzHVu
U68Q6CRH3NXNXn2VkCJBYuYWorlPRVq29IL3wA
mthBR24qHcF
发送交易

图 5.32　原始交易内容与签名交易内容

图 5.32 中的原始交易内容详解如下：

- chainID：表示当前交易被打包区块的高度。
- from：表示发送方的区块链地址。
- to：表示接收方的区块链地址。
- value：表示交易的属性，0 代表交易正常。
- nonce：表示当前交易的笔数。
- timestamp：表示当前交易的时间，以时间戳的形式展示。
- data：表示交易时附加的数据(可以不用关注)。
- gasPrice：表示转账的金额数量。
- gasLimit：表示转账金额的上限。
- hash：表示当前交易的交易 hash，通过交易 hash 能查找该笔交易的信息详情。
- alg：表示区块链应用层的网关，网关是访问路由器的 IP。

- sign：表示该笔交易的交易签名，签名是对所有权的验证。
- 签名交易：显示的就是当前交易的签名。

（4）点击【发送交易】按钮后，系统弹出发送交易的确认界面，确认无误后点击【确定】按钮即可，如图 5.33 所示。

图 5.33　交易详情

（5）点击【确认】后系统显示交易哈希与收据内容，如图 5.34 所示。

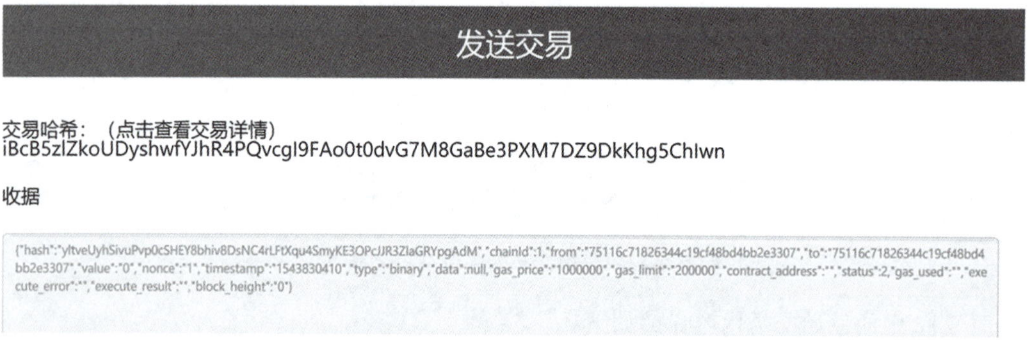

发送交易

交易哈希：　（点击查看交易详情）
iBcB5zlZkoUDyshwfYJhR4PQvcgI9FAo0t0dvG7M8GaBe3PXM7DZ9DkKhg5ChIwn

收据

{"hash":"yItveUyhSivuPvp0cSHEY8bhiv8DsNC4rLftXqu4SmyKE3OPcJJR3ZlaGRYpgAdM","chainId":1,"from":"75116c71826344c19cf48bd4bb2e3307","to":"75116c71826344c19cf48bd4bb2e3307","value":"0","nonce":"11","timestamp":"1543830410","type":"binary","data":null,"gas_price":"1000000","gas_limit":"200000","contract_address":"","status":2,"gas_used":"","execute_error":"","execute_result":"","block_height":"0"}

图 5.34　交易哈希与收据内容

这里产生的交易哈希需要记录下来，在后续任务查看交易状态时需要使用。

七、查看钱包

（1）进入【查看钱包】任务的【实境演练】界面。
（2）导入钱包文件，输入密码后点击【解锁】按钮，系统将显示当前钱包中的余额。

八、查看交易状态

（1）进入【查看交易状态】任务的【实境演练】界面。

(2)在输入框中输入需要查看的交易 Hash，单击【交易状态】按钮，系统则显示当前交易的详细内容，如图 5.35 所示。

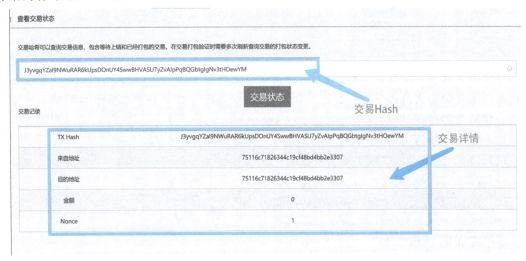

图 5.35　查看交易详情

图 5.35 中的交易 Hash 即"测试钱包生成交易"任务中生成的交易 Hash。

九、查看交易 Hash 记录

(1)进入【交易 Hash 记录】任务的【实境演练】界面。
(2)当前任务则显示之前操作的所有交易记录，如图 5.36 所示。

图 5.36　交易记录列表

其中，交易记录中包括交易 Hash、交易时间、交易来源、交易去向、交易金额。

交易 Hash：所有交易的交易 Hash，每发生一笔交易就会在这里产生一个交易 Hash。
交易时间：发生该笔交易的时间。
交易来源：交易发送方的区块链地址。
交易去向：交易接收方的区块链地址。
交易金额：交易金额。

第三节　去中心化商贸交易实训

本节的实训场景中存在两种企业：制造企业与商贸企业，企业与企业之间构建了一个基于区块链的没有中心化机构（银行）存在的交易场景，双方进行交易的商品为平板电脑。由于没有中心化机构的存在，本场景中的企业通过 UTXO 的方式进行货品的支付，通过智能合约的方式约束企业间的信用问题，本场景中智能合约包含三部分：

(1)规定了记账人员获取手续费的比率；
(2)规定了双方出现违约情况后的违约金比率；
(3)规定了双方交易中超时违约的时间间隔。

一、实训前准备

(1)实训开始之前，所有人员必须进入系统选定一个角色，单击【区块链应用演练】→【角色选定】→【实境演练】，系统显示人员选定角色的界面，班级人员选定角色后单击【确定】按钮则完成人员角色的选定，如图 5.37 所示。

图 5.37　角色选定

(2)角色选定完成后，每个角色人员需要生成各自的公钥和私钥，单击【生成公钥、私钥】→【实境演练】，系统显示为各个角色生成公钥、私钥界面，各个角色人员输入一串字符，单击【生成】按钮，如图 5.38 所示。

图 5.38 生成公钥私钥

（3）本场景实训中需要用到线下教具：购销合同（需要线下打印），在制造企业与商贸企业进行商品交易时需要填写购销合同。本实训主要围绕制造企业与商贸企业之间的商品交易展开，交易流程如图 5.39 所示。

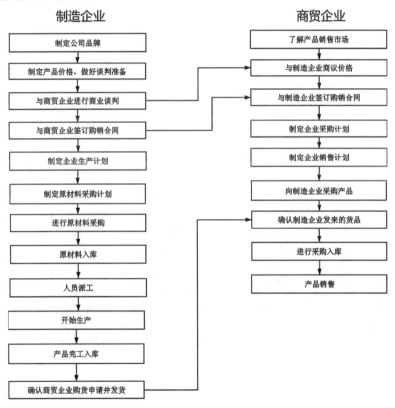

图 5.39 制造企业与商贸企业交易流程图

二、制造企业制作公司品牌、商贸企业了解产品销售市场

制造企业如果没有设置品牌名称，则后续无法生产产品。制造企业角色实操步骤：

（1）制造企业角色进入【品牌制作】任务的【实境演练】界面中。

（2）输入"品牌名称"与"名称标语"后选择一张屏幕图片，单击【确定】按钮。如图 5.40 所示。

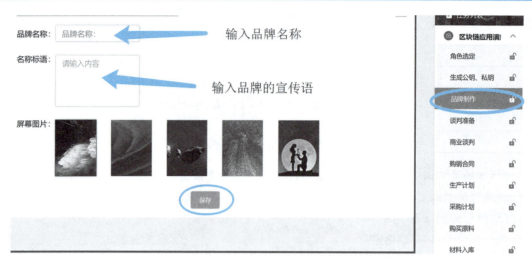

图 5.40　制造企业制作品牌名称

商贸企业角色实操步骤：
（1）商贸企业角色进入【谈判准备】任务的【实境演练】界面中。
（2）通过观察"成品出售价格走势图"，得知销售市场中平板电脑成品的价格区间，商贸企业知道平板电脑成品在市场中的价格区间，有利于后续与制造企业就产品价格的商业谈判，如图 5.41 所示。

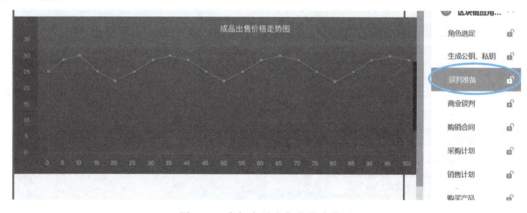

图 5.41　市场产品出售价格走势图

三、制造企业制定产品价格

（1）制造企业角色进入【谈判准备】任务的【实境演练】界面。
（2）通过观察"原材料价格走势图"，得知用于生产平板电脑的原材料的价格区间，通过对原材料价格的计算可推算出企业生产一个平板电脑成品的成本价格，如图 5.42 所示。

第五章　区块链技术应用演练

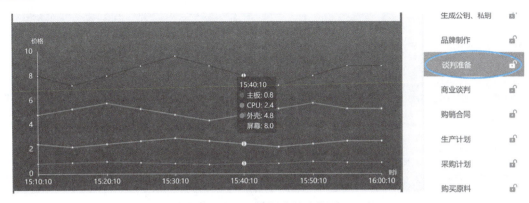

图 5.42　原材料价格走势图

四、制造企业与商贸企业进行商业谈判

（1）制造企业、商贸企业角色进入【商业谈判】任务的【实境演练】界面。

（2）单击【发布信息】按钮，系统显示支付 UTXO 界面，选中一条 UTXO 记录，点击【确定】按钮发布出售（制造企业）、收购（商贸企业）平板电脑信息，如图 5.43 所示。

图 5.43　使用 Utxo 发布出售/收购信息

每发布一条出售、收购信息需要支付 2 个金币，看到已发布出售、收购信息的企业，需要在线下找到发布信息的企业人员进行下一步的商业谈判。

五、制造企业与商贸企业签订购销合同

本任务为线下任务，制造企业与商贸企业就商品交易的价格与数量达成共识之后，需要填写纸质购销合同，购销合同一共三页，签订时一式两份，制造企业与商贸企业各一份，样式如图 5.44 所示。

购销合同

合同编号:

购货单位(甲方):

销货单位(乙方):

为了保护买卖双方的合法权益,买卖双方根据《中华人民共和国合同法》的有关规定,经友好协商,一致同意签订本合同,共同遵守。

第一条 购销明细:双方就以下产品达成购销合同。

序号	产品名称	规格型号	含税单价	数量	金额(元)	交货日期	付款日期
1							
2							
3							
4							
5							
6							
7							
8							
9							
10							
11							
12							
13							
14							
15							
合计							

合同总金额大写人民币:_____

第二条 交货时间与付款时间:_____

第三条 交货地点:_____

第四条 付款方式:_____

第五条 开票要求:_____

第六条　付款条件（客户）：_____

第七条　发货条件（供应商）：_____

第八条　运输方式与运输费用：_____
_____

第九条　甲方要求乙方通过以下资质认证(选择对应选项)。

　　　　□ 不作要求　　　□ ISO9000　　　□ ISO14000　　　□ 3C

第十条　经济责任：

1、产品品种、质量不符合本合同规定时，甲方拒绝接受，乙方承担相应费用。

2、乙方未按本合同规定的产品数量交货时，发生延期交货的当期，扣除该张订单总额的10%作为违约罚款。对于未能按期交货的部分，可以在三个月之内补齐。如果在三个月之内未能全部交货，未能交货部分甲方不再收货。

第十一条　甲、乙任何一方如要求全部或部分注销合同，必须提出充分理由，经双方协商提出注销合同一方须向对方偿付注销合同部分总额10%的补偿金。

第十二条　本合同所订一切条款，甲、乙任何一方不得擅自变更或修改。如一方单独变更、修改本合同，对方有权拒绝生产或收货，并要求单独变更、修改合同一方赔偿一切损失。

第十三条　乙任何一方如确因不可抗力的原因，不能履行本合同时，应及时向对方通知不能履行或须延期履行，部分履行合同的理由。在取得有关机构证明后，本合同可以不履行或延期履行或部分履行，并全部或者部分免予承担违约责任。

第十四条　本合同在执行中如发生争议或纠纷，甲、乙双方应协商解决，解决不了时，双方可向仲裁机构申请仲裁或向人民法院提起诉讼（两者选一）。

第十五条　本合同自双方签章之日起生效，到乙方将全部订货送齐经甲方验收无误，并按本合同规定将货款结算以后作废。

第十六条　本合同在执行期间，如有未尽事宜，由甲乙双方协商，另订附则附于本合同之内，所有附则在法律上均于本合同同等效力。

第十七条　本合同一式两份，由甲、乙双方各执正本一份。

甲方：　　　　　　　　（盖章）　　　乙方：　　　　　　　　（盖章）

法定代表人：　　　　　（盖章）　　　法定代表人：　　　　　（盖章）

委托代理人：　　　　　（盖章）　　　委托代理人：　　　　　（盖章）

地址：　　　　　　　　　　　　　　　地址：

电话：　　　　　　　　　　　　　　　电话：

订日期：　　　　　　　　　　　　　　签订日期：

3/3

图 5.44　购销合同

六、制造企业制定生产计划

（1）制造企业角色进入【生产计划】任务的【实境演练】界面。

（2）填写"生产计划表"，单击【保存单据】按钮，如图 5.45 所示。

生产计划表			
制单日期	请输入制单日期	制单人	请输入制单人
单据编码	请输入单据编码	产品名称	请输入产品名称
生产时间		生产数量	
请输入生产时间		请输入数量	
请输入生产时间		请输入数量	
请输入生产时间		请输入数量	
请输入生产时间		请输入数量	
请输入生产时间		请输入数量	
请输入生产时间		请输入数量	

图 5.45　生产计划表

生产计划表需要根据本企业与商贸企业签订的购销合同中的产品数量进行填写，另外如企业规定有安全库存，也需要一并考虑。

七、制造企业制定原材料采购计划，商贸企业制定产品采购计划

（1）制造企业、商贸企业角色进入【采购计划】任务的【实境演练】界面中。

（2）填写"采购计划表"，单击【保存单据】按钮，如图 5.46 所示。

图 5.46　采购计划表

制造企业制定采购计划表时，需要根据本企业的生产计划表填写，同时需要考虑生产一个产成品需要原材料的种类与个数。本实训场景中平板电脑产成品与所需原材料的配比结构为：1平板电脑＝1主板＋1CPU＋1外壳＋1屏幕。

商贸企业制定采购计划表时需要根据销售市场中产品的销售量进行制定，本实训场景中认为销售市场无限大，商贸企业可根据制造企业的生产量进行采购计划的制定。

八、制造企业进行原材料采购

（1）制造企业角色进入【购买原料】任务的【实境演练】界面中。

（2）根据"采购计划表"，输入需要采购原材料的数量，单击【结算】按钮，如图5.47所示。

图 5.47 原材料采购

（3）系统弹出 UTXO 支付界面，输入企业私钥，选择一条 UTXO 记录，单击【确定】按钮，如图5.48所示。

图 5.48 使用 Utxo 支付货款

九、制造企业进行原材料入库、商贸企业制定企业销售计划

制造企业角色实操步骤：

(1)制造企业角色进入【材料入库】任务的【实境演练】界面中。

(2)根据采购原材料的数量，填写"入库单"，单击【保存单据】按钮，如图 5.49 所示。

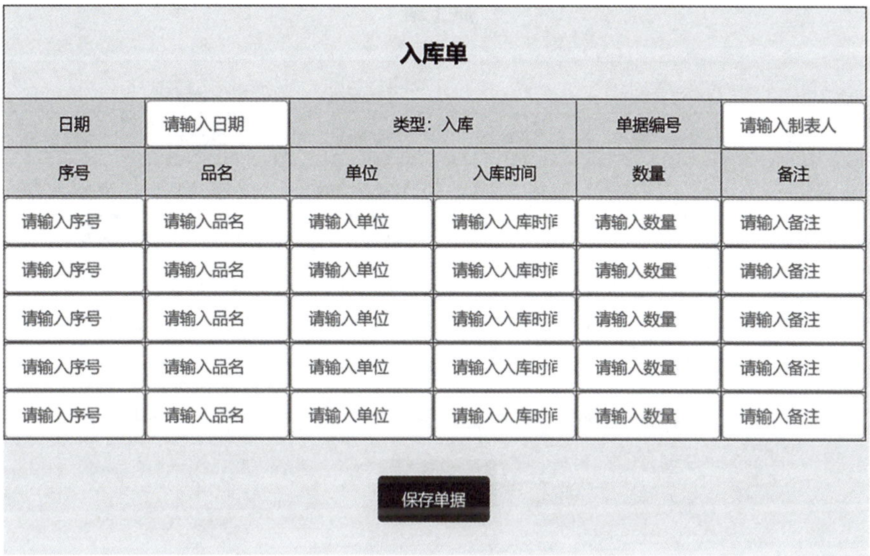

入库单					
日期	请输入日期	类型：入库		单据编号	请输入制表人
序号	品名	单位	入库时间	数量	备注
请输入序号	请输入品名	请输入单位	请输入入库时间	请输入数量	请输入备注
请输入序号	请输入品名	请输入单位	请输入入库时间	请输入数量	请输入备注
请输入序号	请输入品名	请输入单位	请输入入库时间	请输入数量	请输入备注
请输入序号	请输入品名	请输入单位	请输入入库时间	请输入数量	请输入备注
请输入序号	请输入品名	请输入单位	请输入入库时间	请输入数量	请输入备注

图 5.49　入库单

商贸企业角色实操步骤：

(1)商贸企业角色进入【销售计划】任务的【实境演练】界面中。

(2)根据采购计划填写"销售计划表"，单击【保存单据】按钮，如图 5.50 所示。

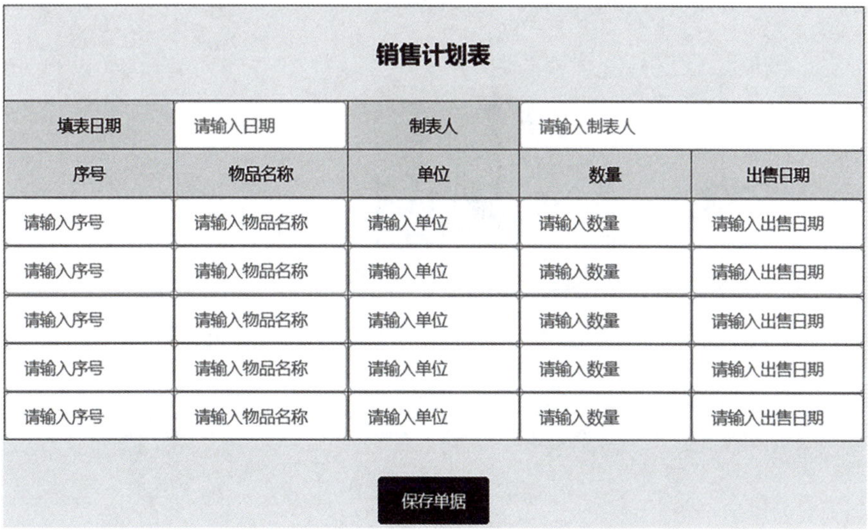

销售计划表					
填表日期	请输入日期	制表人		请输入制表人	
序号	物品名称	单位	数量	出售日期	
请输入序号	请输入物品名称	请输入单位	请输入数量	请输入出售日期	
请输入序号	请输入物品名称	请输入单位	请输入数量	请输入出售日期	
请输入序号	请输入物品名称	请输入单位	请输入数量	请输入出售日期	
请输入序号	请输入物品名称	请输入单位	请输入数量	请输入出售日期	
请输入序号	请输入物品名称	请输入单位	请输入数量	请输入出售日期	

图 5.50　销售计划表

十、制造企业进行派工生产与生产成品入库

(1)制造企业角色进入【开始派工】任务的【实境演练】界面中。

(2)按照企业需要生产的产品数量填写"派工单",单击【保存单据】按钮,如图 5.51 所示。

派工单					
填表单号	请输入填表单号		派工日期	请输入派工日期	
产品名称	工序名称	工序中心	生产数量	开始时间	完工时间
请输入产品名称	请输入工序名称	请输入工序中心	请输入生产数量	请输入开始时间	请输入完工时间
请输入产品名称	请输入工序名称	请输入工序中心	请输入生产数量	请输入开始时间	请输入完工时间
请输入产品名称	请输入工序名称	请输入工序中心	请输入生产数量	请输入开始时间	请输入完工时间
请输入产品名称	请输入工序名称	请输入工序中心	请输入生产数量	请输入开始时间	请输入完工时间
请输入产品名称	请输入工序名称	请输入工序中心	请输入生产数量	请输入开始时间	请输入完工时间

图 5.51 派工单

(3)制造企业角色进入【开始生产】任务的【实境演练】界面中。

(4)输入"生产数量",单击【生产】按钮,如图 5.52 所示。

图 5.52 开始生产

(5)制造企业角色进入【完工入库】任务的【实境演练】界面中。

(6)根据生产产品的数量填写"入库单",单击【保存单据】按钮,如图 5.53 所示。

入库单

日期	请输入日期	类型：入库		单据编号		请输入制表人
序号	品名	单位	入库时间	数量		备注
请输入序号	请输入品名	请输入单位	请输入入库时间	请输入数量		请输入备注
请输入序号	请输入品名	请输入单位	请输入入库时间	请输入数量		请输入备注
请输入序号	请输入品名	请输入单位	请输入入库时间	请输入数量		请输入备注
请输入序号	请输入品名	请输入单位	请输入入库时间	请输入数量		请输入备注
请输入序号	请输入品名	请输入单位	请输入入库时间	请输入数量		请输入备注

保存单据

图 5.53　入库单

十一、商贸企业向制造企业发起采购申请

（1）商贸企业角色进入【购买产品】任务的【实境演练】界面中。

（2）选择需要购买产品的制造企业名称，输入需要购买产品的数量与产品单价，单击【购买申请】按钮，如图 5.54 所示。

图 5.54　选择制造企业进行采购

（3）输入自己的私钥，选择一笔 UTXO 记录，单击【确定】按钮，进行货款的支付，如图 5.55 所示。

图 5.55　发起商品采购申请

选择一笔 UTXO 记录将由智能合约进行锁定，在交易完成之后，本笔 UTXO 将通过智能合约自动执行支付到交易方的区块链钱包地址中，该种方式避免了货款支付不及时、故意拖欠货款的情况。

十二、制造企业确认商贸企业采购申请并发货、商贸企业确认制造企业发来的货物

1. 制造企业角色实操步骤

（1）制造企业角色进入【确认购买申请并发货】任务的【实境演练】界面中。

（2）选中商贸企业发来的购买申请，单击【确认】按钮，如图 5.56 所示。

图 5.56　制造企业确认采购申请

（3）系统弹出确认订单窗口，输入企业私钥，选择一笔 UTXO 记录，单击【确定】按钮，如图 5.57 所示。

图 5.57　冻结违约款

（4）系统显示发货界面，单击【发货】按钮，制造企业发货成功后，商贸企业才能够完成收货，如图 5.58 所示。

图 5.58　商品发货

2.商贸企业角色实操步骤

(1)商贸企业角色进入【确认制造企业发来的货品】任务的【实境演练】界面中。

(2)选中制造企业发来的商品，单击【收货】按钮，如图 5.59 所示。

图 5.59　商贸企业收货

商贸企业收货后,交易结束,智能合约将自动执行支付过程。如果有一方在规定的时间内没有完成发货、收货等,智能合约则判定没有完成的一方违约,根据合约规定将自动执行违约规则,将违约款自动转到对方的钱包账户中。

十三、商贸企业采购入库

(1)商贸企业角色进入【采购入库】任务的【实境演练】界面中。
(2)根据采购产品的数量,填写"入库单",单击【保存单据】按钮,如图 5.60 所示。

图 5.60　入库单

十四、商贸企业产品销售

(1)商贸企业角色进入【产品出售】任务的【实境演练】界面中。
(2)输入需要出售的产品数量,单击【出售成品】按钮,如图 5.61 所示。

图 5.61　产品出售

同步练习

1. 下列选项中,(　　)是搭建区块链的第一个环节。(单选)
A. 统一节点 Conf 配置　　　　　　　B. 创建创世区块
C. 生成节点 Node ID　　　　　　　　D. 创建节点目录

第五章　区块链技术应用演练

2. （　　）是每个区块链节点在区块链上的标识，类似于银行卡的卡号。（单选）
　　A. 时间戳　　　　B. 节点 Node ID　　C. 区块链地址　　D. 节点名称

3. 在区块链的世界里，（　　）是存放区块链资产的工具。（单选）
　　A. 区块链账户　　B. 区块链钱包　　　C. 区块链地址　　D. 区块链编号

4. （　　）是中本聪最早用在比特币中采用的技术方案，本质上，就是只记录交易本身，而不记录交易的结果的一种交易方式审查。（单选）
　　A. ECC　　　　　B. RSA　　　　　　C. Taproot　　　　D. UTXO

5. 商贸企业收货后，交易结束，（　　）将自动执行支付过程。（单选）
　　A. 钱包　　　　　B. 账户　　　　　　C. 企业财务　　　D. 智能合约

6. 节点是指一台电脑或其他设备与一个独立地址和具有（　　）数据功能的网络连接。（单选）
　　A. 传送　　　　　B. 接收　　　　　　C. 传送或接收　　D. 修改

7. 在区块链当中有众多的节点存在，主节点有（　　）。（单选）
　　A. 一个　　　　　B. 两个　　　　　　C. 三个　　　　　D. 无数个

8. 节点 Node ID 通过随机数发生器首先生成（　　），每个（　　）是唯一的，作为节点账户的钥匙存在，相当于银行卡的密码。（单选）
　　A. 公钥　　　　　B. 私钥　　　　　　C. 账户编号　　　D. 公钥和私钥

9. 非对称加密技术，是一种加密算法，使用（　　）加密的文件只有（　　）能够解密，而使用（　　）加密的文件只能通过（　　）解密。（单选）
　　A. 公钥，公钥；私钥，私钥　　　　　　B. 公钥，公钥；私钥，公钥
　　C. 公钥，私钥；私钥，私钥　　　　　　D. 公钥，私钥；私钥，公钥

10. PoW 机制是（　　）。（单选）
　　A. 工作量证明机制　　　　　　　　　　B. 权益证明机制
　　C. 委托权益证明机制　　　　　　　　　D. 委托工作量证明机制

11. 区块链中第一个被创造出来的区块被称为（　　）。（单选）
　　A. 头区块　　　　B. 区块头　　　　　C. 首区块　　　　D. 创世区块

12. 在区块链钱包中，一个钱包有（　　）个密码。（单选）
　　A. 1　　　　　　B. 2　　　　　　　　C. 3　　　　　　　D. n

13. 区块链钱包的初始状态为（　　）。（单选）
　　A. 冻结状态　　　B. 激活状态　　　　C. 加密状态　　　D. 解密状态

14. 原始交易内容中 Chain ID 表示（　　）。（单选）
　　A. 当前交易的笔数　　　　　　　　　　B. 当前交易被打包区块的高度
　　C. 发送方的区块链地址　　　　　　　　D. 接收方的区块链地址

15. 部署到区块链中的智能合约（　　）。（单选）
　　A. 可以修改　　　B. 自动执行　　　　C. 不可修改　　　D. 不需调用

第六章

贷 款 业 务

1. 掌握主要贷款业务种类。
2. 掌握和能熟练进行传统贷款业务流程的操作。
3. 理解传统贷款业务的痛点。
4. 掌握主要区块链技术如何赋能传统贷款业务。

  保证贷款 抵押贷款 质押贷款 贴现 不良贷款 信用评估 智能合约 分布式记账 时间戳 非对称加密

  本章首先介绍了贷款业务的主要种类和操作流程,分析了传统贷款业务的主要痛点以及区块链的解决方案。建议读者先学习完成传统贷款业务的实操流程,切实感受传统贷款业务流程的繁琐和风险所在,从而能深刻理解区块链技术赋能带来的解决方案和便利。

本章思维导图

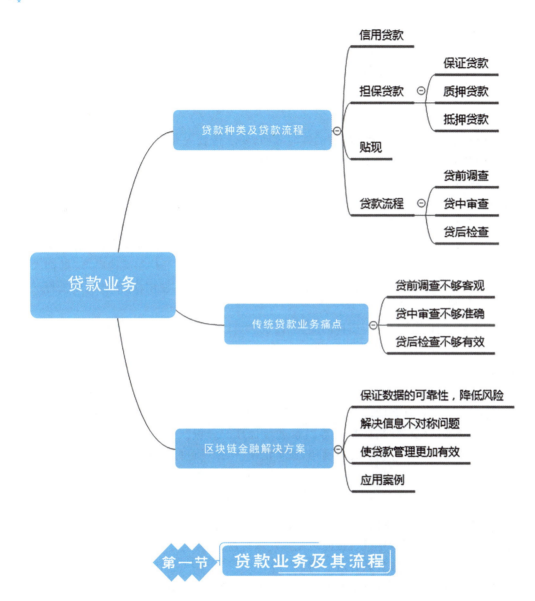

第一节 贷款业务及其流程

一、贷款业务分类

贷款业务是商业银行的主要业务之一,也是商业银行资产业务的核心。商业银行贷款按照贷款期限分为短期贷款(一年以下,含一年)、中期贷款(一年以上,五年以下,含五年)、长期贷款(五年以上);按照贷款对象分为工商企业贷款、不动产贷款、农业贷款和消费贷款等;按照贷款资金的来源可以分为自营贷款和委托贷款;按照贷款质量新的五级分类分为正常贷款、关注贷款、次级贷款、可疑贷款和损失贷款;按照贷款本金是否计提利息可以分为应计贷款和非应计贷款。

最常见的贷款分类是根据贷款的保障程度,可分为信用贷款、担保贷款和贴现。

(一)信用贷款

信用贷款是商业银行仅凭借款人的信用而发放的贷款,是银行的高风险贷款,在"巴塞尔协议"中信用贷款的风险权重被确认为100%。商业银行应当在保证资产安全性的前提下,审慎地发放信用贷款。

(二)担保贷款

担保贷款是指贷款人为确保贷款的按时收回,要求借款人或第三人提供一定的财产或资信而发放的贷款,这种贷款的风险相对较小。按照担保方式的不同,担保贷款可分为保证贷款、抵押贷款和质押贷款三种。

抵(质)押贷款是按《担保法》规定的抵押方式以借款人或第三人的财产作为抵押物而发放的贷款。根据担保物是否移交债权人占有可分为抵押(不移交)贷款和质押(移交)贷款。

(1)抵押物的种类。抵押人所有的房屋和其他地上定着物;抵押人所有的机器、交通运输工具和其他财产;抵押人依法有权处分的固有的机器、交通运输工具和其他财产;抵押人依法承办并经发包方同意抵押的荒山、荒沟、荒丘、荒滩等荒地的土地使用权;依法可以抵押的其他财产。

(2)质押物的种类。可用于质押的质物有:依法可以移交给贷款人占有的一切财产;票据、债券、存单、仓单、提单;依法可以转让的股份、股票;依法可以转让的商标专用权、专利权、著作权中的财产权;依法可以质押的其他权利。

(3)抵(质)押率的确定。抵(质)押率是指抵押、质押贷款本息与抵押(质押)物作价现额(估价)之比,是确定贷款金额的依据。决定抵(质)押率高低的因素是不确定的,需要对借款人资产状况、信誉及抵(质)押物的估价等因素进行合理的分析。因此,抵(质)押率没有统一规定,而视每一笔贷款的具体情况逐一确定,通常情况下,抵(质)押率在70%以下为宜。

(三)票据贴现

票据贴现是指商业汇票的收款人或持票人,在汇票到期日前,为了取得资金而将票据权利转让给银行的票据行为。我国商业汇票按照承兑人的不同可分为商业承兑汇票和银行承兑汇票。票据到期时,贴现银行持票直接向承兑人提示付款。

贴现是贷款,但与一般贷款有所不同:

(1)贷款对象不同。贴现以持票人(债权人)为贷款对象;一般贷款以借款人(债务人)为贷款对象。

(2)信用关系不同。贴现体现银行与持票人、出票人、承兑人及背书人之间的信用关系;一般贷款体现银行与借款人、担保人之间的关系。

(3)计息时间不同。贴现在放款时就计收利息;一般贷款则是到期或定期计收利息。

(4)资金流动性不同。贴现可以通过转贴现或再贴现提前收回资金;一般贷款只能到期后收取资金。

二、贷款业务流程

贷款业务包括审核、调查、审批等程序。借款人与商业银行建立了信贷关系后方可申请贷款。借款人需要贷款时首先提出贷款申请,经过商业银行信贷部门的贷款调查、信用评估后,按照审贷分离、分级审批的原则进行贷款的审批;然后由借贷双方逐笔签订借款合同,约定贷款金额、期限、利率、用途、还款方式及违约责任等事项,最后逐笔发放贷款。

如图 6.1 所示,银行的信贷业务包括贷前调查、贷中审查、贷后检查三部分。

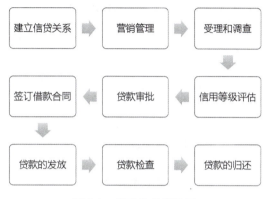

图 6.1 贷款业务流程图

(一)贷款申请

企业申请贷款需要提供的资料,如图 6.2 所示。

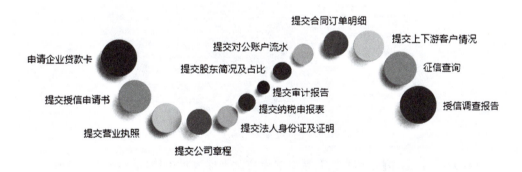

图 6.2 企业申请贷款提交的资料

(二)贷款审批

银行内部审批流程如图 6.3 所示。

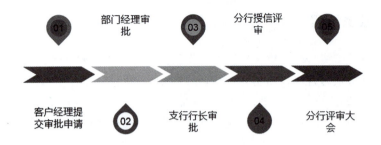

图 6.3　银行内部审批流程

三、传统贷款业务实训

(一)申请企业贷款卡

(1)打开【申请企业贷款卡】任务的【实境演练】界面。

(2)参考【学习资源】中的"企业贷款卡"课件,填写"申请企业贷款卡",如图 6.4 所示。

信用结算案例

图 6.4　填写申请企业贷款卡

(3)填写完成后,单击【申请】按钮,系统显示贷款卡即表示申请成功,如图 6.5 所示。

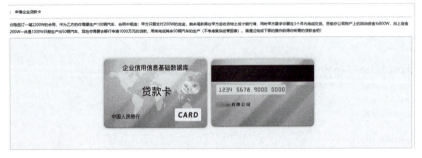

图 6.5　贷款卡

(二)提交授信申请书

(1)打开【提交授信申请书】任务的【实境演练】界面。

(2)参考【学习资源】中的“授信申请”课件,填写“对公授信业务申请书”,如图 6.6 所示。

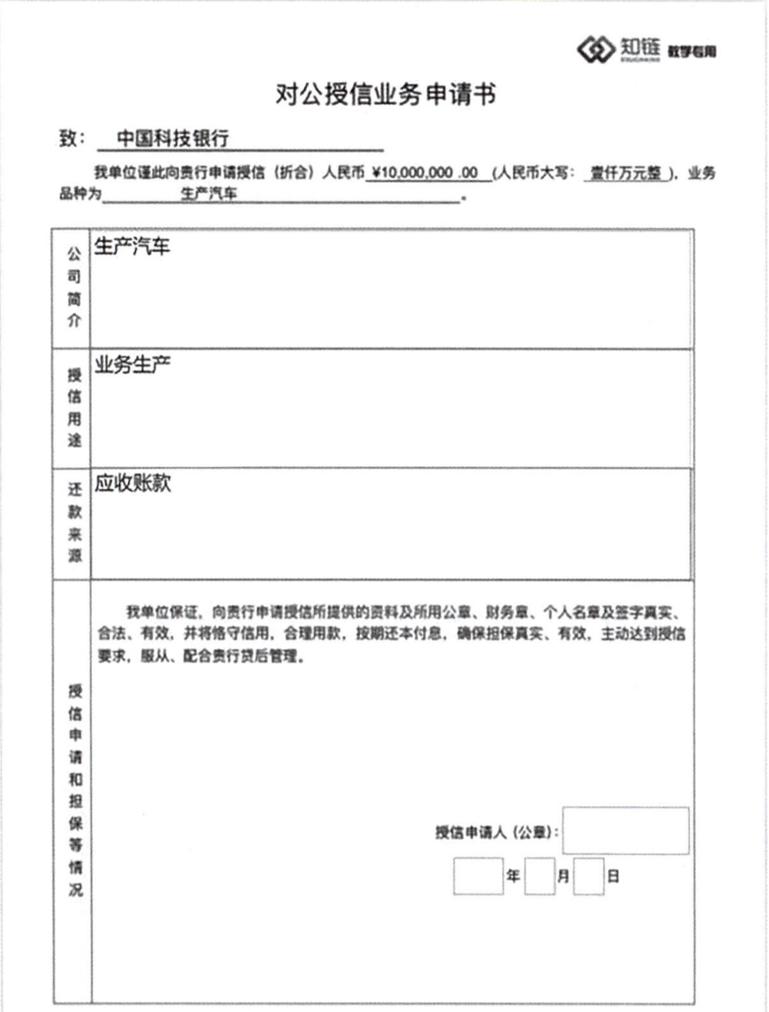

知链 教学专用

对公授信业务申请书

致：中国科技银行

我单位谨此向贵行申请授信（折合）人民币 ¥10,000,000 .00 （人民币大写：壹仟万元整），业务品种为 生产汽车 。

公司简介	生产汽车
授信用途	业务生产
还款来源	应收账款
授信申请和担保等情况	我单位保证，向贵行申请授信所提供的资料及所用公章、财务章、个人名章及签字真实、合法、有效，并将恪守信用，合理用款，按期还本付息，确保担保真实、有效，主动达到授信要求，服从、配合贵行贷后管理。 授信申请人（公章）： 年 月 日

图 6.6　对公授信业务申请书

(3)填写完成后,单击下方的【申请】按钮,系统提示申请成功,即表示本任务已完成。

(三)提交营业执照

(1)打开【提交营业执照】任务的【实境演练】界面。

(2)参考【学习资源】中的“营业执照”课件,填写“营业执照”,如图 6.7 所示。

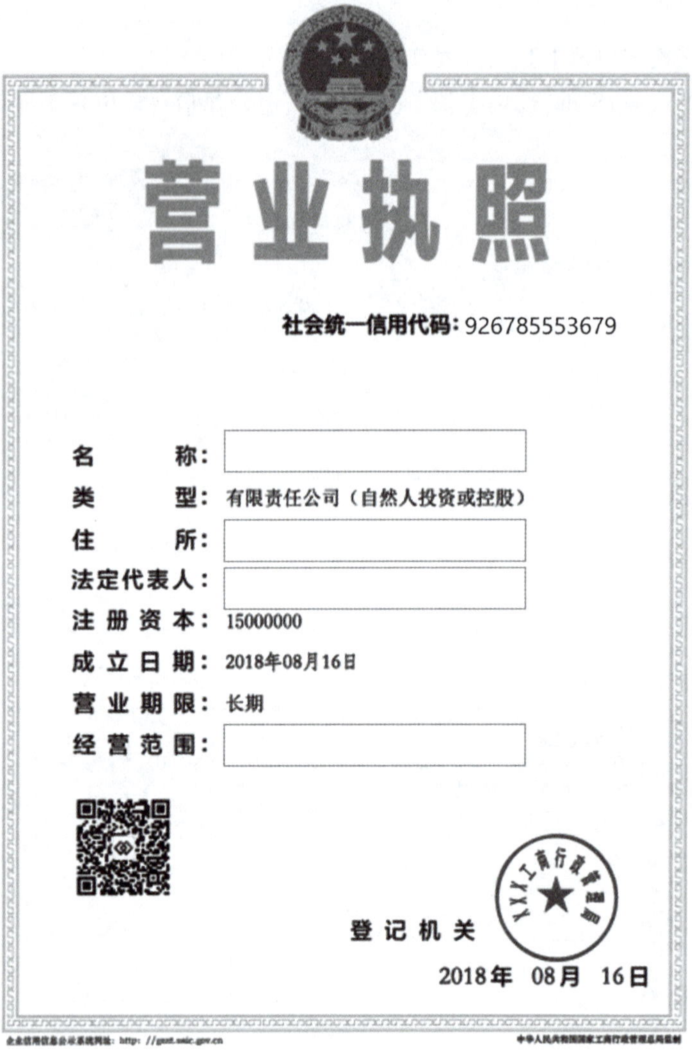
营业执照

社会统一信用代码：926785553679

名　　称：

类　　型：有限责任公司（自然人投资或控股）

住　　所：

法定代表人：

注 册 资 本：15000000

成 立 日 期：2018年08月16日

营 业 期 限：长期

经 营 范 围：

登 记 机 关

XXX工商行政管理局

2018年　08月　16日

图 6.7　营业执照

(3)填写完成后，单击下方的【申请】按钮，系统提示申请成功，即表示本任务已完成。

图 6.7 中，经营范围的填写需要与当前任务学习资源中“营业执照”课件中给出的经营范围保持一致。

(四)提交公司章程

(1)打开【提交公司章程】任务的【实境演练】界面。

(2)参考【学习资源】中的“公司章程”课件，填写“北京科技有限公司章程”，如图 6.8 所示。

北京科技有限公司章程

第一章 总 则

第一条 依据《中华人民共和国公司法》(以下简称《公司法》)及有关法律、法规的规定,由　　　　　设立　　　　　,(以下简称公司)特制定本章程。

第二条 本章程中的各项条款与法律、法规、规章不符的,以法律、法规、规章的规定为准。

第二章 公司名称和住所

第三条 公司名称:

第四条 住所:

第三章 公司经营范围

第五条 公司经营范围:

第四章 公司注册资本及股东的姓名 名称、出资方式、出资额、出资时间

第六条 公司注册资本:1000 万元人民币

第七条 股东的姓名(名称)、认缴的出资额、出资期限、出资方式如下:

股东姓名或名称	认缴情况		
	认缴出资数额(万)	出资期限	出资方式
			货币
			货币
合计			货币

法定代表人签字并盖公司公章:

　　　　年　　月　　日

图 6.8 北京科技有限公司章程

(3)填写完成后,单击下方的【提交】按钮,系统提示提交成功,即表示本任务已完成。

(五)提交法人身份证及证明

(1)打开【提交法人身份证及证明】任务的【实境演练】界面。
(2)填写"法定代表人/负责人证明",如图 6.9 所示。

法定代表人/负责人证明

中国科技银行

____（身份证号码：____）现担任我单位____职务 为我单位法定代表 人 / 负责人。除非我单位另行出具书面文件通知贵行 则本证明持续有效。

特此证明。

单位签名 ____

____ 年 ____ 月 ____ 日

图 6.9　北京科技有限公司章程

(3) 填写完成后，单击下方的【提交】按钮，系统提示提交成功，即表示本任务已完成。

（六）提交纳税申报表

(1) 打开【提交纳税申报表】任务的【实境演练】界面。

(2) 填写"增值税纳税申报表"，增值税纳税申报表中的"纳税人识别号"为【提交营业执照】任务中营业执照的社会统一信用代码，如图 6.10 所示。

增值税纳税申报表

根据国家税收法律法规及增值税相关规定制定本表，纳税人不论有无销售额，均应按税务机关核定的纳税期限填写本表，并向当地税务机关申报。

税款所属时间：自2018年06月01日至2018年06月30日　　填表日期：2018年07月05日　　金额单位：元至角分

纳税人识别号	请输入			所属行业：	生产经营地
纳税人名称	（公章）	法定代表人姓名	注册地址		
		登记注册类型			电话号码
开户银行及账号					

	项目	栏次	一般货物、劳务和应税服务		即征即退货物、劳务和应税服务	
			本月数	本年累计	本月数	本年累计
销售额	（一）按适用税率计税销售额	1	27,563,986.60	98,546,200.45		
	其中：应税货物销售额	2	27,563,986.60	98,546,200.45		
	应税劳务销售额	3				
	纳税检查调整的销售额	4				
	（二）按简易办法计税销售额	5				
	其中：纳税检查调整的销售额	6				
	（三）免、抵、退办法出口销售额	7			—	—
	（四）免税销售额	8			—	—
	其中：免税货物销售额	9				
	免税劳务销售额	10				
税款计算	销项税额	11	4,410,237.86	15,767,392.07		
	进项税额	12	2,811,861.54	10,052,909.77		
	上期留抵税额	13	153,420.09	788,204.45		
	进项税额转出	14				
	免、抵、退应退税额	15				
	按适用税率计算的纳税检查应补缴税额	16				
	应抵扣税额合计	17=12+13-14-15+16	2,965,281.63	10,841,114.22		
	实际抵扣税额	18（如17<11，则为17，否则为11）	2,965,281.63	10,841,114.22		
	应纳税额	19=11-18	1,444,956.23	4,926,277.85		
	期末留抵税额	20=17-18				
	简易计税办法计算的应纳税额	21			—	—
	按简易计税办法计算的纳税检查应补缴税额	22			—	—
	应纳税额减征额	23				
	应纳税额合计	24=19+21-23	1,444,956.23	4,926,277.85		

图 6.10　增值税纳税申报表

(3)填写完成后,单击下方的【提交】按钮,系统提示提交成功,即表示本任务已完成。

(七)提交审计报告

(1)打开【提交审计报告】任务的【实境演练】界面。

(2)对"资产负债表"中的数据进行计算并填写表中的"应收账款""应收票据"与"资产总计",如图 6.11 所示。

资产负债表

单位名称　　　　　　　　　　　　　　2018年6月31日　　　　　　　　　　　　会企01表
　　　　　　　　　　　　　　　　　　　　　　　　　　　　　　　　　　　　　单位:人民币元

资产	2018年1-6月	2017年	负债和所有者权益(或	期末余额	年初余额
流动资产:			流动负债:		
货币资金	3,006,400.93	30,312,168.33	短期借款	10,500,000.00	19,670,000.00
交易性金融资产			交易性金融负债		
应收票据			应付票据	请输入	
应收账款	请输入	22,006,547.63	应付账款	7,151,010.80	20,658,654.20
预付款项	506,500.00	807,653.00	预收款项	39,678,945.65	58,877,566.67
应收利息			应付职工薪酬	4,898,000.00	8,005,678.00
应收股利			应交税费	4,926,277.85	7,983,579.28
其他应收款	3,795,400.00	3,537,800.00	应付利息		
存货	40,389,765.66	56,897,534.89	应付股利		
一年内到期的非流动			其他应付款	8,769,800.00	14,654,830.00
其他流动资产	4,203,478.55	3,726,430.55	一年内到期的非流动负		
			其他流动负债		
流动资产合计:	81,236,313.69	117,288,134.40	流动负债合计:	81,559,567.30	129,850,308.15
非流动资产:			非流动负债:		
可供出售金融资产			长期借款		
持有至到期投资			应付债券		
长期应收款			长期应付款		
长期股权投资			专项应付款	1,000,000.00	3,000,000.00
投资性房地产			预计负债		
固定资产原值	4,963,854.90	5,867,453.50	递延所得税负债		
减:累计折旧	1,240,963.50	1,466,863.37	其他非流动负债		
固定资产净值	3,722,891.40	4,400,590.13	非流动负债合计	1,000,000.00	3,000,000.00
减:固定资产减值准	256,764.00	286,754.00	负债合计:	82,559,567.30	132,850,308.15
固定资产净额	3,466,127.40	4,113,836.13			
在建工程			所有者权益:		
工程物资			实收资本	10,000,000.00	10,000,000.00
固定资产清理			资本公积	18,054,075.60	18,054,075.60
生产性生物资产			减:库存股		
无形资产	10,487,534.56	13,875,256.87	专项储备		
研发支出	1,067,453.43	895,643.25	盈余公积		
商誉			未分配利润	-9,154,223.24	-19,167,853.30
长期待摊费用	138,901.91	109,656.02	所有者权益合计:	18,899,852.36	8,886,222.30
递延所得税资产	2,006,743.67	2,397,658.78			
其他非流动资产	3,056,345.00	3,056,345.00			
非流动资产合计:	20,223,105.97	24,448,396.05			
资产总计	请输入	141,736,530.45	负债和所有者权益合计	101,459,419.66	141,736,530.45

图 6.11　资产负债表

(3)对"利润表"中的数据进行计算并填写表中的"营收成本"与"净利润",如图 6.12 所示。

利 润 表

会企02表

单位名称		2018年度	单位：人民币元
项目		2018年1-6月	2017年
一、营业收入		98,546,200.45	143,505,670.30
减：营业成本		请输入	81,325,007.40
营业税金及附加		237,869.50	418,769.57
营业费用		2,567,894.37	3,982,501.00
管理费用		27,345,619.89	40,085,209.63
财务费用		436,217.00	629,842.08
资产减值损失		1,038,654.92	1,279,543.56
加："公允价值变动收益（损失以"-"号填列）			
投资收益（损失以"-"号填列）		153,219.04	218,732.89
其中：对联营企业和合营企业的投资收益			
二、营业利润（亏损以"-"号填列）		10,543,506.43	16,003,529.95
加：营业外收入			
减：营业外支出			

图 6.12　利润表

（4）对"现金流量表"中的数据进行计算并填写表中的"支付的各项税费"与"借款所收到的现金"，如图 6.13 所示。

第六章 贷款业务

现金流量表

会企03表

单位名称	2018年度	单位：人民币元
项　　　　　目	2018年1-6月	2017年
一、经营活动产生的现金流量：		
销售商品、提供劳务收到的现金	50,562,769.88	75,694,302.39
收到的税费返还		130,465.30
收到的其他与经营活动有关的现金	5,329,845.86	8,459,364.56
现金流入小计	55,892,615.74	84,284,132.25
购买商品、接受劳务支付的现金	25,585,049.89	32,762,901.60
支付给职工以及为职工支付的现金	30,975,983.93	44,673,219.40
支付的各项税费	请输入	6,569,316.90
支付的其他与经营活动有关的现金	9,658,949.88	12,486,521.70
现金流出小计	71,207,627.50	96,491,959.60
经营活动产生的现金流量净额	-15,315,011.76	-12,207,827.35
二、投资活动产生的现金流量：		
收回投资所收到的现金	18,675,432.00	30,437,521.80
取得投资收益所收到的现金	-	-
处置固定资产、无形资产和其他长期资产所收回的现金	15,650.00	-
收到的其他与投资活动有关的现金	-	-
现金流入小计	18,691,082.00	30,437,521.80
购建固定资产、无形资产和其他长期资产所支付的现金	4,939,872.64	1,895,321.60
投资所支付的现金	20,000,000.00	18,000,000.00
支付的其他与投资活动有关的现金	-	-
现金流出小计	24,939,872.64	18,000,000.00
投资活动产生的现金流量净额	-6,248,790.64	12,437,521.80
三、筹资活动产生的现金流量：		
吸收投资所收到的现金		
借款所收到的现金	请输入	9,800,000.00
收到的其他与筹资活动有关的现金	1,000,000.00	7,000,000.00

图 6.13　现金流量表

(5)填写完成后,单击下方的【提交】按钮,系统提示提交成功,即表示本任务已完成。

以上表格中需要填写内容的计算方式均可在当前任务的学习资源"资产负债表""利润表""现金流量表"中查看。

(八)提交股东简况及占比

(1)打开【提交法人身份证及证明】任务的【实境演练】界面。
(2)填写"单位概况表",如图 6.14 所示。

单位概况表

年　月　日

单位全称		成立时间	2011年8月8日
营业期限	20年	员工人数	500人
企业类型（如为企业法人）	企业法人	注册地址	北京市海淀区
法人代表		实际控制人	
注册资本（万元）	1000	实收资本（万元）	1000
注册资本和实收	无		
经营范围	经营范围		
归属集团或上级主	无		

股东构成：

股东名称	股权比例（%）	是否为逃废债企业
		否
		否

控股股东的股东构成：

股东名称	股权比例（%）	是否为逃废债企业
		否
		否

单位基本情况简介：（公司简介、主营业务、上下游企业概况等）

单位公章：

图 6.14　单位概况表

(3)填写完成后，单击下方的【提交】按钮，系统提示提交成功，即表示本任务已完成。

(九)提交对公账户流水

(1)打开【提交对公账户流水】任务的【实境演练】界面。

(2)填写"客户交易明细清单"，如图 6.15 所示。

第六章 贷款业务

客户交易明细清单

*账号/卡号			*户 名			
*查询起日			*查询起日	2020年04月19日		
*查询时间			*查询时间			

币 种　　人民币　　　　　　　　查询结果共 1 页,此页为第 1 页

交易日期	记账日期	交易地点	交易类型	交易金额	余额
2018 08 27	2018 08 27	网上银行	跨行汇款	200.00	2,981.00
2018 08 18	2018 08 18	网上银行	跨行汇款	500.00	81.00
2018 07 29	2018 07 29	网上银行	跨行汇款	300.00	1,000.00
2018 05 27	2018 05 27	网上银行	跨行汇款	1,400.00	9,574.00
2017 07 01	2017 07 01	网上银行	跨行汇款	100.00	2,586.00
2017 05 05	2017 05 05	网上银行	跨行汇款	600.00	777.00
2017 02 15	2017 02 15	网上银行	跨行汇款	400.00	9,812.00
2017 01 11	2017 01 11	网上银行	跨行汇款	900.00	571.00
2016 09 27	2016 09 27	网上银行	跨行汇款	100.00	11,872.00
2016 08 27	2016 08 27	网上银行	跨行汇款	700.00	588.00

图 6.15　客户交易明细清单

(3)填写完成后,单击下方的【提交】按钮,系统提示提交成功,即表示本任务已完成。

图 6.15 中,"客户交易明细清单"中的"账户/卡号"需要与【申请企业贷款卡】任务中的贷款卡卡号保持一致;"查询起日"需要是三年前的 1 月 1 号,且填写日期的格式为"××××年××月××日"。

(十)提交合同订单明细

(1)打开【提交合同订单明细】任务的【实境演练】界面。
(2)填写"合同订单明细",填写合同订单明细中的内容时需要根据自己在"区块链应用演练"课程中,通过扮演制造企业或商贸企业角色时产生的交易来填写,如图 6.16 所示。

合同订单明细

序号	合同编号	客户名称	订单日期	合同金额	已回款金额	未回款金额	备注
1							
2							
3							
4							
5							

图 6.16　合同订单明细

(3)填写完成后,单击下方的【提交】按钮,系统提示提交成功,即表示本任务已完成。

(十一)提交上下游客户情况

(1)打开【提交上下游客户情况】任务的【实境演练】界面。

(2)填写“上下游客户情况表”,如图 6.17 所示。

上下游客户情况表

序号	上游客户名称	下游客户名称
1		
2		
3		
4		
5		

注：以中心化、去中心化交易的上下游为准

图 6.17 上下游客户情况表

填写上下游客户情况表中的内容时需要根据自己在“区块链应用演练”课程中,通过扮演制造企业或商贸企业角色进行交易时的交易方来填写。

(3)填写完成后,单击下方的【申请】按钮,系统提示提交成功,即表示本任务已完成。

(十二)征询查询

(1)打开【征询查询】任务的【实境演练】界面。

(2)填写“查询个人征信授权书”,如图 6.18 所示。

查阅企业征信授权书

中国科技银行：

本公司____公司（企业贷款卡号：____）作为借款申请方，因贵行授信需要，现在此不可撤销地授权贵行有权向人民银行企业信用信息基础数据库及其他依法设立的全国或地方企业征信机构查询本公司的企业资信情况。

授权企业签章：

日　　期：

图 6.18 查询个人征信授权书

(3)填写"查询企业征信授权书",如图 6.19 所示。

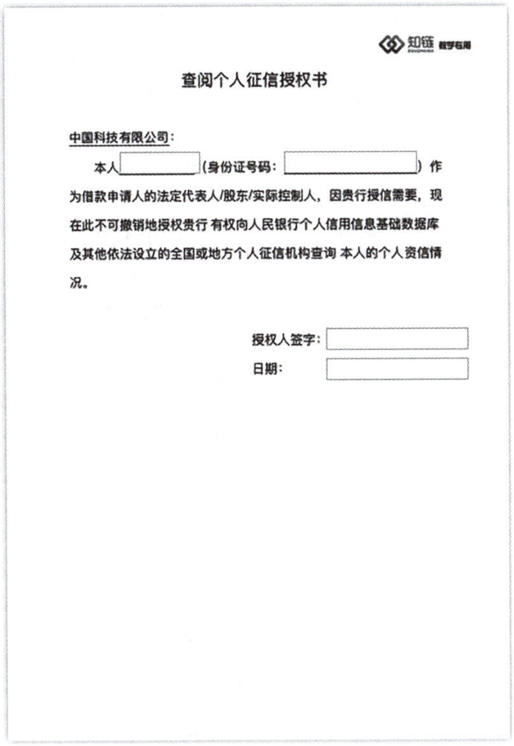

图 6.19　查阅企业征信授权书

(4)填写完成后,单击下方的【提交】按钮,系统提示提交成功,即表示本任务已完成。

(十三)授信调查报告

(1)打开【授信调查报告】任务的【实境演练】界面。

(2)填写"中小企业授信调查报告",点击【提交】按钮,依次完成【部门经理审核】【支行行长审核】【分行评审员审核】【评审大会】任务,将每个人员的审批结论依次填入"中小企业授信调查报告"中,如图 6.20 所示。

图 6.20　中小企业授信调查报告

(3)填写完成后,单击下方的【提交】按钮,系统提示提交成功,即表示本任务已完成。

上述实境演练中,授信调查报告为纸质单据,需要每人填写一份,然后以小组为单位展开线下讨论,每个组员以自己填写的授信调查报告为基础,向其他组员做报告,其他组员根据报告人的内容为报告人打分,组长最后统计得分。

(十四)申请贷款加急

(1)打开【申请贷款加急】任务的【实境演练】界面。

(2)点击【贷款加急】按钮,系统弹出银行给出的信用评级,如图 6.21 所示。

图 6.21　企业信用评级

(3)点击【抵押等级】按钮,系统弹出抵押房产界面,如图 6.22 所示。

图 6.22　抵押房产证

(4)点击【抵押房产证】按钮,系统提示贷款成功,即表示本任务已完成。

(十五)签订授信贷款合同

(1)打开【签订授信贷款合同】任务的【实境演练】界面。

(2)填写"贷款合同",如图 6.23 所示。

第六章　贷款业务

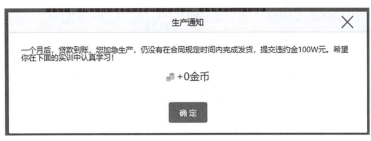

图 6.23　贷款合同

(3)点击【提交】按钮,系统给出生产通知,如图 6.24 所示,点击【确定】按钮,则本实训到此结束。

图 6.24　生产通知

第二节　传统贷款业务的难题

不良贷款是指银行等金融机构中存在的非正常贷款或有问题贷款,是指借款人未能按原定的贷款协议按时偿还商业银行的贷款本息,或者已有迹象表明借款人不可能按原定的贷款协议按时偿还贷款本息而形成的贷款。不良贷款率是指金融机构不良贷款占贷款余额的比重。银行在进行贷款业务时要采取有效措施降低贷款风险,减少不良贷款,这要求银行具有较高的风险管控能力。

传统的贷款业务从流程、操作层面上进行严格的规范管理和风险控制,在一定程度上控制了不良贷款的产生,一定程度上提高了风险控制水平。然而,企业信用违约风险仍在加大,银保监会的数据显示,2018年末,商业银行不良贷款率为1.89%,偏高的不良贷款率严重影响和阻碍银行业的健康发展。从实际操作层面,出现不良贷款的主要原因如下。

一、贷前调查不够客观

贷前调查是拓展客户、发放贷款的第一道关,是防范风险、减少坏账的重要前提,其调查的真实性和可靠性,对贷款的安全性意义重大。贷前调查是决定贷与不贷,贷多贷少,贷款期限和方式的重要依据。

(1)信贷员精力有限。从前面的操作流程来看,信贷业务员受理企业的具体贷款申请后,需要严格按照流程投入较大的精力和时间评估企业的经营情况、财务状况、申请项目的可行性和市场前景以及到企业进行深入的贷前调查。实际情况是,信贷员面对大量的贷款申请缺乏足够的时间和精力严格按照操作流程执行,往往根据主观意见和既往经验进行判断,做的决定也往往主观性强,不够客观。

(2)对企业信用评价不够精确。企业的信用评级是决定是否发放贷款的重要依据,有一套系统的评价标准,要充分考虑借款人的经营状况、资质、借款用途、主要财务指标、还款能力、抵押物情况等因素,然而实际操作是进行品行调查和征信系统查询,并没有严格按照流程操作,得出的结论并不准确。

(3)对中小企业的贷款申请受理不积极。中小企业的财务状况、信用记录、经营活动等相比于大型优质企业,存在严重信息不对称,贷前调研成本更高、更不客观等情况,这些导致信贷员对中小企业的贷款申请受理积极性不高。

二、贷中审查不够准确

贷中审查是贷款发放的核心环节。银行按审贷分离、分级审批的贷款管理制度进行贷款审批。贷前调查后信贷员向审核部门提供借款人申请借款的相关资料及调查报告等文件,再由贷款审查人员进行严格的审查。

贷款的审批环节,主要审核以下方面:

(1)主体真实性审查。如果是企业类借款人,要审查该企业法人营业执照、贷款卡(证)等法律文件;审查上述法律文件是否在有效期限内办理了年检手续;是否发生内容、名称变更;是否已吊销、注销、声明作废等;审查部分企业"一套人马、多块牌子"以及产权不清,管理混乱的情形。如果是个人借款,要审查个人身份证原件以及借款申请书上是否是本人的签字或盖章。

(2)主体合法性审查。要审查法人及法定代表人印章使用是否合法;经办人是否超越职权使用法人公章及法定代表人印章;法人及法定代表人授权委托是否真实,授权内容、期限、事项是否清楚;审查法定代表人、经办人身份证号码,核对法人及法定代表人盖章与预留印鉴是否相符;审查有关合同和文件是否有法定代表人、经办人签字,合伙组织是否有各合伙人签字盖章等。

(3)主体资信程度审查。审查企业(或个人)、关联企业、公司股东及其配偶在金融机构贷款情况,以亲朋名义在金融机构贷款情况,对外担保情况,有无不良信用记录,有无大额或有负债或重大涉讼案件等;审查公司法人代表或个人有无赌博、吸毒、赖账不还等劣迹,有无道德风险等。审查报告中要对以上情况作专门介绍,并在征信系统中查询记录后附佐证。

(4)对贷款资料进行审查。借款人还款来源是否足额可信、判断是否存在虚假贷款嫌疑、分析贷款风险因素、分析贷款风险程度、审查调查人的调查意见是否客观等。

在贷款审查过程中,传统的贷款流程和技术存在一些疏漏,影响贷款的发放以及发放效率,具体表现在:

(1)传统的人工方式成本高、出错多、效率低。
(2)抵/质押物的评估、核实难度大、效率低。
(3)银行实时监控无法实现。

三、贷后检查不够有效

贷后检查就是在发放贷款后定期对借款人进行跟踪调查,以确保贷款的安全。贷后管理是银行信贷业务的最后一环,需要定时检查借款人是否按照规定用途使用资金,对借款人的第一还款来源(通过自身经营产生的现金流量)和第二还款来源(通过保证人或抵押物变现来归还贷款的能力)进行预测,判断是否能按时收回贷款,若发现风险,应及时进行处理。贷后检查主要包括:

(1)重点检查借款人的贷款使用情况、偿债能力变化情况和履行借款合同情况。
(2)定期检查借款人的生产经营状况、资信状况、贷款使用情况。
(3)持续检查借款人的现金流情况。
(4)检查抵(质)押物的现状及价值变化情况以及保证人偿债能力的变化情况。
(5)了解宏观经济变化和市场波动情况,判断其是否会对借款人或借款项目产生负面的影响。

贷后检查在实际操作中有以下主要问题:

(1)风险意识欠缺,信贷员贷后管理认识不到位,没有真正将贷后管理落到实处。
(2)一些信贷人员不能按时进行贷后管理和检查,贷后检查频率无法保证。
(3)银行对信贷人员管理机制还不够成熟和完善,对其素质评定的方法有很多不足之处,导致一些信贷人员素质不高,贷后管理能力需提升。
(4)共享渠道不畅,贷后管理信息不对称。

第三节 区块链金融解决方案

区块链采用分布式记账、哈希密码学、不对称加密、时间戳以及点对点传输机制等技术可以提供安全、不可篡改、可追溯的信息和数据,这一特征赋予传统贷款业务以技术为背书的新信用基础,形成新的信用机制,解决传统贷款的业务难题和痛点。

一、保证数据的可靠性,降低风险

(1)数据可靠。区块链采取分布式记账、点对点传输,因此链上的每笔交易对于各个节点公开透明;不对称加密和哈希函数等技术使链上的交易具备高度的隐私保护特征;交易哈希、区块、区块指针等自带的属性和技术特征决定了区块链上的数据不可篡改;区块链分布式数据存储的数据与传统的中心化记录与存储方式不同,它具备去中心化的特征,51%攻击的可能性非常小,保证交易的真实性和安全性。

以上区块链技术将全面赋能信贷业务风险体系,重构信用机制,强化信息的可靠性。从技术底层有效缓解"贷前调查不够客观、贷中审查不够准确、贷后检查不够有效"等问题,保证和强化银行客户数据的可靠性。这样不仅降低资金端的风控成本,也降低了数据被篡改带来的风险,而且可以控制欺诈、人工操作失误和违约风险。

(2)防范道德风险、实现实时监督。在传统贷款流程中,一些重要环节取决于银行信贷人员的主观决策,这给信贷人员的个人私利留下空间。区块链技术的赋能使银行审核机制更加规范,每笔业务都上链,形成逐笔贷款可追溯机制,每笔贷款的资料数据都如实上链,不同的环节都记录打包在不同区块中。一笔贷款从贷前、贷中到贷后都完整实时跟踪和记录,银行可对贷款业务逐笔进行质量评价,确保每笔贷款的风险控制落实在每个环节和每个工作人员身上,奖惩机制有效实施,激励银行员工规范自己的行为,从而降低道德风险。

二、解决信息不对称问题,有效缓解中小企业贷款难

区块链的公开、透明和分布式记账存储的特征,使得上链的中小企业数据更加充分、真实、公开和透明,如果出现造假或虚假信息,链上的每个节点都能查看到;所有信息都可追溯源头,所有信息都有时间戳和数字签名,这样中小企业的经营情况、财务情况、现金流情况都实时上链,真实反映企业的生产经营,为银行提供宝贵的风控资料,企业无法弄虚作假,解决了信息不对称问题。银行可以根据链上区块的数据分析,选择有资质的中小企业进行放款,有效缓解银行对中小企业惜贷、不贷的状况。

三、区块链技术使贷款管理更加有效

区块链技术中的智能合约,使链上的各参与方执行合约层的指定命令,在智能合约中可以明确还款条件、数额、期限、逾期罚款、终止合同等内容,当达到设立的一系列触发条件后,区块链参与方将自动执行指定合约操作。比如,借款者可以停止贷款资金的发放或提前清收;根据客户还款资金的筹集情况,可以分析客户经营状况;帮助银行识别高风险客户,避免高负债的用户继续申请贷款等。智能合约没有人为因素干扰,可以降低人工操作风险,降低借款者的违约风险,大幅提升效率。

区块链分布式存储特点,使得每个节点都有区块链上的相关数据,其数据记录都有时间戳及采用非对称加密技术,保证数据的可追溯和不可篡改。利用这些特点,银行可以随时监控、定期反馈贷款的去向。如果贷款的用途与原来申请时的贷款用途不一致,银行就能实时监控到,并跟企业沟通、切实采取行动,做出风险预警。

四、应用案例

(一)LinkEye:区块链+征信的初步尝试

LinkEye 是一套基于区块链技术的征信共享联盟链解决方案,通过区块链技术和信贷经济模型的整合,来构建联盟成员(金融公司)之间的征信数据共享和服务平台。联盟成员在借贷行为发生前,与借款人达成协议,发生失信行为将在平台公示,区块链的签名机制保证了数据的不可篡改,从而完成失信人名单共享,同时开放对外查询接口,向社会共享数据。自 2017 年 8 月份上线以来,已有包括快惠金服、钱袋宝等在内的 13 家机构参与其中。

(二)区块链+征信:促进共享,数据确权

通过将区块链技术和信贷经济模型深度整合,LinkEye 将各个征信数据孤岛串联起来,实现在联盟成员间共享失信人名单,形成真实可靠、覆盖面广的全社会征信数据库,有效促进和完善社会信用体系。通过黑名单(掩码+签名)、联盟成员入驻机制、成员信用机制、仲裁机制、信息共享机制、智能定价机制、数据安全防火墙机制、开放全网查询接口等八大机制,确保联盟平台高效有序发展。

通过系统各节点的信息共享,区块链可以构建一个完整的"信用分评价体系",根据个人行为对信用的影响程度高低(例如信贷数据影响较高、非信贷数据影响较低)来评估个人的整体信用水平,并根据联盟机构对信用评价的贡献分配信用使用方查询数据产生的收益,解决"信息孤岛"问题。

区块链技术的应用有助于进一步厘清征信数据的归属问题。当前的征信体系下,信用数据全部掌握在机构手中。区块链模式下,个人所产生的信用行为记录由机构向区块链进行反馈,并在个人的"账簿"上进行记录,向全网广播,通过共识机制进行记录,信用查询时,则需要经用户许可才能查询个人信息。

目前,互联网金融行业坏账率畸高,一个重要原因是现有的上万家互联网金融企业间缺少一个有效的失信"黑名单用户"征信信息共享平台,这样就形成一个个数据孤岛,为部分高风险用户多头借贷、借款不还提供了可乘之机。另外,由于技术原因以及由此导致的平台核心利益冲突,各平台没有足够的动力共享"黑名单用户"数据。LinkEye 所打造的区块链征信联盟最大限度地解决了中心化机构所不能解决的问题,消除了不同信贷平台对于己方数据安全和核心利益的顾虑,准确地抓住了互联网金融信贷业务的行业痛点,取得了显著的成绩。

1. 下列选项中,(　　)是贷款全程管理和风险控制的第一个环节。(单选)
   A. 贷前管理　　　B. 贷中管理　　　C. 贷前申请　　　D. 风险管理
2. 在企业征信系统中对借款人信息进行定位的唯一标志是(　　)。(单选)
   A. 企业名称　　　　　　　　　　B. 企业注册地址
   C. 企业法人身份证号　　　　　　D. 贷款卡编码
3. 在征信系统信用数据查询时,以下做法正确的是(　　)。(单选)

A. 应重点关注借款人实际控制人的贷款逾期情况,对于信用卡透支情况可适当放宽标准

B. 查询并打印实际控制人在人民银行"个人信用信息基础数据库"的信用报告必须在取得其书面授权之后

C. 如该实际控制人与银行已有多年的合作关系且记录良好,为节约成本考虑可以不查询打印其"个人信用信息基础数据库"的信用报告

D. 经查询,该实际控制人无借款记录,说明其信用记录必然很好

4. 公司授信业务方案由前台业务主管审核后,应将报批材料提交本级行(　　)审查。(单选)

   A. 风险管理部　　　B. 信贷业务部　　　C. 法律合规部　　　D. 会计部

5. 以下不是公司贷款业务审查流程的是(　　)。(单选)

   A. 完整性审查　　　　　　　　　　B. 判断是否需要协助审查

   C. 审查安排　　　　　　　　　　　D. 撰写审查报告

6. 对于授信调查报告编制要求的描述不正确的是(　　)。(单选)

   A. 调查报告中的事实和数字必须通过调查取得,不能虚构

   B. 调查报告中增加的内容需要在目录中列出

   C. 调查报告样本的叙述顺序可以改变,内容可以增加

   D. 重要事实和数字应以数字上标标出并在注释说明中说明出处

7. 商业银行对借款人最关心的就是其现在和未来的(　　)。(单选)

   A. 技术水平　　　B. 销售业绩　　　C. 偿债能力　　　D. 信息披露

8. 流动资金贷款可用于(　　)。(单选)

   A. 购买固定资产　　　　　　　　　B. 弥补企业亏损

   C. 支付供货商欠款　　　　　　　　D. 财政性开支

9. 在各类行中,微型企业融资均不得采用的贷款方式是(　　)。(单选)

   A. 抵押　　　　　B. 保证　　　　　C. 信用　　　　　D. 质押

10. 银行向 A 公司发放一笔金额 500 万元的流动资金贷款,由 B 公司提供连带责任保证担保,同时由 C 公司提供一处评估价值 1200 万元的房产作为抵押,上述担保手续齐备。该笔贷款到期如 A 公司未按期归还,以下哪种说法是正确的(　　)。(单选)

   A. 在 A 公司未偿还贷款的情况下,银行即可要求 B 公司或 C 公司承担担保责任

   B. 在 A 公司未偿还贷款的情况下,银行即可要求担保人承担担保责任,但银行只能先要求 B 公司承担担保责任

   C. 在 A 公司未偿还贷款的情况下,银行即可要求担保人承担担保责任,但银行只能先要求 C 公司承担担保责任

   D. 银行只能先要求 A 公司偿还贷款,在 A 公司没有能力偿还贷款的情况下,银行才能要求担保人承担担保责任

11. 最高授信额度是指(　　)。(单选)

   A. 客户在我行各项融资之和

   B. 银行对客户愿意并能够承受的最高信用风险限额

   C. 银行对客户的融资计划额度

   D. 银行对客户累计贷款总额

12. Hyperledger 是 Linux 基金会发起的（　　）。（单选）
A. 公有链　　　　B. 私有链　　　　C. 联盟链　　　　D. 中心化系统

13. 商业银行按照贷款的风险程度,可将贷款分为正常贷款、关注贷款、（　　）、可疑贷款和损失贷款。
A. 信用贷款　　　B. 逾期贷款　　　C. 次级贷款　　　D. 抵押贷款

14. 流动资金贷款的需求量应基于（　　）来确定。（单选）
A. 借款人提出的请求
B. 借款人日常经营所需的营运资金
C. 借款人日常生产经营所需营运资金与现有营运资金的差额（即流动资金缺口）
D. 既往银行信贷记录

第七章

票据业务

1. 掌握票据概念及主要票据行为。
2. 掌握主要票据业务。
3. 掌握和能熟练进行票据贴现业务的操作。
4. 理解票据业务的痛点。
5. 掌握主要区块链技术如何赋能票据业务。

商业汇票 贴现 背书 承兑 票据流转 智能合约 分布式记账 时间戳 非对称加密

本章首先介绍了票据的概念及主要票据行为、票据业务的主要种类和操作流程,分析了票据业务的主要痛点以及区块链的解决方案。建议读者先学习票据业务的核心概念和知识点,完成票据业务贴现、质押的实操流程,切实感受票据业务的风险所在,从而深刻理解区块链技术赋能带来的解决方案和便利。

本章思维导图

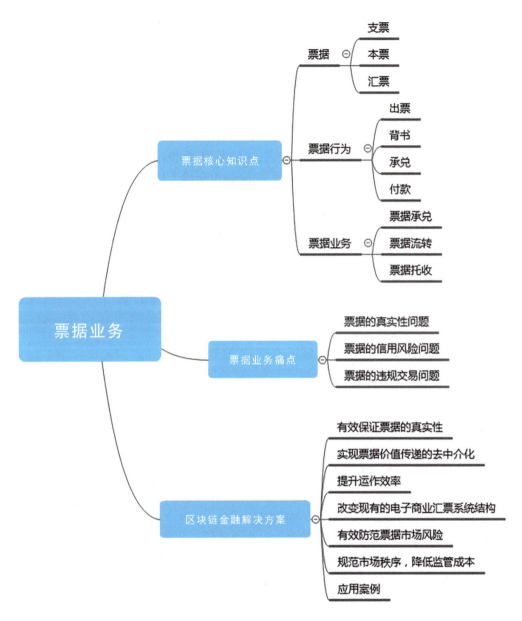

一、票据概念及分类

票据反映一定债权债务关系,是出票人依法签发的由自己或指示他人无条件支付一定金额给收款人或持票人的有价证券,即某些可以代替现金流通的有价证券。广义上的票据包括各种有价证券和凭证,如股票、企业债券、发票、国库券、提单等;狭义上的票据,即我国《票据法》中规定的"票据",包括汇票、银行本票和支票,是指由出票人签发的、约定自己或者委托付款人在见票时或指定的日期向收款人或持票人无条件支付一定金额的有价证券。

我国确定了以汇票、支票、本票为主体的结算制度。具体票据类型如图 7.1 所示。

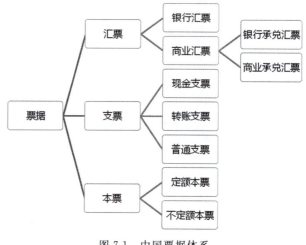

图 7.1 中国票据体系

(一)支票及相关规定

支票是出票人签发的,委托办理支票存款业务的银行在见票时无条件支付确定的金额给收款人或持票人的票据。同城或票据交换地区企业、单位和个人的商品交易、劳务供应及其他款项的结算可以使用支票。

支票分为现金支票(支票上印有"现金"字样的为现金支票,现金支票只能用于支取现金)、转账支票(支票上印有"转账"字样的为转账支票,转账支票只能用于转账)、普通支票(支票上印有"现金"或"转账"字样的为普通支票,普通支票可以用于支取现金,也可以转账)和划线支票(在普通支票左上角划两条平行线的为划线支票,划线支票只能转账,不能支取现金)。

(1)单位和个人在同一票据交换区域各种款项的支付都可以使用支票。

(2)支票提示付款期限为十天,按《民法通则》有关计算期间的规定,其提示付款期应从出票日次日起算。如出票日为 8 月 1 日,则支票提示付款期最后一日为 8 月 11 日。提示付款期最后一天是法定休息日的,以休息日的次日为提示付款期的最后一天。委托开户行收款的,以持票人向开户行提交支票日为准。

(3)支票没有金额起点也没有最高限额。

(4)支票的基本要素包括:出票日期,付款行名称,出票人账号,收款人名称,大、小写金额,企业预留印鉴和用途。

(5)出票日期、收款人名称、金额、企业预留印鉴是不得更改事项,其他为可更改事项,更改后必须加盖企业预留印鉴予以确认。

(6)支票上的限额不是票据的必要记载事项,银行不作为审查支付的条件,支票限额无效。

(7)签发支票应该使用碳素墨水或墨汁填写。

(8)签发现金支票和用于支取现金的普通支票必须符合国家现金管理的规定。

(二)本票及相关规定

银行本票是银行签发的,承诺自己在见票时无条件支付确定的金额给收款人或者持票人的票据。银行本票分为不定额本票和定额本票。银行本票可以用于转账,也可以用于支取现金。银行本票的出票人同时又是付款人,其基本关系人只有两个,即出票人和收款人。

(1)单位和个人在同一票据交换区域需要支付各种款项,均可以使用银行本票。

(2)本票的出票日期和出票金额必须大写,如果填写错误应将本票作废重新签发。

(3)银行本票可以用于转账,注明"现金"字样的银行本票可以用于支取现金。用于支取现金的本票,须在"人民币大写"栏先填写"现金"字样,后填写大写金额,并在代理付款行栏填明指定的同一票据区域范围内的代理付款行名称。

(4)提示付款期限自出票日起最长不得超过2个月。持票人超过付款期限提示付款的,代理付款行不予受理。

(5)银行本票见票即付。跨系统银行本票的兑付,持票人开户银行可根据中国人民银行规定的金融机构往来利率向出票银行收取利息,参加同城交换的网点在系统交换过程中所占用的时间不计收利息。

(6)签发现金银行本票时,申请人和收款人应均为个人,并交存现金才能办理。申请人或收款人为单位的,不得签发现金银行本票。

(7)持票人因本票超过提示付款期限不获付款的,在票据权利时效内请求付款时应当向出票行说明原因、出具证明,并将本票交给出票行。持票人为个人的,还应交验本人身份证件。

(三)汇票及相关规定

1.银行汇票

银行汇票是出票银行签发的,由其在见票时按照实际结算金额无条件支付给收款人或持票人的票据。银行汇票具有票随人到、人到款到、当面结算、手续简便的特点,被广泛运用到企业、单位、个人的各种款项的结算之中,在资金结算中占相当大的比重,是目前使用较广的一种票据。

(1)银行汇票必须记载以下事项:表明"银行汇票"的字样、无条件支付的承诺、出票金额、收付款人名称、出票日期及出票人签章。欠缺记载上列事项之一的,银行汇票无效。

(2)持票人向银行提示付款时,必须同时提交银行汇票和解讫通知,缺少任何一联,银行不予受理;申请人缺少解讫通知联要求退款的,出票行应在汇票提示付款期满一个月后办理。

(3)签发转账银行汇票一律不指定代理付款行,签发现金银行汇票的必须指定代理付款行。

（4）银行汇票在提示付款期限内可以背书转让，其背书必须连续；现金银行汇票、正面填明"不得转让"字样的银行汇票不得背书转让。

（5）银行汇票的提示付款期限自出票日起1个月。持票人超过付款期限提示付款的，代理付款行不予受理。

（6）汇票的出票日期和出票金额必须大写；申请书备注栏内注明"不得转让"的，出票行应在汇票正面的备注栏内注明。

（7）签发现金银行汇票的，申请人和收款人必须均为个人，并交存现金。银行柜员应认真审查申请人身份证件，并留存复印件备查。

（8）同一银行系统内的全国汇票见票即付，跨系统的全国银行汇票收妥抵用。

（9）银行汇票没有金额起点，也没有最高限额。

（10）现金汇票超过30万元须向有关部门备案。

（11）一个工作日内对同一收款人签发两张以上（不含两张）的现金银行汇票，须经开户行上级行批准。

（12）解付现金10万元（含）、转账50万元（含）以上的银行汇票必须在解付前先进行查询。

2.商业汇票

商业汇票是出票人签发的，委托付款人在指定日期无条件支付确定的金额给收款人或持票人的票据。商业汇票在经济活动中集中体现了票据所具有的信用、支付、融资等经济功能，对我国经济的发展起着重要的作用。

（1）商业汇票必须记载以下事项：表明"商业承兑汇票"或"银行承兑汇票"的字样、无条件支付的承诺、出票金额、收付款人名称、出票日期及出票人签章。欠缺记载上列事项之一的，商业汇票无效。

（2）商业汇票的收、付款人必须是在银行开立存款账户的法人或其他组织，在同城或异地均可使用。

（3）商业汇票的付款期限自出票日开始计算，最长为6个月；商业汇票的提示付款期限，自汇票到期日起10日，商业汇票只能转账，不能支取现金。

（4）持票人提示付款时，应通过开户银行委托收款或直接向付款人提示付款。

（5）商业汇票在提示付款期限内可以背书转让，其背书必须是连续的；出票银行在商业汇票上填明"不得转让"字样的以及作委托收款背书的商业汇票不得背书转让。

（6）在办理银行承兑汇票业务时，必须按客户信用等级和信贷管理规定收取业务保证金。保证金专户必须实行封闭管理，用于支付对应到期的银行承兑汇票；严禁发生保证金专户与客户结算户串用、相互挪用等行为；不得提前支取保证金，实行集中保证金管理。

（7）银行承兑汇票申请人于汇票到期日未能足额交存票款的，应对出票人尚未支付的汇票金额按照每日万分之五计收利息。

根据承兑人的不同，商业汇票分为商业承兑汇票和银行承兑汇票，由银行以外的付款人承兑的为商业承兑汇票，由银行承兑的为银行承兑汇票。两者之间存在的区别主要表现在以下几个方面：

（1）收费方法的区别。商业承兑汇票由付款人自行承兑，与开户银行无关，银行不能收取承兑手续费；银行承兑汇票由出票人的开户银行承兑，承兑银行应按票面金额向出票入收取一定的承兑费。

(2)债权债务联系的区别。对于商业承兑汇票,银行仅仅是资金清算的中介,待到到期日才由银行处理结算,付款人(即承兑人)是商业汇票的主债务人;银行承兑汇票是银行承兑,承兑银行是商业汇票的主债务人,又因与出票人签订了承兑协议,承兑银行又是出票人的债权人,因而,后者存在着内外两重信誉联系。

(3)收据行动上的区别。商业承兑汇票是购销两边收、付款人之间的收据行动,是一种商业信誉的外在体现;银行承兑汇票既是一种独立的收据行动,又是银行的一种信誉行动。

(4)会计核算手续的区别。商业承兑汇票和银行承兑汇票的签发、承兑和到期的具体处理手续也有所不同。例如,依照《付出结算方法》,前者由购销双方依据所订合同签发汇票,经付款人签署"承兑"字样并加盖预留银行印鉴后,即可生效;后者则须经其开户银行检查同意,并与出票人签订承兑协议,在银行承兑汇票上签署了"承兑"字样,并加盖了银行有关印章,才具备法律效应。

商业承兑汇票到期时,收款人承兑的汇票,应于汇票到期日(同城承兑)或到期日前若干日内(异地承兑)送交其开户银行办理委托收款;对已逾期的汇票,应于汇票到期日起10日内的提示付款期限内送交其开户银行委托收款,超越期限的,银行不予受理。若付款人账户上余额不足以支付票款,付款人开户银行应将商业承兑汇票退回给收款人或持票人,由其自行处理。银行承兑汇票到期时,也用委托收款方法结算票款,不同的是,若出票人账户不足以支付票款,则由承兑银行作逾期借款处理,并依照有关规定每日按万分之五计收罚息,不能随意作退票处理。

(四)票据法相关规定

(1)票据法规定,票据的付款人对见票即付或者到期的票据,故意压票,拖延支付的,由金融行政管理部门处以罚款,由央行处以按照每日票据金额0.7‰的罚款;对直接责任人员给予处分。

(2)票据法规定,对伪造、变造票据的;故意使用伪造、变造的票据的;签发空头支票或者故意签发与其预留的本行签名式样或者印鉴不符的支票,骗取财物的;签发无可靠资金来源的汇票、本票,骗取资金的;汇票、本票的出票人在出票时作虚假记载,骗取财物的;冒用他人的票据,或者故意使用过期或者作废的票据,骗取财物的;付款人同出票人、持票人恶意串通的;依法追究刑事责任。

二、主要票据行为

(一)主要票据行为

我国的支付结算体系主要包括票据、银行卡、汇兑、托收承付和委托收款,其中票据在支付结算体系中占据主导地位。在支付结算中,主要的票据行为包括出票、背书、承兑、保证、付款等。

1.出票

出票是指出票人签发票据并将其交付给收款人的票据行为。

2.背书

背书是指持票人转让票据权利与他人的行为,是持票人的票据行为,只有持票人才能进行票据的背书。票据一经背书转让,票据上的权利也随之转让给被背书人。出票人在汇票上记载"不得转让"字样的,汇票不得转让。

背书具体操作是在票据背面或者粘单上记载有关事项并签章。当票据背面因为版面太小不能满足背书人记载事项的需要,可以加附粘单,粘附于票据凭证上。粘单上的第一记载人,应当在汇票和粘单的粘接处签章。

以背书转让的汇票,背书应当连续。即在票据转让中,转让汇票的背书人与受让汇票的被背书人在汇票上的签章依次前后衔接。

背书记载"委托收款"字样的,被背书人有权代背书人行使被委托的汇票权利。质押时应当以背书记载"质押"字样。

3.承兑

承兑是指汇票的付款人承诺负担票据债务的行为,承兑为汇票所独有。汇票的出票人和付款人之间是一种委托关系,出票人签发汇票,并不等于付款人就一定付款,持票人为确定汇票到期时能得到付款,在汇票到期前向付款人进行承兑提示。如果付款人签字承兑,那么他就对汇票的到期付款承担责任。

4.保证

保证是指除票据债务人以外的人为担保票据债务的履行、以负担同一内容的票据债务为目的的一种附属票据行为。票据保证的目的是担保其他票据债务的履行,适用于汇票和本票,不适用于支票。

5.提示付款

对于见票即付的汇票,持票人应当自出票日起一个月内向付款人提示付款;对于定日付款、出票后定期付款或者见票后定期付款的汇票,自到期日起十日内向承兑人提示付款。

付款人必须在当日足额付款。

(二)票据行为的特点

与一般的法律行为相比,票据行为具有以下特点:

1.要式性

要式性是指票据行为是一种严格的书面行为,应当依据票据法的规定,在票据上记载法定事项,票据行为人必须在票据上签章,其票据行为才能产生法律效力。主要体现在三个方面:①签章。未在票据上签章或者签章不合规则的,其票据行为无效。②书面。票据行为的意思表示必须记载在票据上,否则,不能产生票据效力。③款式。票据上应记载的内容、书写格式等,应依法定款式为之。

2.无因性

无因性是指票据行为只要具备法定形式要件,便产生法律效力,即使其基础关系(又称实质关系)因有缺陷而无效,票据行为的效力仍不受影响。票据行为的无因性主要表现在:①票据行为独立产生效力,不因基础关系的无效,瑕疵或者消灭等到而影响票据行为的效力。②票据权利人行使权利,仅应持有和提示票据,证明票据转移的连续性,不负其他举证责任,不须证明取得票据的原因及其有效。如甲签发汇票给乙,签发票据的原因是甲购买了乙的商品。之后,甲发现乙提供的商品有质量问题,但这并不能免除甲对乙的票据责任,至于甲乙间的商品质量纠纷只能另行解决。

3.文义性

票据行为的事实及其意思表示内容是以票据上记载的文字意义而确定的,这种性质为票据行为的文义性。票据记载以外的情事,不得影响或改变票据记载事项的效力。

4.独立性

独立性是指在同一票据上所作的各种票据行为互不影响,各自独立发生其法律效力。主要表现在:①各个票据行为均独立发生,不因某一票据行为而当然发生其他票据行为。②各个票据行为均效力独立,某一票据行为有效或者无效,并不当然使其他票据行为生效或无效。如无行为能力人的出票行为无效,但有行为能力人已在票据上背书、承兑,则背书、承兑有效;被保证的债务无效,保证人的保证行为只要要式具备便有效;票据本身或票据上的签字是被伪造的,真正在票据上的签名而完成的票据行为有效。

5.协同性

同一张票据上的票据行为人应对票据债务承担连带责任,这种性质为票据行为的协同性或连带性。

(三)案例分析

1.案情

银行某营业部业务人员 A 急需一笔资金,便利用职务之便虚开了一张票面金额为 10 000 元的银行本票抵押给收款人 B,取得 B 的 8000 元现金。一个月后,收款人 B 来银行提取现金时,事情败露。该银行决定处理如下:该银行本票无效,所欠 B 的款项由 A 自行负责;将 A 调至其下属储蓄所工作。B 不同意,遂诉至法院。

2.评析

本案的重点在于,(1)这张银行本票是否有效?(2)银行对当事人 A 的处理是否恰当?该如何处罚?具体分析如下:

这张银行本票是有效的,票据是一种无因证券,持票人只要向票据债务人提示票据就可以行使票据权利,而不问票据取得的原因是否无效或有瑕疵。该本票签发记载准确无误,在形式上合法,故应是有效的。

对当事人 A 处罚过轻。根据《票据法》的规定,签发无可靠资金来源的汇票、本票、骗取资金的;汇票、本票的出票人在出票时作虚假记载,骗取财物的,即构成犯罪,应依法承担刑事责任。根据刑法的规定,对构成上述行为,数额较大的,处五年以下有期徒刑或者拘役,并处 2 万元以上 20 万元以下罚金。当事人 A 应受到法律处置,当事人 B 可向 A 或该营业部追索付款。

三、票据业务

(一)票据业务

票据业务是银行一项传统的资产业务,建立在商业信用基础之上,是银行信用和商业信用的结合。商业银行是票据市场的主要参与者,票据业务有五个过程:票据承兑、票据买入、票据保管、票据卖出和票据托收,如表 7.1 所示。

表 7.1 票据业务主要流程

票据业务类型		具体业务过程
三大环节	五个过程	
票据流转	票据承兑	一般归类于信贷业务,通过商业银行的承兑,商业信用转化为银行信用,通常由商业银行的信贷部门负责 　　商业银行根据在本行开户客户提出的承兑申请,对客户的资信情况、交易背景情况、担保情况进行审查,决定是否承兑的过程
	票据买入	作为重要的资金融通行为存在,商业银行根据持票人的申请,通过对票据承兑人、票据本身、跟单资料及申请人资格的审查,决定是否买进并实施的过程,可以分为三种形式。 　　(1)贴现买入:银行承兑汇票的持票人在汇票到期前,为取得资金,贴服一定的利息将票据权利转让给银行的行为,是银行的融通资金的一种方式。 　　(2)转贴现买入:原贴现人将已贴现而未到期的票据转让给银行,按照汇票金额扣除一定利息后取得票据的自己融通行为。 　　(3)买入返售(逆回购):银行在购买交易对手所持有的尚未到期已贴现或者已转贴现的汇票的同时,约定在未来某一日期由交易对手购回原汇票的业务行为
	票据保管	银行对所买入未到期票据在持有期间的妥善管理过程
	票据卖出	同属资金融通行为,银行根据自身经营需要及市场价格等情况决定是否卖出并实施的过程,也可分为三种形式。 　　(1)转贴现卖出:银行将已贴现而未到期的票据转让给其他银行、贴现公司或其他院已垫付资金的人,按照汇票金额扣除一定利息后的自己的融通行为。 　　(2)卖出回购:银行在卖出尚未到期的已贴现或已转贴现汇票的同时,约定在未来某日购回原汇票的业务行为。 　　(3)再贴现:银行将已贴现为到期的票据再向央行贴现。对商业银行而言,再贴现是卖出票据,获得资金
票据托收		票据市场的附属业务,属于结算业务,由银行的会计结算部门负责。指银行要求承兑人按期承付票款并回收票款的过程

资料来源:《区块链新时代:赋能金融场景》131 页

(二)案例分析

1.案情

　　A 伪造一张 100 万元的银行承兑汇票,该汇票以 B 公司为收款人,以乙银行为付款人,汇票的"交易合同号码"栏未填。A 将这张伪造的银行承兑汇票向 B 换取了 78 万元资金,B 持这张伪造的汇票到甲银行申请贴现,甲银行未审查出汇票的真假,予以贴现 95 万元,B 公司由此获得收入 17 万元。甲银行通过联行往来向乙银行提示付款。乙银行从未办理过银行承兑业务,在收到汇票后,立即向公安局报案并将汇票退给甲银行,拒绝承兑。

2.评析

　　(1)这张汇票是非法的、无效的。我国票据法第十四条规定:"票据上的记载事项应当真实,不得伪造、变造。伪造、变造票据上的签章和其他记载事项的,应当承担法律责任。"在本案中,A 伪造汇票的收款人、付款人,违反了国家法律的规定,因此,该汇票是非法的、无效的,乙银行有权拒绝承兑。A 的行为是犯罪行为,应当依法追究刑事责任。

(2)甲银行可向 B 公司行使追索权。我国票据法第六十一条规定:汇票被拒绝承兑的,持票人可以对背书人、出票人以及汇票的其他债务人行使追索权。另外,该法第三十七条还规定:"背书人以背书转让汇票后,即承担保证其后手所持汇票承兑和付款的责任。背书人在汇票得不到承兑或者付款时,应当向持票人清偿该法第七十条、第七十一条规定的金额和费用",这些金额和费用包括:①被拒绝付款的汇票金额;②汇票金额自到期日或者提示付款日起至清偿日止,按照中国人民银行规定的利率计算的利息;③取得有关拒绝证明和发生通知书的费用。在本案中,B 公司持汇票到甲银行申请贴现的行为是一种将汇票背书转让给甲银行的行为,甲银行是被背书人,B 公司是背书人。由于汇票是非法的、无效的,乙银行拒绝承兑。因此,甲银行作为持票人有权向背书人 B 公司行使追索权。

(3)B 公司的损失应由其向伪造票据者 A 追索,乙银行不承担任何责任。我国票据法第十条第一款规定:"票据的签发、取得和转让,应当遵循诚实守信的原则,具有真实的交易关系和债权债务关系。"在本案中,B 公司明知该汇票无真实的交易关系和债权债务关系,不经审查收受伪造的商业汇票,进行非法融资交易,获得非法收益,它接受伪造汇票而造成的经济损失,应由其向诈骗者 A 追索,乙银行不承担任何责任。

第二节 票据业务的主要痛点

票据业务能够高效地为企业,尤其是中小企业提供基于真实商业行为的短期融资,兼具融资和结算功能,流动性高且收益稳定,也是国内金融机构实现利润增长的主要业务和大力推广的业务。票据业务在创造大量流动性的同时,也滋生了一些违规操作或客户欺诈行为。从 2015 年中,国内开始爆发票据业务的信用风暴,牵扯票据的各类案件频发(见表 7.2),对金融机构控制风险、合规经营提出较大的挑战。

表 7.2 2016—2017 年部分票据大案

时间	涉案单位	涉案金额(亿元)
2016 年 1 月 22 日	中国农业银行北京市分行	39.15
2016 年 1 月 28 日	中信银行兰州分行	9.69
2016 年 4 月 8 日	天津银行上海分行	7.86
2016 年 7 月 7 日	宁波银行	32
2016 年 8 月 12 日	中国工商银行、恒丰银行和焦作中旅银行	13
2016 年 12 月末	邮储银行甘肃武威文昌路支行	79
2017 年 1 月 22 日	华夏银行、中国光大银行、中国银行	47.65
2017 年 7 月 29 日	中国民生银行、浦发银行、中信银行、泰安交通银行	99

资料来源:《区块链新时代:赋能金融场景》135 页

一、票据的真实性问题

(一)假票、克隆票、变造票等伪造纸质票据给银行带来操作风险

票据的要式性和无因性特征决定了票据行为只要具备法定形式要件,便产生法律效力。当市场出现一些造假票、克隆票、变造票时,如果银行员工在办理承兑汇票贴现业务时,操作不慎或审查不严,极有可能误将有瑕疵的汇票或票面要素不全、伪造、变造的票据办理了贴现,这将给银行带来极大损失和风险,也为造假人提供可乘之机。主要表现在:

(1)银行柜台人员业务种类多、工作量大,容易在审核票据时出现松懈现象;

(2)社会上或银行内部的一些不法人员利用伪造、变造票据、"克隆"票据、票据"调包",有意识地诈骗银行资金。犯罪分子若是精心伪造变造,银行柜台人员靠肉眼很难鉴别出真伪;

(3)银行一些业务人员为了拉住客户,有章不循,违规开立账户,降低票据结算收费标准,通融、简化票据审验流程。

(二)基于纸质票据的保管风险

纸质票据的保管是票据业务流程的一个重要环节,伴随着票据业务的整个过程,如空白票据的保管、银行承兑汇票卡片保管、贴现票据的保管、转让票据的保管、票据交接等等。票据保管环节也是容易被犯罪分子钻空子的环节。在涉案金额39亿元的农业银行票据案件中,票据在库房保管过程中被报纸调包转出,后被票据中介卖给另一家银行进行了票据回购贴现业务。由此可见,基于纸质票据的保管风险不容小觑。

二、票据的信用风险问题

票据业务源于企业的真实贸易背景,信用风险应该小于通常的企业贷款,然而在票据案件中,商业汇票到期承兑人不及时兑付的现象并不少见,票据的信用风险问题也很大。主要表现在:

(1)银行承兑无真实贸易背景的商业汇票。有些企业资金周转困难,为套取银行资金,编造虚假贸易合同、增值税发票,在此基础上签发商业汇票。银行为此类商业汇票办理了承兑和贴现,将面临到期无法偿付的信用风险。

(2)部分承兑银行放松审查,放宽条件。一些银行为争业绩、拉客户、规避信贷规模限制等原因大量开展超过银行自身头寸承受能力的银票业务。出现上述情况,银行往往会放松审查的条件、简化审查的流程。当银行承兑汇票到期后,因承兑银行资金头寸紧张,就会出现银行承兑汇票延迟承兑,或承兑行不守信用,有意压票,不及时划款,或承兑到期无款垫付等现象,使贴现银行面临资金损失。

三、票据的违规交易问题

票据的违规交易使得票据行业出现混乱的局面,难以有效管控和进行风险防范,票据市场演变成融资套利和规避监管的"温床"。票据市场中存在的主要违规行为有一票多卖、清单交易、过桥销规模、带行带票、出租账户等,有些银行甚至故意配合客户通过票据业务进行套利、

套信、套资金等违规行为。

2016 年 12 月末，邮储银行甘肃省分行在对武威文昌路支行核查时发现，吉林蛟河农商行购买该支行理财的资金被挪用，由此暴露出该支行原行长以邮储银行武威市分行名义，违法违规套取票据资金的案件，涉案票据票面金额 79 亿元，非法套取挪用理财资金 30 亿元。这是一起银行内部员工与外部不法分子内外勾结、私刻公章、伪造证照合同、违法违规办理同业理财和票据贴现业务、非法套取和挪用资金的重大案件，牵涉机构众多，情节十分恶劣，严重破坏了市场秩序。该案爆发暴露出涉案银行的诸多违规问题：

(1)银行内部管理没有严格按照规章制度执行，岗位制约机制失衡，印章、合同、账户、营业场所等管理混乱，大额异常交易监测失效，为不法分子提供了可乘之机。

(2)涉案的银行一些员工违规参与票据中介或资金掮客的交易，个别人甚至突破法律底线，与不法分子串通作案，谋取私利。

(3)涉案银行违规接受第三方金融机构信用担保，违规通过签订显性或隐性回购条款、“倒打款”甚至“不见票”“不背书”开展票据交易。

四、票据业务实训

(一)实训一：商票贴现模拟

1.签订购销合同

(1)打开【签订购销合同】任务的【实境演练】界面。

(2)依据界面上方的文字提示，填写“购销合同”，如图 7.2 所示。

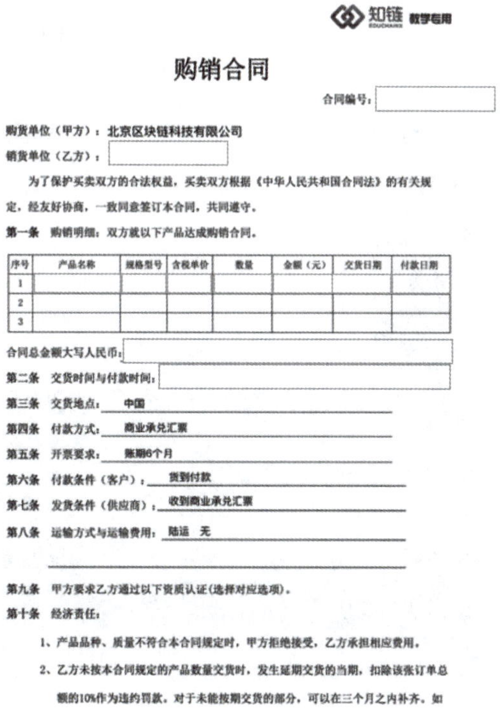

知链 EDUCHAINS 教学专用

购销合同

合同编号：

购货单位（甲方）：北京区块链科技有限公司

销货单位（乙方）：

为了保护买卖双方的合法权益，买卖双方根据《中华人民共和国合同法》的有关规定，经友好协商，一致同意签订本合同，共同遵守。

第一条 购销明细：双方就以下产品达成购销合同。

序号	产品名称	规格型号	含税单价	数量	金额（元）	交货日期	付款日期
1							
2							
3							

合同总金额大写人民币：

第二条 交货时间与付款时间：

第三条 交货地点：中国

第四条 付款方式：商业承兑汇票

第五条 开票要求：账期6个月

第六条 付款条件（客户）：货到付款

第七条 发货条件（供应商）：收到商业承兑汇票

第八条 运输方式与运输费用：陆运 无

第九条 甲方要求乙方通过以下资质认证(选择对应选项)。

第十条 经济责任：

1、产品品种、质量不符合本合同规定时，甲方拒绝接受，乙方承担相应费用。

2、乙方未按本合同规定的产品数量交货时，发生延期交货的当期，扣除该张订单总额的10%作为违约罚款。对于未能按期交货的部分，可以在三个月之内补齐。如

图 7.2 填写购销合同

(3)填写完成后,单击下方【确定】按钮,系统提示申请成功,即表示本任务已完成。

2.生产加工

(1)打开【生产加工】任务的【实境演练】界面。

(2)单击【生产】按钮,完成对购销合同中签订的产品数量的生产,系统提示生产成功,即表示本任务已完成,如图 7.3 所示。

图 7.3　生产加工

3.发货

(1)打开【发货】任务的【实境演练】界面。

(2)单击【发货】按钮,系统弹出发货成功界面,点击【确定】按钮,则完成本任务,如图 7.4 所示。

图 7.4　发货

4.接收汇票

(1)打开【接收汇票】任务的【实境演练】界面。

(2)单击【接收汇票】按钮,系统显示商业承兑汇票,则表示汇票接收成功,如图7.5所示。

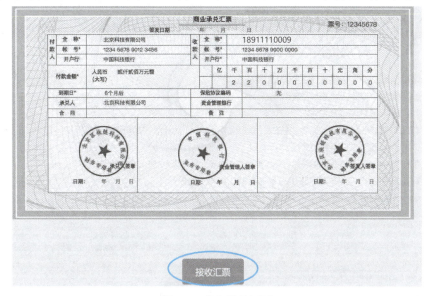

图 7.5　商业承兑汇票

(3)填写完成后,单击下方【确定】按钮,系统提示申请成功,即表示本任务已完成。

5.签订采购合同

(1)打开【签订采购合同】任务的【实境演练】界面。

(2)根据文字提示,填写"购销合同",填写完成后点击【继续】按钮,如图7.6所示。

图 7.6　购销合同

(3)点击继续后,系统提示"由于上一笔合同支付的商票还未到承兑日期,目前公司流动现金不足,无法进行采购和生产,请选择继续签订或拒绝",点击【继续】按钮,系统弹出商票贴现界面,如图7.7所示。

目前你手上只有一张票面价值为2200W三个月后到期的商业承兑汇票,你需要去银行进行商票贴现。下面是你所需提交的贴现资料清单,阅读后请输入你的商票的票号,完成贴现。

1. 客户贴现申请。
2. 申请企业营业执照及法人代表身份证的复印件。
3. 拟贴现的未到期的票据原件及复印件。
4. 与票据相符的商品交易合同。
5. 有关履行该票据项下商品交易合同的发票、货物发运单据、运输单、提单等凭证的复印件。
6. 近两年及最近一期的各类财务报表。
7. 银行认为必须担保的保证单位的保证承诺及营业执照、法人代表身份证的复印件。
8. 有处分权人的抵(质)押承诺及抵(质)押物清单和所有权、产权证明。
9. 银行认为需要的其他资料。

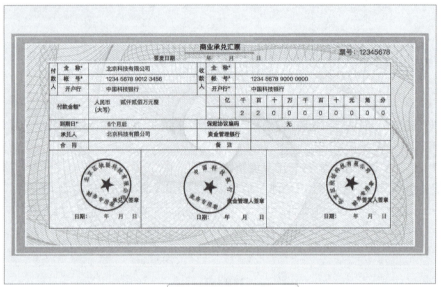

图 7.7　商票贴现

(4)填写"贴现票号"后点击【提交】按钮,系统给出本案例实训的结果,商票贴现模拟案例实训结束。

(二)实训二:商票质押模拟

1.承兑汇票

(1)打开【承兑汇票】任务的【实境演练】界面。

(2)查看商业承兑汇票,点击【接收】按钮,如图7.8所示。

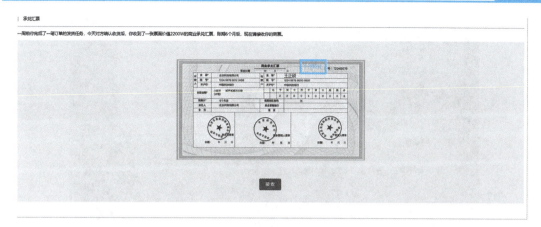

图 7.8 商业承兑汇票

图 7.3 中,商票中的"不得转让",需要实训者自己判断是否进行消除或者保留。

2.签订购销合同

(1)打开【签订购销合同】任务的【实境演练】界面。

(2)根据文字提示,填写"购销合同",填写完成后点击【继续】按钮,如图 7.9 所示。

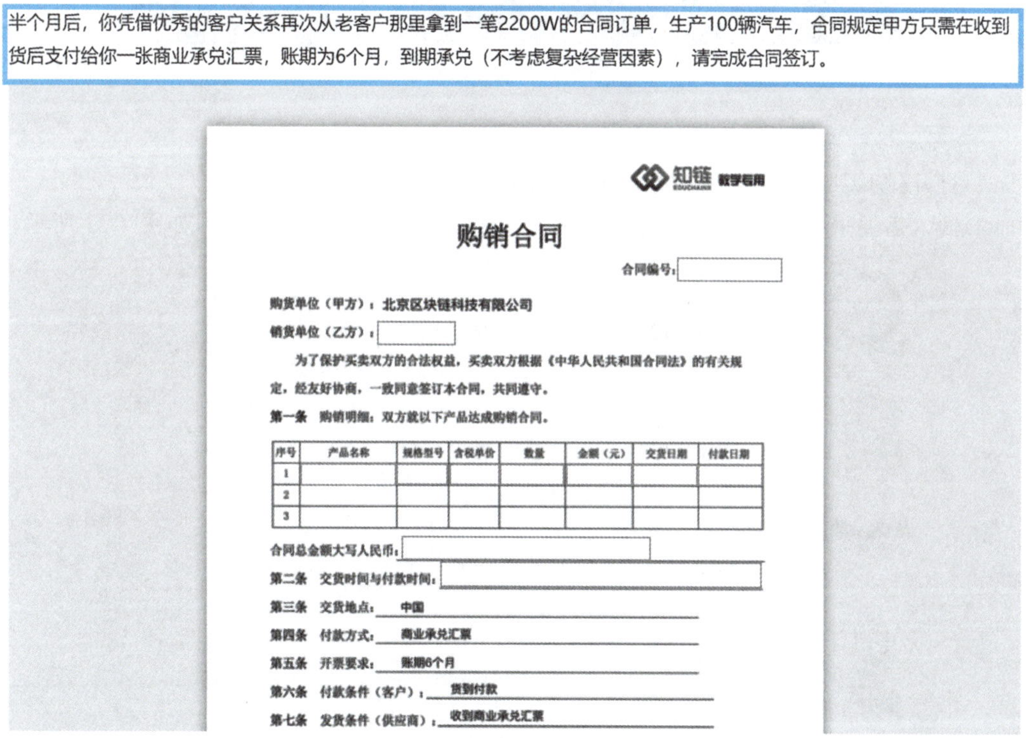

半个月后,你凭借优秀的客户关系再次从老客户那里拿到一笔2200W的合同订单,生产100辆汽车,合同规定甲方只需在收到货后支付给你一张商业承兑汇票,账期为6个月,到期承兑(不考虑复杂经营因素),请完成合同签订。

图 7.9 购销合同

3.办理商票质押拆分

(1)打开【办理商票质押拆分】任务的【实境演练】界面。

(2)查看商业承兑汇票,点击【质押】按钮,系统显示质押成功提示,点击【确定】按钮,则本任务完成,如图 7.10 所示。

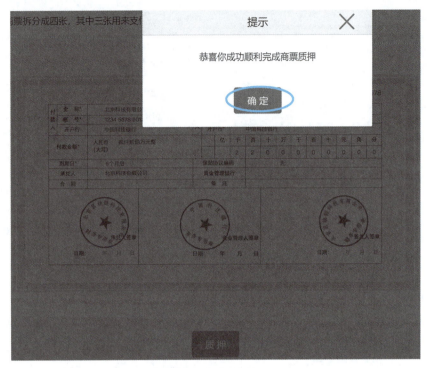

图 7.10　商票质押

4.购买原材料

(1)打开【购买原材料】任务的【实境演练】界面。

(2)输入需要采购的原材料数量,点击【采购】按钮,系统提示采购成功,如图 7.11 所示。

图 7.11　购买原材料

5.生产加工

(1)打开【生产加工】任务的【实境演练】界面。

(2)单击【生产】按钮,完成对购销合同中签订的产品数量的生产,系统提示生产成功,即表示本任务已完成,如图 7.12 所示。

图 7.12　生产加工

6.发货

(1)打开【发货】任务的【实境演练】界面。

(2)单击【发货】按钮,系统弹出发货成功和奖励界面,点击【确定】按钮,则完成本任务,如图 7.13 所示。

图 7.13　发货

该界面中,依据【承兑汇票】任务中的实训者对"不得转让"的选择,此处给出的奖励不同。

7.行业痛点总结

(1)打开【行业痛点总结】任务的【实境演练】界面。

(2)实训者根据对本案例的实训过程进行痛点分析并总结,将总结的内容填写在输入框中,点击【提交】按钮即可,如图 7.14 所示。

| 行业痛点

通过上面的实景演练,请你结合学习资源中的PPT,进行行业痛点总结,字数要求50字以内。

请输入内容

图 7.14 痛点总结

8.解决方案

实训者结合自己对实训过程的痛点总结与区块链相关知识,形成对痛点的解决方案,制作PPT,在本任务中点击【上传】按钮进行成果上传,如图 7.15 所示。

图 7.15 成果上传

一、纸质票据、电子票据和区块链票据

本章前面我们提到的传统票据都是指纸质票据。

电子票据是指以电子信息形式呈现票据信息,其制作、使用等过程均通过网络进行,票据行为均采用电子化方式进行的票据。电子票据是互联网技术应用于降低票据业务风险的有效手段。2016年12月份成立的上海票据交易所,对于促进票据业务发展,降低交易风险起到了重要推动作用。

区块链票据，并不是新产生的一种实物票据，也不是单纯的虚拟信息流，它是用区块链技术，结合现有的票据属性、法规和市场，开发出的一种全新的票据展现形式，与现有的电子票据相比在技术架构上不同。它既具备电子票据的所有功能和优点，又融合了区块链技术的优势，成为一种更安全、更智能、更便捷、更具前景的票据形态。表 7.3 列举了区块链票据和传统票据的主要区别。

表 7.3　区块链票据和传统票据的主要区别

区块链票据	传统票据
不需要票据交易中心	票据交易要在票据交易中心完成
不可篡改、全网公开、可防止信用风险及伪造、变造纸质票据的风险	存在不承兑、拖欠货款情况 可以伪造、变造票据
更加安全存储数据、无须借用额外中心服务器	传统中心化系统，易遭黑客攻击； 成本、维修费用高
可以优化人工和监管环节 监管更加公正和准确	人工操作、监管失误的可能性大

二、区块链票据的优势

1. 有效保证票据的真实性

区块链技术通过数据电文、智能合约、哈希等技术保证票面本身记载事项的正确性、完整性和不可更改；通过分布式记账、非对称加密、时间戳等技术保证票据流转过程中的公开透明和全网一致性等特点。区块链非对称加密技术能够保证票据流转过程中公开透明和隐私保护，有效防范票据流转过程中变造、伪造签章、粘单等票据诈骗行为。

比如票据的背书行为，背书人、被背书人、持票人等各个票据相关人都会拥有一套公钥和私钥。当背书人转让背书时，背书人会用背书人的私钥加密相关转让票据的信息同时加上被背书人的公钥，并在链上全网广播，被背书人用自己的私钥对背书进行解密接收，同时用公开可见的背书人的公钥，验证转让背书是由该背书人发起的。

2. 实现票据价值传递的去中介化

票据业务的很多案件都与票据中介有关。票据是一种有价凭证，其在传递中一直需要隐藏的"第三方"来确保交易双方的安全可靠。比如在电子票据交易中，交易双方是通过中国人民银行 ECDS 系统的信息交互和认证；纸质票据交易中，交易双方信任的第三方是票据实物的真伪性。但借助区块链，既不需要第三方对交易双方价值传递的信息做监督和验证，也不需要特定的实物作为连接双方取得信任的证明，实现了价值在点对点之间的"无形"传递。另一个方面，在实际的票据交易中，经常会有票据中介这一角色利用信息差撮合。借助区块链实现点对点交易后，票据中介的现有职能将被消除，并以参与者的身份重新定位。

3. 提升运作效率

由于区块链不需要中心化的服务器，这将极大优化现有的系统开发模式，一旦需要系统优化或者变更，不需要通过需求－代码－测试－投产－验证等多个环节的时间跨度，对于现在依赖系统来办理业务的票据体系来说是重大优势。

区块链可以极大程度地改变现行的组织结构、管理体系和行政干预，让经营决策更加简单、直接和有效，提高整个票据市场的运作效率。

4.改变现有的电子商业汇票系统结构

现有的电子商业汇票系统是典型的中心化模式，其由央行牵头开发完成中心化的登记和数据交换系统，其他银行或者企业通过直连或网银代理的方式接入，这使得所有的票据承兑、交易、托收等环节都需要通过ECDS系统做数据通道，其不仅是集中式数据存储平台，更是第三方的认证和资源交互平台。在采用区块链去中心化的分布式结构后，改变了现有的系统存储和传输结构，建立起更加安全的"多中心"模式，可以通过时间戳完整反映票据从产生到消亡的过程，其可追溯历史的特性，使这种模式具有全新的连续"背书"机制，真实反映了票据权利的转移过程。

5.有效防范票据市场风险

(1)纸票中"一票多卖"、电票中打款背书不同步的现象时有发生，但区块链由于具有不可篡改的时间戳和全网公开的特性，无论纸票还是电票，一旦交易，将不会存在赖账现象。

(2)电票系统由于是中心化运行，一旦中心服务器出现问题，则对整个市场会产生灾难性的后果。企业网银的接入也把风险更多地转嫁到银行自身的网络安全问题上，整个风险的链条会越拉越长，而借助区块链中的分布式高容错性和非对称加密算法，使得人为操作产生的风险几乎为零。

6.规范市场秩序，降低监管成本

当前票据市场监管只能通过现场审核的方式进行，对业务模式和流转也缺乏全流程的快速审查、调阅手段。借助区块链中智能合约的使用，一方面，在票据流转的同时通过编辑一段程序可以控制价值的限定和流转方向，有助于形成市场统一的规则，建立更好的秩序，进一步发挥票据为实体经济服务的作用。另一方面，区块链数据前后相连构成的不可篡改时间戳，使得监管的调阅成本大大降低，完全透明的数据管理体系提供了可信任的追溯途径。同时，对于监管规则也可以在链条中通过编程来建立共用约束代码，实现监管政策全覆盖和硬控制。

三、案例应用

案例：中国首个票据区块链落地场景——海票惠

"海票惠"是海航集团开发的国内首个票据行业区块链应用产品，它利用区块链技术，以区块链数字化工具及智能合约为交易特色，具有去信任、不间断、可追溯、高频次、非对称加密保障等特点。该产品提供票据融资、票据投资、债权转让等服务，所有票据的录入、挂牌、承兑等信息都写入区块链中，不可篡改、可追溯，大大提高票据流转的高效性，提高资金的安全性。

票据业务的主要流程包括承兑、流转和托收三个环节五个过程，区块链将赋能这三个环节，重构票据业务处理流程、提升票据管理和风险防范水平。

1.票据承兑

传统的银行承兑汇票，由承兑银行在企业签发的银行承兑汇票的承兑处签章即完成承兑的过程。区块链技术赋能的银行承兑行为发生时，是系统将出票人的授信、出票人的票面信息（开户行、出票日期、大小写金额、汇票到期日、承兑形式等）在区块链上生成区块，该区块生成后将盖上时间戳,不可篡改;同时,出票企业和承兑银行双方加密签名。

在整个承兑过程中系统通过智能合约代码明确承兑到期时间及条件,到期时将由系统自动完成承兑付款的过程。由于融资方(出票企业)与资金方(承兑银行)的交易在区块链上完成,区块上的票据信息、参与方信息和交易信息不可篡改,智能合约又实现了票据自动清算,规避了假票风险,也一定程度上解决票据交易的信用缺失问题。

2.票据流转

票据流转环节包括票据买入、票据保管、票据卖出三个过程,主要票据行为有贴现、转贴现、买入返售、再贴现等。通过不同算法的智能合约在票据流转环节实现自动执行、自动结算、自动统计的功能;通过不对称加密技术实现用户身份确定,分布式校验,无法作假、伪造。比如做买入返售业务时智能合约约定返售日期、第三方记录信息,到期时通过卖出方的公钥和买入方的私钥进行匹配,匹配成功即可完成流转。区块链技术的票据流转可实现跨区域、跨市场交易,大幅降低人工运营成本,间接提高票据交易的流动性。

3.票据托收

票据信息包括金额、收款人账号及日期在出票承兑时已经明确打包成块,在区块链的区块中,可查询、不可篡改;智能合约已经通过计算机代码将到期日付款的过程写在链上,区块链上进行托收支付时各个相关方节点可以共同查询区块链数据,共同验证这笔支付交易是否有效,智能合约自动完成托收付款过程。票据托收环节的区块链赋能不仅可以避免逾期,还能控制、监督资金流向。

1. 银行承兑汇票签发的最长期限为( )。(单选)
A. 30 天　　　　B. 3 个月　　　　C. 6 个月　　　　D. 1 年
2. 支票的提示付款期限为( )?(单选)
A. 5 天　　　　B. 2 个月　　　　C. 1 个月　　　　D. 10 天
3. 经承兑的银行承兑汇票,到期无条件支付票款的人是( )(单选)。
A. 承兑申请人　　B. 出票人　　　　C. 承兑银行　　　D. 企业
4. 支票中不可更改的项目有收款人、日期和( )。(单选)
A. 限额　　　　　B. 金额　　　　　C. 付款银行　　　D. 用途
5. ( )是出票银行签发的,由其在见票时按照实际结算金额无条件支付给收款人或持票人的票据。(单选)
A. 银行汇票　　　B. 商业汇票　　　C. 托收承付　　　D. 支票
6. 区块链票据和传统票据的主要区别是( )。(单选)
A. 前者需要票据交换中心,后者也需要
B. 前者不需要票据交换中心,后者也不需要
C. 前者不需要票据交换中心,后者需要
D. 前者需要票据交换中心,后者不需要正确
7. 票据流转包括票据买入、( )、票据卖出。(单选)

A. 票据托收　　　　B. 票据承兑　　　　C. 票据保管　　　　D. 票据质押

8. 下列财产可以抵押的是（　　）。（单选）

A. 依法被查封、扣押、监管的财产

B. 抵押人依法有权处分的国有土地使用权、房屋和其他地上定着物

C. 学校、幼儿园、医院等以公益为目的的事业单位、社会团体的教育设施、医疗卫生设施

D. B 项和 C 项都可以抵押

9. 支票有以下哪种特点：（　　）。（单选）

A. 有金额起点也有最高限额

B. 没有金额起点但有最高限额

C. 没有金额起点也没有最高限额

D. 有金额起点但没有最高限额

10. 区块链票据是一种全新的票据展现形式，即有虚拟信息流也有实物展现，这个说法对吗？（单选）

A. 错误　　　　B. 正确

第八章

供应链金融

1. 探索和掌握区块链在供应链金融中的应用方法与成果。
2. 了解传统供应链金融存在的行业痛点。
3. 给定区块链金融应用场景,能够理解其背后的技术原理。
4. 根据区块链供应链金融应用案例,能够推测其未来发展趋势与重点。

供应链金融　中小企业　融资　核心企业　一级供应商　联盟链　商业承兑汇票　贴现

本章主要介绍了供应链金融的基本概念、供应链金融的困境以及区块链金融的解决方案,以典型应用案例为代表,通过配套的实训操作掌握区块链供应链金融业务背后的技术原理与应用价值。建议读者在开始学习案例实训操作之前,优先完成对本章知识点的学习,然后按照本章节中提供的实训操作步骤进行体验,使读者更好地感受到区块链技术在供应链金融中的应用。

本章思维导图

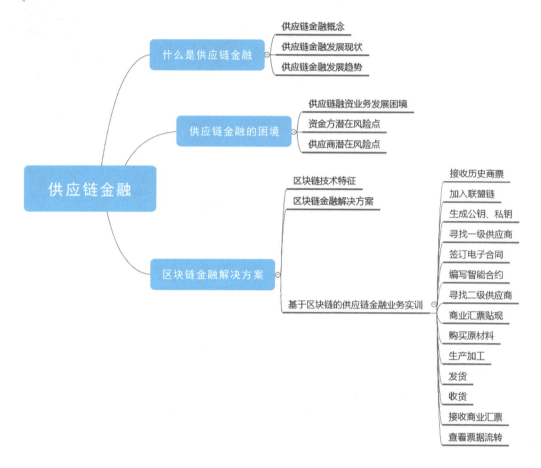

第一节 什么是供应链金融

一、供应链金融概念

供应链金融（Supply Chain Finance,SCF）是金融机构将核心企业和上下游企业联系在一起，灵活提供金融产品和服务的一种融资模式，集理财、交易、清算和信用等诸多金融属性于一体，业务场景复杂、当事人众多、市场规模大，在服务实体经济发展中具有重大作用。

供应链金融的核心是围绕核心企业，充分发挥核心企业与上下游企业各自的相对优势，使上下游中小企业的资金流和物流更易于管理，通过多维度获取信息，可把单个企业的不可控风险转化为供应链企业整体的可控风险,最大限度地控制风险,实现总体效用最大化。因此,在供应链金融中,多主体协同合作的基础是信任与利益分配机制。但是,目前信用不足却阻碍了供应链金融的进一步发展。

二、供应链金融发展状况

(一)供应链金融相关政策

我国供应链金融从1998年就已起步,最近几年相关鼓励政策陆续出台,政府部门对供应链金融越来越重视。从起初只在文件中表示鼓励"应收账款融资、票据贴现、仓单质押、信用证项下融资"等业务的发展,逐渐将"积极稳妥发展供应链金融"作为六大任务之一,标志着我国政府已将供应链金融的发展上升到了前所未有的高度。

2017年,《小微企业应收账款融资专项行动工作方案(2017—2019年)》指出,应收账款是小微企业重要的流动资产,发展应收账款融资,对于有效盘活企业存量资产,提高小微企业融资效率具有重要意义。2017年10月,国务院办公厅发布《关于积极推进供应链创新与应用的指导意见》,鼓励商业银行、供应链核心企业等建立供应链金融服务平台,为供应链上下游中小微企业提供高效便捷的融资渠道。2018年,商务部等八部门发布《关于开展供应链创新与应用试点的通知》《关于全国供应链创新与应用试点城市和企业评审结果的公示》。2019年和2020年的政策,如下:

- 2019年1月,《关于促进深圳市供应链金融发展的意见》,深圳率先出台了国内首个专门促进供应链金融发展的地方性文件,覆盖了供应链金融的各类主体、全链条、全周期。
- 2019年2月,中共中央办公厅、国务院办公厅《关于加强金融服务民营企业的若干意见》指出:商业银行要依托产业链核心企业信用、真实交易背景和物流、信息流、资金流闭环,为上下游企业提供无需抵押担保的订单融资、应收应付账款融资。
- 2019年7月,银保监会《中国银保监会办公厅关于推动供应链金融服务实体经济的指导意见》要求,银行保险机构应依托供应链核心企业,基于核心企业与上下游链条企业之间的真实交易,整合物流、信息流、资金流等各类信息,为供应链上下游链条企业提供融资、结算、现金管理等一揽子综合金融服务。特别提到:"鼓励银行保险机构将物联网、区块链等新技术嵌入交易环节……提升智能风控水平"。
- 2019年12月,银保监会联合商务部、外汇局印发了《关于完善外贸金融服务的指导意见》,鼓励银行在有效把控供应链信息流、物流、资金流和完善交易结构的基础上,围绕核心企业开展面向上下游的境内外供应链金融服务。

在一系列政策扶持之下,政策鼓励越来越多的市场主体参与到供应链金融市场的竞争之中,供应链金融实现了较快发展。银行、电商平台、P2P网贷平台、软件服务商、第三方供应链金融服务平台等,都是目前供应链金融市场的参与主体。

(二)供应链金融发展现状

供应链金融并不是一个新生事物。一开始供应链上的金融服务主要涉及支付、托收等结算功能业务。由于供应链中存在着占主导地位的核心企业,基于自己的需求它们往往拉长上游付款账期,缩短下游收款账期,于是,逐渐演变出了票据、保理、信用证等既有结算又有融资功能的业务。

由于供应链上交易双方都是个体，相互之间很难产生信任关系，从而导致了巨大的"信用成本"。因为这种不信任，很难做到实时交易交割，举例如下：

一家核心企业和供应商签订合作关系，必须有1~6个月的账期，供应商为了获取生产资金，不得不去银行贷款，并为此支付利息，从而增加了生产成本。同时，很多行业亦很难从银行获得贷款，以矿石物流行业为例，矿石物流商的抵押物是矿石，基于这一行业特征，银行很难准确评估抵押物的价值，基于风险因素银行会特别审慎甚至不愿意发放贷款。

对于中小企业，其从银行获取贷款的可能性就更低了，中小企业要满足抵押物或信用背书等诸多硬性要求才有可能获取资金。在我国，小微企业的市场主体个数占全国的90%以上，他们贡献了全国80%以上的就业，70%左右的发明专利，60%以上的GDP和50%以上的税收，但是中小企业融资难、融资贵的问题依旧严峻。

在此背景下，供应链金融试图用一种新的方式来解决资金流动问题。供应链金融中抵押物就是应收账款或票据等交易凭证，在产业链中，常常会存在多个资金不流通的阻塞点。比如，一家核心企业和供应商签了500万的采购合同，合同规定6个月后才全额支付款项，也就是6个月的账期。

如果供应商流动性暂时短缺，需要资金周转怎么办？

可以将这6个月的应收账款当成抵押物，去金融机构借钱。当然，供应商提前拿到钱，需要支付一定利息，500万可能只能拿到450万，剩下50万为利息。6个月后，核心企业不再向供应商付款，而将500万货款支付给金融机构，金融机构就此获利50万。这就是供应链金融的核心逻辑——试图打通传统产业链中不通畅的阻塞点，让链条上的所有资金流动起来。

第二节 供应链金融的困境

在供应链金融里，上游及下游企业的做法有本质区别。上游融资业务中，通常是以核心企业的应收账款作为还款来源；而下游融资业务中，则以销售收入作为还款来源。本章主要涉及上游供应链融资业务。

在上游融资业务中，核心还款来源是应收账款，所以应收账款质量的好坏直接影响该笔融资业务的风险大小。实质上，由于应收账款是将企业产品转化为现金的时间跨度拉长、资金周转放慢及经营成本加大，随着时间跨度的拉长，应收账款不能按期收回的风险也在加大。

一、对于资金方的潜在风险点

（1）应收账款的真实性。在处理业务时，如果核心企业不配合开展尽职调查，那么购销合同、销售订单、增值税发票、发货单等相关票据，只能由融资企业提供，若相关证据均来自融资企业，完全有可能是其伪造的，在这种情况下的融资，很大可能会产生坏账。

（2）应收账款回收缺口。应收账款是基于贸易背景产生的债权债务关系，因此买卖合同中的条款会对应收账款产生重大影响。例如，在买卖双方串通的情况下，买方将卖方提供的次品卖回给卖方，双方之间的债权债务关系是可以抵消的，并且完全合法，但是资金方的应收账款将会出现缺口。

（3）应收账款回收超时。由于核心企业拥有绝对话语权，并且与供应商建立长期合作关系，会出现买方不按照合同规定日期付款的情况，这种情况并不一定出于恶意，可能是内部审批流程时间长所致，一旦出现这种情况，资金方将此情况判定为预期风险。

（4）供应链金融企业的发展受制于整个供应链行业对外的低透明度。供应链包括原材料、成品制造、商品流通等生产和分配的所有环节，目前供应链覆盖数百个阶段，跨越数十个地理区域，所以很难对事件进行追踪或调查。由于供应链普遍缺乏透明度，买方缺少可靠的方法去验证和确认产品、服务的真正价值，这就意味着我们支付的价格可能无法准确反映产品的真实价值。

（5）高居不下的交易成本。以应收账款为例，传统供应链金融涉及应付账款方、征信机构、保理机构等，由于必须由信任机构完成相应的认证和账务处理，通常要耗费数周时间才能到账，手续费用高昂。

二、对于供应商的潜在风险点

（1）信用无法传递，融资难。在传统供应链金融中，最重要的是依托核心企业的信用，但是在多级供应商模式中，一级之后的供应商无法依托核心企业的信用，也就是信用无法传递给需要金融服务的中小企业，造成融资难、融资贵。这主要有以下原因：第一，由于当前各企业使用的 ERP 系统并不统一，供应链上除核心企业和一二级供应商外，大多数中小企业的信息化程度较低，没有可供分析或可及时传输的数据，导致金融机构难以核实企业交易信息的真伪，从而授信难度较大；第二，在多级供应商模式中，核心企业的信用难以延伸到二级及其之后，造成远离核心企业的中小企业的信用评级难以从核心企业处得到支撑。如图 8.1 所示。

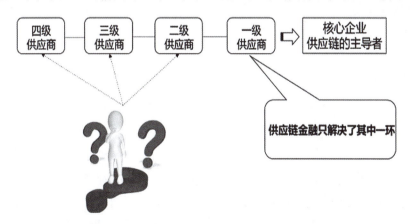

图 8.1 传统供应链金融下多级供应商融资难问题

（2）应收无法变现，贴现难。供应链中核心企业拥有绝对话语权，与供应商签订合同时，通常需要供应商垫资生产，同时在收到货后支付方式是长达 6 个月账期的商业承兑汇票。供应商想要进行贴现，必须拥有银行的授信额度，这对于大部分中小企业来说非常困难，而且即便到了承兑时间，也没有强有力的回款保障。

（3）商票不能拆分，流转难。核心企业支付方式大多数是商票，由于商票不可拆分，只能完整地背书转让,如图 8.2 所示。供应商拿到商票后,无法分拆背书转让给其他供应商来支付材料和生产费用,核心企业的信用无法传递给整条产业链上的企业,如图 8.3 所示。

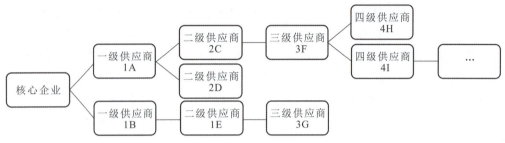

图 8.2　传统供应链金融下商票不能拆分流转难问题

传统供应链金融融资难题

上下游企业

社会信誉低难以达到融资要求
融资成本高,需要自己联系资金
线下提交融资材料,效率低

核心企业(债务人)

资金流有限,信誉难以变现
账期长,导致上下游供应不稳定
线下帮助链属企业增信手续繁琐

资金方

客户资源有限,需要自己做背景调研
守株待兔式等待融方上门,效率低
线下签约,存证,周期长成本高

图 8.3　传统供应链金融下业务痛点

第三节　区块链金融解决方案

信用是金融的核心,多个参与主体间信用的高效传递是供应链金融的关键。长期以来,票据交易一直存在第三方的角色,来确保有价凭证的传递是安全可靠的。在纸质票据中,交易双方的信任建立在票据的真实性基础上;在现有电子票据交易中,也需要通过央行 ECDS 系统的信息进行交互认证。供应链过长、参与企业过多、信息不对称、信用机制不完善、流程过于复杂、信用标的非标准等因素影响了信用的高效传递,而区块链技术本身的去中心化、防篡改、可追溯等特点则可以化解这些难题。

借助区块链技术,可以直接实现点对点的价值传递,不需要特定的实物票据或是中心系统进行控制和验证,减少人为操作因素和中介机构的介入,提高安全度,实现端到端透明化。在全球范围内,供应链金融中区块链技术的应用,能帮助银行和贸易融资企业大幅降低成本,其

第八章 供应链金融

中银行的运营成本一年能缩减约 135~150 亿美元、风险成本缩减 11~16 亿美元；买卖双方企业一年预计也能降低资金成本约 11~13 亿美元、运营成本 16~21 亿美元。此外，由于交易效率的提升，整体贸易融资渠道更畅通，对交易双方收入提升亦有帮助。

一、区块链金融解决方案

（一）区块链金融解决方案的优点

区块链技术中的分布式数据存储，让网络中每个参与交易的节点都记录且存储所有数据信息，每一笔交易信息由单个节点发送到全网络所有节点。在分布式结构网络中，各网络节点会不断更新和存放全网系统中的所有数据，即使部分节点被破坏也不会影响整个系统的数据更新和存储。

对于供应链上的企业，在空间位置上分散各处，分布式账本技术可以使这些空间上分散的企业、金融机构方便地共享交易数据、应收应付数据。同时还能够保护企业隐私，因为它能够做到只让有权限的公司看到数据，如供应商向融资银行开放，授权融资银行可以查询其交易数据、应收应付数据。供应链上节点企业可以通过分布式账本共享核心企业信用，降低整个链条上节点企业的融资成本，如图 8.4 所示。

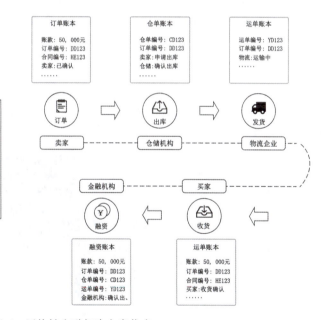

图 8.4 区块链金融解决方案优点一

区块链技术可以将核心企业的信用拆解，通过共享账本传递给整个链条上的供应商及经销商。核心企业可在该区块链平台登记其与供应商之间的债权债务关系，并将相关记账凭证逐级传递。该记账凭证的原始债务人就是核心企业，那么在银行或保理公司的融资场景中，原本需要去审核贸易背景的过程在平台就能一目了然。此外，核心企业的付款承诺可以在多级供应商之间流转，有助于解决供应商之间的三角债问题，如图 8.5 所示。

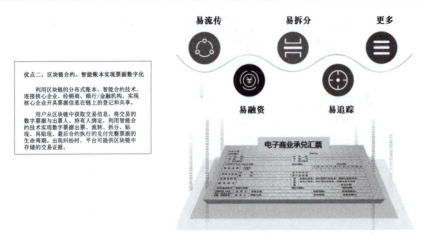

图 8.5 区块链金融解决方案优点二

智能合约是区块链上合约条款的计算机程序,在满足执行条件时可自动执行。智能合约技术使得企业债权在供应链上的流转都被区块链记录下来,加上区块链的不可篡改性,其具有强可信度。一旦核心企业付款,智能合约就可以自动清算。此外,信用在区块链上传递的不衰减特性,使得核心企业的信用可以被多级节点企业应用。智能合约的加入,确保了贸易行为中交易双方或多方能够如约履行义务,使交易顺利可靠进行。机器信用的效率和可靠性,极大地提高了交易双方的信任度和交易效率,并有效地管控履约风险,是一种交易制度上的创新。

(二)区块链金融解决方案

区块链金融解决方案整合了信息流、商流、物流、资金流,能够实现四流合一,全程端到端上链可信透明,同时加密技术保证数据安全,致力于为核心企业、供应商、经销商以及金融机构提供更好的服务,如图 8.6 所示。

图 8.6 区块链金融服务对象

在供应链金融中,金融机构针对真实贸易订单数据,给予专项授信额度,提供订单融资和运费反向保理;银行通过产业供应链为抓手与上、下游客户形成合作。图 8.7 展示了区块链金融解决方案。

第八章 供应链金融

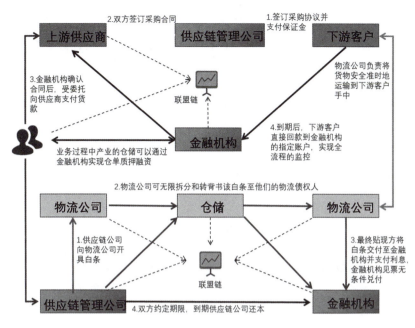

图 8.7 区块链金融解决方案

二、基于区块链的供应链金融业务实训

整个实训过程会有 3 类角色：核心企业、一级供应商、二级供应商。

核心企业签订了一份 1 亿元的购销合同，要生产 1000 辆汽车，现在核心企业需要招募 3 名一级供应商。核心企业在寻找一级供应商时，由于企业数据已上链，所以可以查看竞选者的历史信息，如历史交易记录、违约记录等。

进入区块链金融创新实训平台，单击信用结算章节的【进入课程】按钮，则可以进入本次实操模拟的任务界面，如图 8.8 所示。

图 8.8 区块链金融创新实训平台任务界面

(一)接收历史商票

(1)展开【区块链应用体验】菜单,单击【接收历史商票】→【实境演练】,系统显示商业承兑汇票接收的步骤演示,如图8.9所示。

图8.9 接收历史商票

(2)单击页面中的【接收汇票】按钮,接收并查看商业承兑汇票的详细情况,如图8.10所示。

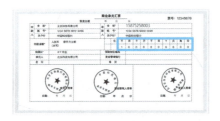

图8.10 查看历史商票

(二)加入联盟链

(1)单击【加入联盟链】→【实境演练】,系统显示加入联盟链的可视化演示,单击【继续】按钮,如图8.11所示。

图8.11 加入联盟链

第八章 供应链金融

　　(2)单击【查看链接】按钮,系统显示输入框,在里面输入查看链接的命令"admin.peers",点击【确认】按钮,如图8.12(a)、(b)所示。

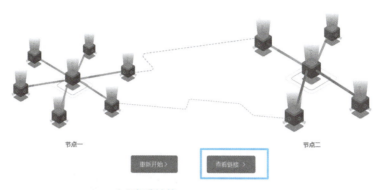

(a)查看链接

(b)加入联盟链输入查看链接的命令

(c)加入联盟链输入查看链接的命令

|加入联盟链

最近一年,受大环境影响,你长期合作的伙伴陆陆续续都加入了由区块链技术作为底层的联盟链平台,为了能更好地开展业务,现在请去加入他们吧!

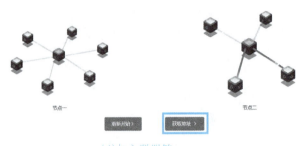

(d)加入联盟链

图 8.12 查看链接

(3)单击【继续】按钮,再点击【获取地址】按钮,如图 8.12(c)、(d)所示。

(4)输入获取地址信息的命令"admin.peers",单击【确认】按钮,在命令框下方点击【另一节点】按钮,如图 8.13(a)、(b)所示。

(a) 获取地址信息的命令

最近一年,受大环境影响,你长期合作的伙伴陆陆续续都加入了由区块链技术作为底层的联盟链平台,为了能更好地开展业务,现在请去加入他们吧!

```
>3/admin.nodeInfo.enode
>"enode://
aa621c010c685665ef217044dac4d57f4d1d682c682a5b3f92ca23b40982383240a05b680060ce8b0ce020a96c49c9c2c3628c4ea3281
discport=0"
>admin.addPeer ("enode://
aa621c010c685665ef217044dac4d57f4d1d682c682a5b3f92ca23b40982383240a05b680060ce8b0ce020a96c49c9c2c3628c4ea3281
discport=0")
```

(b) 获取另一节点地址

图 8.13 获取地址

(5)输入通知另一节点的命令"admin.peers",单击【确认】按钮,在命令框下方点击【继续】

按钮,完成联盟链的加入,如图 8.14(a)、(b)、(c)所示。

(a) 输入通知另一节点的命令地址

(b) 节点链接

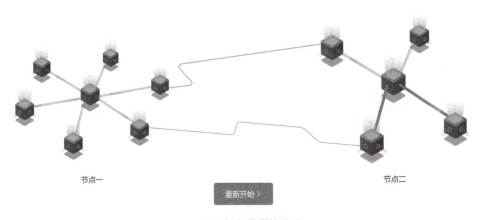

(c) 加入联盟链成功

图 8.14　加入联盟链

(三)生成公钥私钥

单击【公钥、私钥】→【实境演练】,系统显示生成公钥、私钥的可视化演示,单击【生成】按钮,生成公钥、私钥,如图 8.15(a)、(b)所示。

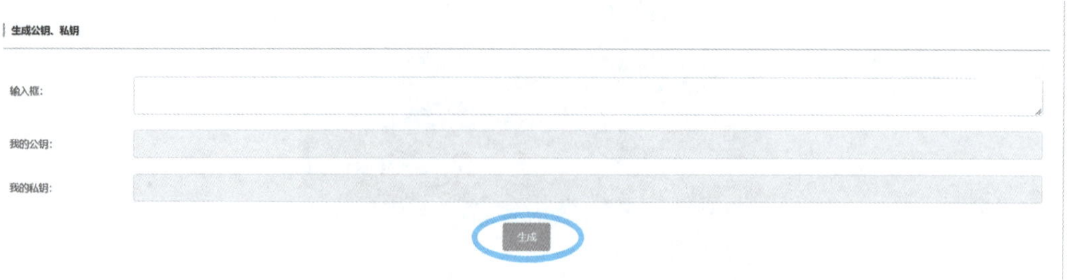

（a）生成公钥、私钥

（b）公钥、私钥

图 8.15 生成公钥、私钥

(四) 寻找一级供应商

(1)单击【寻找一级供应商】→【实境演练】,系统显示核心企业寻找一级供应商的可视化演示,核心企业签订了一份生产 1000 辆汽车,总计 1 亿元人民币的购销合同,此时将寻找 3 名一级供应商,每家分配 300 辆汽车。单击【寻找】按钮,如图 8.16 所示。

图 8.16 寻找一级供应商

(2)单击【获取竞选名单】按钮,系统显示参加一级供应商竞选的人员列表,点击【查看资料】按钮,核心企业可以在链上查看竞选者的信息,包括历史交易信息、违约记录、收发货记录等。如图 8.17、8.18 所示。

图 8.17　获取一级供应商名单

图 8.18　查看供应商资质

(3)供应商中单击【竞选供应商】→【实境演练】,系统显示核心企业寻找一级供应商的可视化演示,选中核心企业点击【竞选】按钮,当被核心企业选中后,刷新页面显示相关信息,如图 8.19 所示。

图 8.19　查看中标信息

(五)签订电子合同

(1)单击【签订电子合同】→【实境演练】,系统显示核心企业与一级供应商签订电子合同的可视化演示,核心企业在购销合同中输入合同编号等信息,单击【确定】按钮,如图 8.20 所示。

图 8.20　填写购销合同

（2）在签订电子合同时，为了防止合同在传输过程中被篡改，通过使用非对称加密技术，将合同进行加密，传送给对方。在输入框中输入一级供应商的公钥进行加密生成合同的哈希值与合同密文，同时输入核心企业自己的私钥进行数字签名，单击【加密】按钮，显示加密过后的密文与数字签名，如图 8.21 所示。

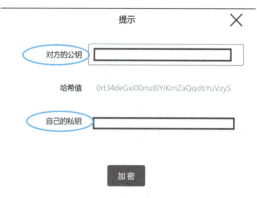

图 8.21　合同加密

(六)编写智能合约

在核心企业和一级供应商签订完电子合同后,双方共同编写智能合约,单击【签订智能合约】→【实境演练】,系统显示核心企业与一级供应商签订智能合约的可视化演示,核心企业在输入框中输入合约信息,单击【确定】按钮,如图 8.22 所示。

图 8.22　签订智能合约

(七)寻找二级供应商

(1)在核心企业和一级供应商签订完电子合同后,由于一级供应商产能不足无法生产 300 辆汽车,现在需要寻找二级供应商,单击【寻找二级供应商】→【实境演练】,系统显示一级供应商选择二级供应商的可视化演示,单击【寻找】按钮,如图 8.23 所示。

图 8.23　寻找二级供应商

(2)单击【获取竞选名单】按钮,系统显示参加一级供应商竞选的人员列表,点击【查看资料】按钮,核心企业可以在链上查看竞选者的信息,包括历史交易信息、违约记录、收发货记录等。如图 8.24,图 8.25 所示。

图 8.24　获取供应商名单

图 8.25　查看供应商资质

（3）供应商中单击【竞选供应商】→【实境演练】，系统显示一级供应商寻找二级供应商的可视化演练，选中一级供应商点击【竞选】按钮，当被一级供应商选中后，刷新页面显示相关信息，如图 8.26 所示。

图 8.26　查看中标信息

成为二级供应商后，同样需要和一级供应商签订电子购销合同、编写智能合约、在链上部署智能合约。

（八）商业承兑汇票贴现

（1）在签订电子合同与智能合约之后，所有角色将准备开始生产，现在需要进行商业承兑汇票贴现获取原材料采购资金，一辆汽车的采购成本是 8 万元人民币，需要依据签订的购销合同中的汽车生产数量来计算生产所需资金。单击【商业汇票贴现】→【实境演练】，系统显示面值 1000 万元的商业承兑汇票的可视化演示，输入贴现金额（根据订单中要生产的汽车数量、一辆汽车的生产成本以及贴现息，来计算需要贴现的金额）并选择 UTXO 支付，单击【贴现】按钮，如图 8.27 所示。

第八章　供应链金融

图 8.27　商业承兑汇票贴现

图 8.27 中，票据贴现的利率是在人民银行现行再贴现利率的基础上进行上浮，贴现的利率是市场价格，由双方协商确定，但最高不能超过现行的贷款利率。贴现利息是汇票的收款人在票据到期前为获取票款向贴现银行支付的利息，其计算如下：

贴现利息＝应收票据面值×（票据到期天数/360）×贴现率

(2) 在输入框中输入自己的私钥，单击【确定】按钮，完成商业承兑汇票的贴现，获得采购与生产的资金，如图 8.28 所示。

图 8.28　商票贴现输入私钥

(九) 采购原材料、生产加工、发货

(1) 在商票贴现后，获得了采购生产资金，依据合同中所规定的汽车数量进行原材料的采购、生产加工和发货，单击【购买原材料】→【实境演练】，系统显示汽车生产所需的 4 种原材料，输入需要购买的数量，单击【购买】按钮，如图 8.29 所示。

图 8.29 购买原材料

（2）单击【生产加工】→【实境演练】，系统显示汽车生产所需的 4 种原材料，输入需要生产汽车的数量，单击【生产】按钮，如图 8.30 所示。

图 8.30 生产加工

（3）单击【发货】→【实境演练】，系统显示汽车订单，单击【发货】按钮，完成货物的发送，如图 8.31 所示。

图 8.31 发货

第八章 供应链金融

（十）上级接收货物

一级供应商点击接收按钮，接收二级供应商发来的汽车，当仓库里的汽车大于等于 300 辆后，一级供应商可以将汽车发送给核心企业完成签订的订单业务。同理，核心企业点击接收按钮，接收一级供应商发来的汽车，当仓库里的汽车大于等于 1000 辆后，核心企业可以将汽车发送给系统完成签订的订单业务。单击【收货】→【实境演练】，系统显示汽车的运输状态，单击【收货】按钮完成收货，如图 8.32 所示。

图 8.32 收货

（十一）智能合约调用接收商票

核心企业将 1000 辆汽车发给甲方，对方收货后，核心企业开始签发商业承兑汇票，单击【接收商业汇票】→【实境演练】，先单击【接收】按钮，再点击【结算】按钮完成票据拆分，如图 8.33 所示。

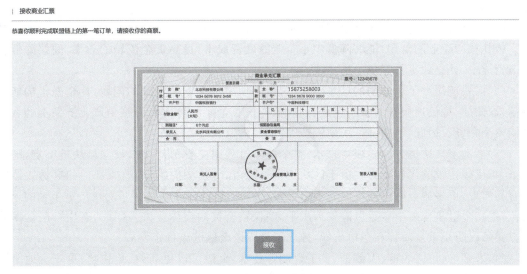

图 8.33 接收商票

(十二)查看票据流转

单击【查看票据流转】→【实境演练】,页面显示联盟链中商业承兑汇票在整个链条中的流转与拆分过程,如图 8.34 所示。

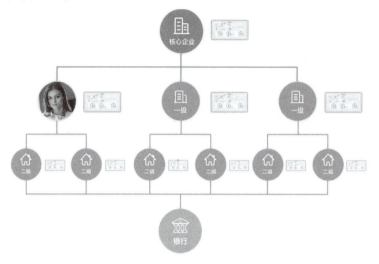

图 8.34　商票流转图

三、区块链金融的价值和意义

区块链对供应链金融的最大价值在于信任传递。整个链条上的企业债权流转过程都会记录在链上,基于信任传递,能够很好解决传统融资下中小企业缺乏信用的问题,让核心企业闲置的银行信用得到释放和发挥。通过区块链驱动的供应链金融创新,将带给更大的价值和社会意义。

(1)通过区块链打造的多级供应商融资体系,促进全链条信息共享,实现供应链金融可视化。依托核心企业的信用,能够降低中小企业的融资成本,提高资金流转的效率,间接降低整体运营成本,让企业更具竞争力。

(2)区块链缓解了企业间的信息不对称,解决了中小企业融资难的问题,让金融机构能够更高效、便捷、稳健地服务于中小企业,同时依托核心企业的付款使得整个产业链条上的企业都能安全融资。因此,区块链是优质资产的"挖掘机"。

(3)借助于区块链分布式账本技术,整个业务过程中监管部门可以设立区块链节点,随时检查,不依赖传统的飞行检查。由于区块链不可篡改、可追溯的特性,监管部门的穿透式监管更容易实现,更多的金融机构可以安心服务实体经济,区块链技术加强了对供应链金融的风险监控,提高金融机构事中事后风险管理水平,确保资金流向实体经济。同时,区块链的数据共享方式可以防止重复质押和空单质押,推动了供应链金融健康稳定发展。

(4)未来,通过区块链、大数据、人工智能等技术,金融可以更高效、更快捷、更安全地服务实体经济,通过供应链金融服务产业,通过区块链的价值连接,发现和服务更多应用场景,最终让科技赋能于产业、服务于产业,引导更多资金回归实体、服务实体,推动制造供应链向产业服务供应链转型,提升制造产业价值链。

附件

中小企业

授 信 调 查 报 告

企业名称：_____

申报银行：_____

调查人员：_____

复核人员：_____

部门经理：_____

支行行长：_____

分行评审：_____

评审大会：_____

申报行（盖章）：

一、客户基本情况

（一）客户名称_____

客户地址：_____，行业：_____，法人社会统一信用代码证：_____，贷款卡号码：_____，成立时间：_____，基本帐户行：_____，法定代表人：_____，电话：_____，授权代理人：_____，电话：_____，财务主管：_____，电话：_____，

注册资本：_____万元，实收资本_____万元，职工人数____人。

（二）客户所有制类别： □ 国有企业　　　□ 集体企业

□ 民营企业　　　□ 其他企业

客户组织类别：　□ 有限责任公司　　□ 国有独资公司

□ 股份有限公司　　□ 其他

企业上级主管部门或隶属于：_____。

（三）股东组成

客户主要投资人	实际投资额	占实收资本%

二、客户生产经营情况：

生产经营范围_____、

主营业务：_____

年产值：_____万元，经济核算形式：_____。

主导产品的产销情况：_____

_____
_____
_____
—。

三、近三年及最近一期主要财务数据

2018年上半年应收账款_____万元，其他应收款_____万元，存货_____万元，固定资产净额_____万元，短期借款_____万元，应付账款_____万元，所有者权益_____万元，实收资本_____万元，营业收入_____万元，利润总额_____万元。

四、客户还款能力

_____
_____
_____
_____
_____
—。

五、抵（质）押情况

抵押物名称	权属证书及编号	数量面积	状况	处所	评估价值（万元）	所有权人或使用权人	共有人	备注

六、授信控制量

根据《中小企业评级授信审批表》量化评分初步结果，测算最高综合授信额度为：_____。

七、授信总量建议：

根据上述分析测算，信贷调查人员在对企业经营状况、偿债能力、资信状况、行业发展前景、企业主或主要股东个人信用状况、抵（质）押物或保证情况及还款来源情况等开展资信调查后，并结合《中小企业评级授信审批表》中量化评分结果，建议对客户信用等级评为　　　级，授信总量为：　　　万元。

八、声明与保证

我们在此声明与保证：此报告是根据借款申请人提供的

和我们收集的资料,经我们审慎调查、核实、分析和整理后完成的。报告反映了客户最主要、最基本的信息,我们对报告内容的真实性、准确性及所作判断的合理性负责。

九、结论

行业:			净资产:		万元
信用等级得分(S):		帐户类型:			
信用等级:		级	有效期		年
授信总量建议值:		万元	有效期		年
备注: A级:90分＜S; BBB级:75分＜S≤90分; BB级:60分＜S≤75分; B级:45分＜S≤60分; CCC级:30分＜S≤45分; CC级:15分＜S≤30分; C级:0分≤S≤15分。					

调查人签字:＿＿＿＿＿＿＿＿＿＿＿＿　　　年　月　日

审查人签字:＿＿＿＿＿＿＿＿＿＿＿＿　　　年　月　日

授信评审表

一、公司名称：

分值	还款能力	借款用途	短贷长用	多头授信	财务报表
0-20					
评语					总分：

二、公司名称：

分值	还款能力	借款用途	短贷长用	多头授信	财务报表
0-20					
评语					总分：

三、公司名称：

分值	还款能力	借款用途	短贷长用	多头授信	财务报表
0-20					
评语					总分：

四、公司名称：

分值	还款能力	借款用途	短贷长用	多头授信	财务报表
0-20					
评语					总分：

五、公司名称：

分值	还款能力	借款用途	短贷长用	多头授信	财务报表
0-20					
评语					总分：

评审员：

日期： 年 月 日

第八章 供应链金融

同步练习

1. 银行汇票、商业汇票由（　　）统一格式、联次、颜色、规格。（单选）

   A. 商业银行　　　　　　　　　　B. 总行

   C. 人民银行中心支行　　　　　　D. 中国人民银行总行

2. （　　）能够为金融行业和企业提供技术解决方案。（单选）

   A. 以太坊　　　B. 联盟链　　　C. 比特币　　　D. Rscoin

3. 智能合约是（　　）。（单选）

   A. 一份具有法律效力的合同

   B. 一种口头约定

   C. 一种用计算机语言取代法律语言去记录条款的合约

   D. 可编程的合同

4. 下列选项中，（　　）是贷款全程管理和风险控制的第一个环节。（单选）

   A. 贷前管理　　　B. 贷中管理　　　C. 贷前申请　　　D. 风险管理

5. 银行承兑汇票签发的最长期限为（　　）。（单选）

   A. 30 天　　　B. 3 个月　　　C. 6 个月　　　D. 一年

6. 下列票据中，信用等级较高的票据为（　　）。（单选）

   A. 现金支票　　　　　　　　　　B. 商业承兑汇票

   C. 转账支票　　　　　　　　　　D. 银行承兑汇票

7. 票据的管理部门是（　　）。（单选）

   A. 国务院　　　　　　　　　　　B. 财政部

   C. 中国人民银行　　　　　　　　D. 银监部门

8. 背书人在汇票上记载（　　）字样，其后手再背书转让的，原背书人对后手的被背书人不承担票据责任。（单选）

   A. 保证　　　B. 不得转让　　　C. 贴现　　　D. 质押

9. 某公司向银行申请承兑汇票并缴纳票面金额 50% 的保证金，该保证金属于以下哪种担保方式？（　　）（单选）

   A. 保证担保　　　B. 权利质押　　　C. 动产融资　　　D. 抵押担保

10. 下列区块链相关文件中，哪个选项不是我国政府官方发布的？（　　）（单选）

    A.《中国区块链技术和应用发展白皮书（2016）》

    B.《中国人民银行、工业和信息化部、中国银行业监督管理委员会、中国证券监督管理委员会、中国保险监督管理委员会关于防范比特币风险的通知》

    C.《关于防范代币发行融资风险的通告》

    D.《超级账本 Hyperledger 白皮书》

第九章

跨境保理业务

1. 探索和掌握区块链在跨境保理业务中的应用方法与成果。
2. 了解传统跨境保理存在的行业痛点。
3. 给定区块链金融应用场景,能够理解和描述其背后的技术原理。
4. 了解区块链跨境保理应用案例及其未来发展趋势。

商业保理　应收账款　联盟链　供应商　保理公司　境外支付　境外电商　智能合约

本章主要介绍了商业保理的基本概念、跨境保理业务发展困境、区块链跨境保理解决方案,以典型应用案例为代表,通过配套的实训操作掌握区块链跨境保理业务背后的技术原理与应用价值。建议读者首先掌握相关知识点,然后按照本章节中提供的实训操作步骤进行体验,使读者更好地感受到区块链技术在跨境保理业务中的应用。

第九章 跨境保理业务

本章思维导图

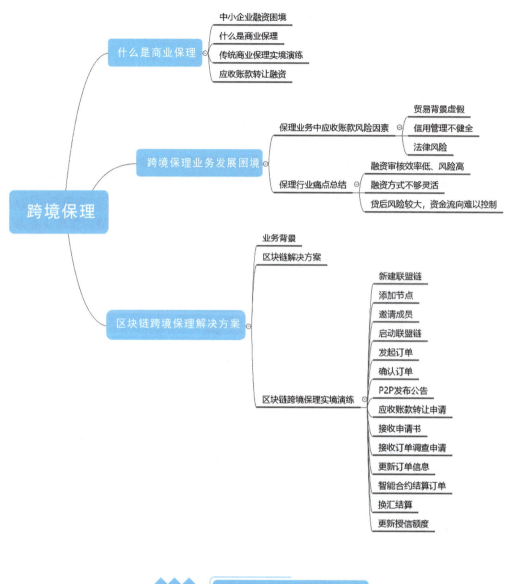

第一节 什么是商业保理

一、中小企业融资困境

中小企业在我国国民经济中占据重要地位,它们创造的最终产品和服务价值占国内生产总值的比重超过50%,企业数量和所提供的工作岗位更是数不胜数,但是,在融资方面中小企业却处于绝对劣势。由于企业规模小、实物资产少、抗风险能力差、信息透明度低等原因,中小企业融资难成为制约其发展的瓶颈,这一问题同时也制约着国民经济的发展。切实解决中小企业资金问题,完善中小企业融资体系,已然是至关重要的问题。

近年来,中小企业融资环境逐步改善,中小企业担保体系不断完善,鼓励金融机构增加对中小企业贷款、拓宽中小企业直接融资渠道、加大对中小企业技术创新的财政支持力度等已经成为政府和金融业的共识。众多银行也推出了中小企业融资方案,但是以信贷为基础的融资方案,没有根本解决中小企业融资的困境和银行的顾虑,中小企业缺的不仅仅是信贷,而是更多市场化的中小企业融资手段。

因此,金融创新是解决中小企业融资的重要途径。融资租赁、抵押典当、小额贷款、商业保理等成为中小企业融资的新途径,其中商业保理以其直接、高效等特点成为完美对接中小企业的融资渠道。目前国际上普遍认为,以商业保理为代表的供应链金融是最适合解决中小企业融资难、融资贵问题的方案。我国保理业务始于1987年,开展主体为银行,商业保理于2012年诞生并兴起,极大地拓展了中小企业的融资渠道。在我国,一般工商企业(非银行机构)开展的保理业务为商业保理,主管部门为商务部;商业银行或其控股子公司开展的保理业务为银行保理,主管部门为银保监会。其对比如下表9.1所示。

表 9.1 银行保理与商业保理对比

对比分析	银行保理	商业保理
业务优先级	是银行扩展业务之一,而非核心业务	是赖以生存的核心业务
风控模式	卖方信用,以传统征信、抵押担保为主要模式,偏好大中型企业	买方信用,基于线上、线下的真实交易,数据和信息积累进行风控,以中小企业为主
对产业的认知	对产业链缺乏专业认知,更倾向于与核心企业开展合作	通常相关供应链多年或通过大数据平台掌握大量有效数据信息,对上下游企业资质、业务模式有深刻认知

二、商业保理

(一)保理业务的定义和作用

商业保理业务是基于企业交易过程中订立的货物销售或服务合同所产生的应收账款的综合信用服务。以债权人转让其应收账款为前提,由商业银行或商业保理公司提供集应收账款催收、管理、坏账担保及融资于一体的综合性金融服务,如图9.1所示。

保理业务的开展有利于推动中小企业融资,弥补资金不足,加速流动资金回笼,建立良好供销关系。如果说融资租赁业务是解决企业固定资产资金需求,那么保理业务就是解决大量中小企业流动资金的需求,是供应链金融的重要环节。

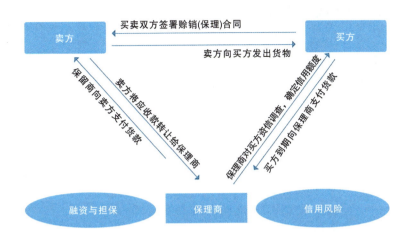

图 9.1　商业保理业务

(二)保理业务的类别

按照签订合同标的,商业保理可以分为:

(1)应收账款催收。商业银行根据应收账款账期,主动或应债权人要求,运用法律手段或采取电话、函件、上门等方式对债务人进行催收。

(2)应收账款管理。商业银行根据债权人的要求,定期或不定期向其提供应收账款回收情况、逾期账款情况、对账单等财务和统计报表,协助其进行应收账款管理。

(3)坏账担保。商业银行与债权人签订保理协议后,为债务人核定信用额度,并在核准额度内,对债权人无商业纠纷的应收账款,提供约定的付款担保。

(4)保理融资。简单来说是指销售商通过将其合法拥有的应收账款转让给银行,从而获得融资的行为,以应收账款合法、有效转让为前提的银行融资服务。

按照地域划分,商业保理可分为国内保理和国际保理。国内保理是债权人和债务人均在境内的保理业务;国际保理是债权人和债务人中至少有一方在境外(包括保税区、自贸区、境内关外等)的保理业务。

按照是否有追索权,可分为有追索权保理和无追索权保理。有追索权保理是指在应收账款到期无法从债务人处收回时,保理公司可以向债权人反转让应收账款、要求债权人回购应收账款或归还融资;无追索权保理是指应收账款在无商业纠纷等情况下无法得到清偿的,由保理公司承担应收账款的坏账风险。

按照是否通知买方,可分为明保理和暗保理。明保理是指将应收账款债权转让事实以书面形式通知买方;暗保理是指不将应收账款债权转让事实通知买方。

按照是否融资预付,可分为折扣保理和到期保理。如果保理商按一定折扣提供预付款融资,则为融资保理,又称折扣保理;如果保理商不提供预付账款融资,而是在赊销到期时才支付,则为到期保理。

按照保理商类型,可分为银行保理和商业保理。前者是银行从事保理业务,后者是商业保理公司从事保理业务。

三、传统商业保理实境演练

（一）传统保理业务流程

在实境演练环节，先进入课程导入任务的学习资源，查看前导资源（见图9.2），了解整个实训背景。传统保理业务流程如下图9.3所示。

跨境保理案例

跨境保理-课程导入

重点分析：
在本任务中，你需要认真听教师讲解和仔细阅读学习资源，了解金融案例-跨境保理场景中各个角色的业务流程，在充分了解业务流程之后，再开始完成下面的任务，可以事半功倍。

难点分析：
无。

图9.2 课程导入

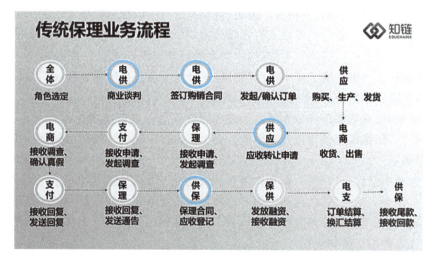

图9.3 商业保理业务流程

（二）保理业务实境演练

1.角色分工

（1）打开【角色分工】任务的【学习资源】界面，点击场景介绍的【预览】按钮，如图9.4所示。

第九章　跨境保理业务

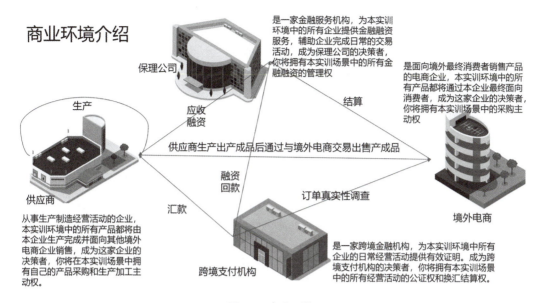

图 9.4　商业环境

（2）打开【实境演练】界面，在供应商、境外电商、保理公司、境外支付机构 4 类角色中选择一个，点击【确定】按钮，如图 9.5 所示。

图 9.5　角色选定

2.发起订单

（1）境外电商与供应商经过线下的商业谈判并签订购销合同后，打开【发起订单】任务的【实境演练】界面，选择对应的供应商点击【发起订单】按钮，如图 9.6 所示。

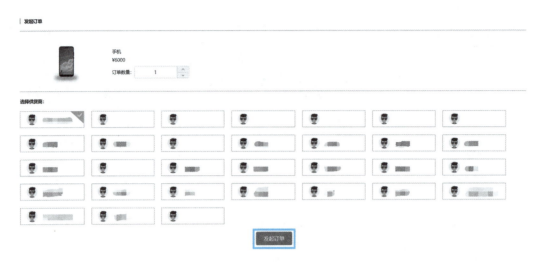

图 9.6 发起订单

3.收货

供应商经过确认订单、购买原材料、生产加工、发货等步骤后,境外电商接收供应商发来的货物,打开【收货】任务的【实境演练】界面,选择对应的供应商点击【收货】按钮完成交易,如图 9.7 所示。

配送信息					
	商品信息	数量	总价	供应商	操作
∨	知链牌手机 单价:6000人民币	100	600000	吴晓颖	交易完成
	商品名称: 知链牌手机 订单编号: 1568942895136				
>	知链牌手机 单价:6000人民币	279	1674000	陈佳静	交易完成
>	知链牌手机 单价:6000人民币	1856	11136000	陈佳静	交易完成

图 9.7 收货

4.应收账款转让融资

当境外电商收到供应商发来的货物后,供应商生成对应订单的应收账款,通过线下保理公司提交融资申请书后,保理公司依据供应商提交的资料开展订单调查,打开【发起订单调查申请】任务的【实境演练】界面,点击【新增申请】按钮,在弹框中输入该笔订单的订单编号,点击【确定】按钮,之后再点击【发送】按钮,将信息发送给境外支付机构,如图 9.8、图 9.9 所示。

第九章 跨境保理业务

| 发起订单调查申请 |

图 9.8 新增调查申请

图 9.9 发送调查申请

5. 发放融资款

保理公司收到供应商的应收账款转让申请后,开始审验资料、调查评估购货方及账款状况、内部审批,经境外支付与境外电商的调查,在进行保理合同以及应收转让登记后,综合所有情况确定向供应商发放融资款,打开【发放融资款】任务的【实境演练】界面,点击【放款】按钮,完成融资款的发放,如图 9.10 所示。

发放融资款

序号	订单编号	境外电商	供应商	订单金额	操作
1	1576897163590	18911110007	18911110006	6000	已发送
2	1576897170717	18911110015	18911110006	12000	已发送
3	1576897173856	18911110007	18911110001	6000	已发送
4	1576897185108	18911110015	18911110001	30000	已发送
5	1576897209105	18911110007	18911110001	12000	已发送
6	1576897319714	18911110007	18911110010	12000	待发送
7	1576897326373	18911110007	18911110006	12000	已发送
8	1576897347628	18911110007	18911110006	12000	待发送
9	1576897355204	18911110007	18911110006	18000	待发送

图 9.10　发放融资款

6.换汇结算

订单到期后境外电商进行订单结算，境外支付机构接收订单结算款后，需要进行换汇清结算，打开【换汇结算】任务的【实境演练】界面，点击【换汇】按钮，完成换汇清结算，将订单款项发给供应商与保理公司，如图 9.11 所示。

序号	订单编号	境外电商	供应商	订单金额	操作
1	1576897347628	18911110007	18911110006	12000	换汇
2	1576897355204	18911110007	18911110006	18000	换汇完成
3	1576897360420	18911110007	18911110004	18000	换汇完成
4	1576897365004	18911110007	18911110001	18000	换汇
5	1576897370627	18911110007	18911110016	18000	换汇完成
6	1576897381360	18911110007	18911110006	30000	换汇完成
7	1576897381750	18911110015	18911110006	60000	换汇完成
8	1576897389625	18911110007	18911110001	30000	换汇完成
9	1576897396028	18911110007	18911110004	30000	换汇
10	1576897404725	18911110007	18911110006	30000	换汇
11	1576897407597	18911110015	18911110001	60000	换汇完成
12	1576897411733	18911110007	18911110009	30000	换汇完成
13	1576897416911	18911110007	18911110006	30000	换汇完成
14	1576897418938	18911110015	18911110006	120000	换汇完成
15	1576897424027	18911110007	18911110001	30000	换汇

图 9.11　换汇结算

四、应收账款转让融资

应收账款转让是指企业将应收账款出让给银行等金融机构以获取资金的一种筹资方式。应收账款转让筹资数额一般为应收账款扣减以下内容后的余额：

（1）允许客户在付款时扣除的现金折扣；

（2）贷款机构扣除的准备金、利息费用和手续费。

其中准备金是指因在应收账款收回过程中可能发生销货退回和折让等而保留的扣存款。

按是否具有追索权，应收账款转让可分为附加追索权的应收账款转让和不附加追索权的应收账款转让。附加追索权的应收账款转让，是指企业将应收账款转让给银行等金融机构，在有关应收账款到期无法从债务人处收回时，银行等金融机构有权向转让应收账款的企业追偿，或按照协议规定,企业有义务按照约定金额从银行等金融机构回购部分应收账款,应收账款的坏账风险由企业承担。不附加追索权的应收账款转让,是指企业将应收账款转让给银行等金融机构,在有关应收账款到期无法从债务人处收回时,银行等金融机构不能向转让应收账款的企业追偿,应收账款的坏账风险由银行承担。

应收账款转让融资具有以下功能：①缩短企业应收账款收款期限；②降低买卖双方的交易成本；③提高资金的周转速度；④提高人力运用效力,免除人工收账的困扰；⑤优化企业应收账款管理,为企业盘活除固定资产以外的资产科目；⑥透过应收账款增加营运周转金,强化财务调度能力。

第二节 跨境保理业务发展困境

保理是基于应收账款而产生的一系列金融综合服务,因此,保理业务的前提是有应收账款。但在实际操作中,如果应收账款的贸易背景不真实,那么应收账款是否存在、保理是否有效、保理商如何保护自身利益等都将存在问题。图9.12所示为商业保理合同页。

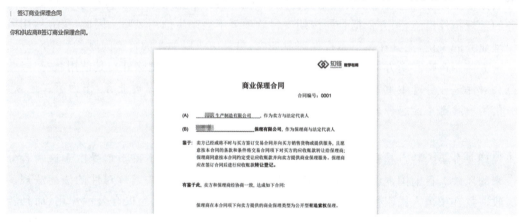

图9.12 商业保理合同

一、保理业务中应收账款风险因素

保理业务主要涉及保理商、卖方、买方三个主体,一般操作流程是：

(1)保理商首先与商品销售行为中的卖方签订一个保理协议,卖方需将通过赊销而产生的合格的应收账款出售给保理商,同时将赊销模式下的相关结算单据及文件提供给保理公司,作为受让应收账款的依据。

(2)签订协议后,保理商对卖方及买方资信及其他相关信息进行调查,确定信用额度。

(3)保理商将融资款项划至卖方作为应收账款购买款。

(4)应收账款到期日,买方偿还应收账款的债权。

从保理的业务流程可知,该业务是以真实的贸易背景为前提,为供应商提供集应收账款融资、销售分户账管理、账款催收和买房付款担保服务于一体的综合性金融服务。在实践中，往往因为应收账款形成的贸易背景不真实而导致大量的保理纠纷。

(一) 贸易背景虚假

实践中保理业务应收账款贸易背景虚假至少包括两种情形：

(1) 贸易双方并没有真实的贸易往来，或者贸易双方共同形成虚假的贸易文件而不履行文件项下的内容，又或是卖方伪造买方签章及有关贸易文件，也同样不存在真正的履行。这些业务中，买卖双方之间根本没有贸易行为，双方或者卖方虚构贸易文件来骗取保理商的融资，已经涉嫌骗取贷款等刑事犯罪。

(2) 贸易双方虽然存在真实、有效的贸易合同，但卖方尚未履行或仅部分履行交货义务，却利用该等贸易文件项下的全部账款向保理商叙做保理业务。此种情形中，卖方并非不履行交货义务，而是在尚未履行或仅部分履行交货义务时就以全部账款叙做保理业务。因此，如果卖方并未履行交货义务，却以尚未产生的应收账款叙做保理业务，也属于贸易背景不真实的业务。

(二) 信用管理不健全

信用管理不健全风险包括买方和卖方两方面：

买方信用风险。应收账款转让与受让是保理业务的核心，应收账款转让给保理商是保理业务的常规担保措施，买方依据合同按期支付款项就不会产生信用风险。因此，买方信用风险是保理业务的关键，尤其在无追索权保理业务中，更是应予以关注的首要问题。

卖方信用风险。卖方通常作为保理业务的申请主体(定向保理除外)，其信用状况、经营实力都会对保理业务产生重要影响，无论是有追索权还是无追索权保理业务，作为第二还款人，卖方信用风险都不能忽视。

(三) 法律风险

保理业务最大特点是获得融资方和最终还款人分离，保理商不得不承受由于这两者分离所带来的风险。目前国内保理业务的主要法律依据是《合同法》，缺乏针对性的法律法规。我国应收账款在中国人民银行应收账款质押登记系统的转让登记行为仅有公示作用，而且转让通知并不是债权转让成立与生效的必备条件，恶意的债权让与人可能与其中一个后位债权受让人串通，通过倒签转让日期或者倒签收到通知日期，制造虚假证据，从而损害善意受让人的利益，而这也就意味着应收账款受让权益的保障存在一定的法律风险。

从保理业务的整个过程来看，保理业务的法律风险主要表现在如下几个方面：卖方履约瑕疵的风险，买方抗辩权以及抵消权的风险；保理商受让债权合法性的风险；隐蔽保理业务项下债权转让不通知债务人的风险等等。

二、保理行业痛点分析

(1) 融资审核效率低、风险高。有信息化系统的保理公司需要与境外电商平台对接，获取供应商的订单信息，没有信息化系统的保理公司需要采用人工方式获取供应商订单信息；获取订单之后，需要花费资源核实订单的真实性，成本高，业务开展效率低。

(2) 融资方式不够灵活。传统保理融资的授信额度不支持拆分，只能进行单次融资，部分授信额度会被浪费,融资方式不够灵活。

(3)贷后风险较大,资金流向难以控制。供应商可以使用同一笔订单向多家保理公司申请融资,由于各自记录融资信息,数据相互隔离,保理公司无法全面评估供应商信用,难以控制供应商超额融资和多头借贷带来资金风险,如图9.13所示。

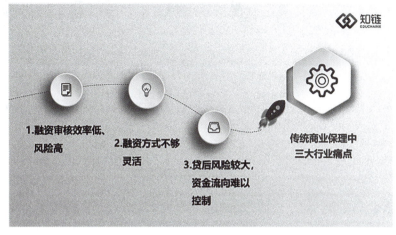

图 9.13　行业痛点

第三节　区块链跨境保理解决方案

一、业务背景

随着越来越多企业的业务范围从境内走向境外,业务流程变得更复杂,回款周期更长,资金压力也越来越大,这些因素都制约着中小企业的进一步发展壮大。此外,还有很多中小供应商由于业务规模小、财务不健全、自身信用不足、增信手段缺乏等原因,难以从传统金融机构获得贷款融资的支持。

在此背景下,国家各部委联合发布了《小微企业应收账款融资专项行动工作方案(2017—2019年)》《关于金融支持工业稳增长调结构增效益的若干意见》等指导文件,支持进一步扩大应收账款质押融资规模,帮助中小微企业进行融资。

二、区块链解决方案

(一)区块链跨境保理管理平台的功能

基于区块链的跨境保理管理平台主要提供以下四个方面的功能,如图9.14所示。

(1)供应商融资状态管理:包括多次融资申请、放款、还款等。

(2)供应商订单状态管理:包括未结汇订单的信息采集、跨境结算等,已结汇订单的还款和支付等。

(3)供应商授信额度查询:根据现有订单状态和融资情况,计算供应商的融资授信额度。

(4)供应商信用数据查询:根据历史订单状态和融资情况,评估供应商的企业信用状态。

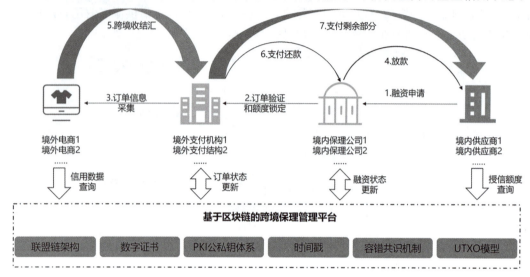

图 9.14　区块链跨境保理平台

(二)区块链跨境保理业务流程

区块链跨境保理业务的总体流程如下:

(1)供应商基于在境外电商平台的订单,向保理公司申请融资。

(2)保理公司,向跨境支付机构,申请订单验证和额度锁定。

(3)支付机构,从电商平台采集订单信息,并将订单状态和额度锁定写入授信平台的区块链账本中。

(4)保理公司,从授信平台查询授信额度,根据查询结果确定放款额度;同时将放款情况写入授信平台的区块链账本,完成授信额度的更新。

(5)电商平台,在到期后发起订单结算,由支付机构完成跨境收结汇。

(6)支付机构,根据授信平台所记录的融资情况,优先支付给保理公司,完成还款。

(7)支付机构,将剩余的款项支付给供应商;同时更新授信平台中的订单状态。

(三)区块链跨境保理业务的创新

区块链跨境保理业务在技术上、业务模式、服务模式等方面都有所创新。

引入区块链技术将常规保理业务和跨境支付业务有机地结合起来,确保数据的真实准确、可信和可靠。第一,平台基于自主可控的联盟链框架进行设计开发,通过数字证书进行准入许可,对参与方进行身份认证和授权,确保数据上链前的真实性。第二,从基于 PKI 公开密钥体系、基于区块链的时间证明、基于拜占庭容错共识机制的集体维护等方面,确保了数据上链后不被篡改。第三,在数据准确性上,采用"以链上数据为主,以链外数据为辅"的方式,减少了链上、链下的数据不一致,从而降低了业务风险。

采用 UTXO 模型对授信额度进行精确而灵活的控制和调整。一方面,授信平台严格控制供应商每次融资额度不超过其总体授信额度。另一方面,授信平台及时根据其订单状态、融资情况、还款情况对授信额度进行精确调整。

重构了保理业务模式和供应商还款模式。对保理公司而言,通过跨境支付公司,可以确保订单回款将优先还款给保理公司,有效降低贷后风险,从而可以为更多的供应商提供融资服务,扩大其放贷业务范围。对供应商而言,通过跨境支付公司,可以简化订单回款和融资还款等操作,提高业务效率;通过保理公司,可以及时地获得融资服务,提高资金效率。

三、区块链跨境保理实境演练

(一)创建联盟链

联盟链是指参与的每个节点的权限都完全对等,各节点可以在不需要完全信任的情况下就可以实现数据的可信交换,联盟链的各个节点通常有与之对应的实体机构组织,通过授权后才能加入或退出网络。联盟链是一种公司与公司,组织与组织之间达成联盟的模式。联盟链创建流程分为四步:

(1)新建联盟链,主要完成联盟链的命名以及相关描述。打开【新建联盟链】任务的【实境演练】界面,点击【新建联盟链】按钮,输入联盟链名称与描述,如图 9.15,图 9.16 所示。

图 9.15 新建联盟链

图 9.16 联盟链名称与描述

(2)添加节点,主要是为联盟链加入各个参与方,且一条联盟链至少需要四个节点共同参与才能启动运行。添加节点有三种方式分别是:购买节点、添加已关联节点、关联已有机器。单击打开【添加节点】任务的【实境演练】界面,点击【下一步】按钮,如图 9.17,图 9.18 所示。

图 9.17 添加节点

图 9.18 购买新节点

(3)邀请成员,联盟链的发起方邀请其他链上的参与方进入联盟链。发起方在邀请其他机构进入联盟链时,可根据被邀请方是否需要自带节点进入联盟链可分为两类:分配节点和自带节点。单击打开【邀请成员】任务的【实境演练】界面,输入机构名称,选择邀请对象,输入邀请留言,点击【邀请成员】按钮,如图 9.19,图 9.20 所示。

第九章 跨境保理业务

图 9.19 添加节点

图 9.20 查看邀请列表

（4）启动联盟链,启动一条联盟链至少需要 4 个节点。当满足该条件时,即可启动运行一条联盟链。打开【启动联盟链】任务的【实境演练】界面,点击【启动联盟链】按钮,如图 9.21 所示。

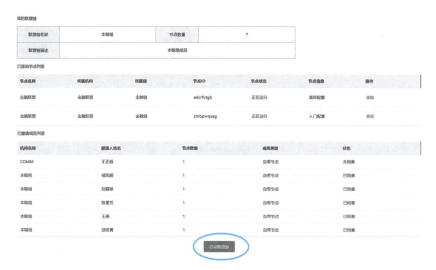

图 9.21 启动联盟链

(二)基于区块链的跨境保理业务流程

图 9.22 是基于区块链的跨境保理实训案例的业务流程图,四类角色分别是:供应商、境外电商、保理公司、跨境支付,按照上述步骤进行场景体验。

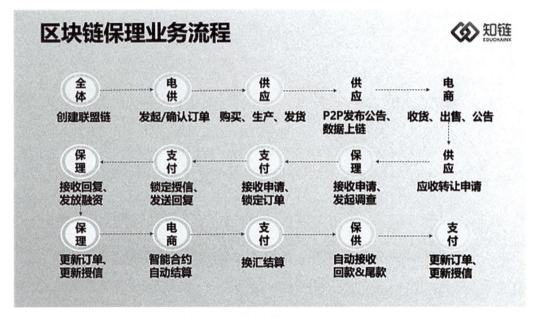

图 9.22 区块链跨境保理业务流程图

（1）境外电商在发起订单时，需要使用对方的公钥和自己的私钥对订单明文进行加密，保证订单在传输过程中的信息安全，打开【发起订单】任务的【实境演练】界面，选择对应的供应商点击【发起订单】按钮，如图 9.23 所示。

图 9.23 加密订单发送

（2）境外电商在发起订单时，需要使用对方的公钥和自己的私钥对订单明文进行加密，保证订单在传输过程中的信息安全，打开【确认订单】任务的【实境演练】界面，选择对应的订单点击【验证】按钮，如图 9.24 所示。

（3）供应商接收到境外电商发来的订单，经验证确保订单在传输过程中没有被篡改，之后供应商需要进行购买原材料、生产加工、发货以及 P2P 点对点传输发布公告。打开【P2P 发布公告】任务的【实境演练】界面，选择对应的订单，点击【发布】按钮，如图 9.25 所示。

| 确认订单 |

商品信息		订单编号	数量	总价	跨境电商	操作
>	暂无 单价：6000人民币	1587369086182	1	6000	13951874453	验证
>	知链牌手机 单价：6000人民币	1578463241306	500	3000000	18952789623	已确认

< 1 >

图 9.24 解密接收订单

| P2P传输发布公告 |

序号	订单编号	供应商	境外电商	合同金币	商品名称	时间	操作
1	1587369086182	18252779898	13951874453	6000	知链牌手机	04-20 15:51:26	发布
2	1578463241306	18252779898	18952789623	3000000	知链牌手机	01-08 14:00:41	发布

< 1 >

图 9.25　P2P 发布公告

(4)当境外电商收到货物后，供应商应收账款产生。对于供应商而言，账期较长需要很长时间才能收回货款，因此资金周转困难的供应商向保理公司递交应收账款转让融资申请书。打开【应收账款转让申请】任务的【实境演练】界面，选择对应的订单点击【申请】按钮，如图 9.26 所示。

| 应收账款转让申请 |

序号	订单编号	供应商	境外电商	合同金币	商品名称	时间	操作
1	1578463241306	18252779898	18952789623	3000000	知链牌手机	01-08 14:00:41	申请

图 9.26　应收账款转让申请

(5)打开【接收申请书】任务的【实境演练】界面，选择对应的订单先点击【接收】按钮，再点击【查看】按钮，如图 9.27 所示。

| 接收申请书 |

订单编号	供应商	跨境电商	商品名称	合同金币	时间	操作
1578463259160	18911110010	18952789623	知链牌手机	1800000	01-08 14:00:59	查看
1578463241306	18252779898	18952789623	知链牌手机	3000000	01-08 14:00:41	查看
1578463252570	15252799041	18952789623	知链牌手机	2400000	01-08 14:00:52	查看

< 1 >

图 9.27　接收申请书

(6)保理公司在接到供应商提交的申请后,开始在联盟链上进行订单调查。境外支付机构在链上收到保理公司的订单调查申请后,开始确认订单真实性以及订单状态的锁定和电商在银行里授信额度的锁定。在确认订单真实性和授信剩余额度后,将调查结果在链上发还给保理公司。打开【接收订单调查申请】任务的【实境演练】界面,选择对应的订单先点击【接收】按钮,再点击【查看】按钮,查看相关信息,如图 9.28 所示。

图 9.28　接收订单调查申请

(7)保理公司接收境外支付发来的订单调查回复后,依据调查结果判断是否向供应商发放融资款项,并使用 UTXO 模型进行订单信息和授信额度的更新。打开【更新订单信息】任务的【实境演练】界面,点击【更新】按钮,查看授信状态,如图 9.29 所示。

编号	供应商	跨境电商	商品名称	合同金币	时间	授信状态	操作
0	18911110010	189527896...	知链牌手机	1800000	01-08 14:0...	已结算	更新
1	18252779898	189527896...	知链牌手机	3000000	01-08 14:0...	已结算	更新
2	15252799041	189527896...	知链牌手机	2400000	01-08 14:0...	已结算	更新

图 9.29　更新订单信息

(8)在境外电商进行订单结算时,通过使用智能合约将订单到期结算时间、触发条件等信息编辑成合约语言,通过程序化进行自动结算。打开【智能合约结算订单】任务的【实境演练】界面,查看订单自动结算状态,如图 9.30 所示。

图 9.30　智能合约结算订单

(9)基于智能合约触发条件进行自动化结算,境外支付在收到境外电商的订单结算款后,将资金进行换汇结算处理后,依据合约信息将资金自动结算到供应商和保理公司处。打开【换汇结算】任务的【实境演练】界面,点击【换汇】按钮,如图 9.31 所示。

图 9.31　换汇结算

(10)最后境外支付机构基于 UTXO 模型完成订单状态和授信额度的更新。打开【更新授信额度】任务的【实境演练】界面,点击【更新】按钮,如图 9.32 所示。

图 9.32　更新授信额度

(三)区块链在跨境保理业务中的价值

通过了解传统跨境保理业务及其痛点,以及上述区块链跨境保理的实境演练,我们能够深刻理解区块链技术的应用模式与创新价值,从中可以总结出区块链的几种用途:

(1)区块链的透明性特征,使得整个链上的任何数据都可以被查询、追溯。由于其存储的记录不可篡改的特性,降低了交易过程中的欺诈风险,在提高交易精度的同时简化了交易过程,降低了保持数据的原始性和交易可追溯的成本,为整个供应链提供担保授信依据。

(2)当涉及跨境贸易时,由于境内保理公司很难与境外电子商务平台形成紧密绑定,只能采取独立商业保理模式。此时,保理公司不仅需要到电商平台去验证订单的真实性,还要根据供应商的历史融资等信息,全面评估供应商信用,降低业务风险。其审核工作相对繁琐,而且难以控制资金流向,贷后风险管理成本高。基于区块链的跨境保理可以实现授信担保中的去中心化,实现支付与结算的自动化、高效化,让物流与资金流统一起来。

(3)传统的跨境电商征信调查、尽职调查、订单追踪、实地核查等环节花费大量的人力物力和时间,采用区块链技术为以上几个环节提供便利。

(4)现阶段我们的征信系统、法律体系还不够完善,这对保理业务的征信以及风控提出了更高的挑战。将区块链技术运用于征集平台、尽职调查等环节可以有效控制操作风险的发生,由于区块链的公开性、不可篡改性等特点,将调查的各个环节都真实地记录在区块链上,能够为保理公司的运营管理提供重要依据。

1. 保理按是否保留对卖方的追索权分为(　　)。(单选)
 A. 公开型保理和隐蔽型保理　　　　B. 单保理和双保理
 C. 有追索权保理和无追索权保理　　D. 公开型有追索权保理

2. 办理保理业务的企业以哪项资产转让给保理公司以取得融资?(　　)(单选)
 A. 应收账款　　B. 应收票据　　C. 预付账款　　D. 以上全是

3. 应收账款质押应向以下哪个部门申请登记?(　　)(单选)
 A. 工商局　　B. 公路局　　C. 交通局　　D. 人民银行征信中心

4. 保理风险防范对策不包括的是(　　)。(单选)
 A. 做好对进出口商的资信调查　　B. 选择合适的保理类型
 C. 签订好保理协议　　　　　　　D. 追索条款和保障追索条款

5. 时间戳是指的哪个地方的时间?(　　)(单选)
 A. 格林威治时间　　B. 北京时间　　C. 加拿大时间　　D. 纽约时间

6. 国际保理主要涉及哪些当事人?(　　)(单选)
 A. 出口商、进口商、保理商　　　　B. 银行、保理商、进口商
 C. 进口商、出口商、银行　　　　　D. 受益人、保理商、出口商

7. 买方、卖方和保理商之间的业务不包括(　　)。(单选)
 A. 买方、卖方签协议,买方向卖方以赊销形式供货
 B. 保理公司向卖方支付货款
 C. 买方向保理公司支付全额货款
 D. 买方把交易单据以折价形式卖给保理公司

8. 我国2018年保理业务总量为多少元?(　　)(单选)
 A. 4116亿欧元　　B. 3528亿元　　C. 6638亿欧元　　D. 4000亿欧元

9. 授信额度相关内容查询,不包括(　　)。(单选)
 A. 期限　　B. 担保　　C. 利率　　D. 利息

10. 商业保理的盈利模式(　　)。(单选)
 A. 资金利息＋管理费＋监管质押费＋交通费
 B. 资金利息＋管理费＋监管质押费＋服务费
 C. 资金本金＋管理费＋监管质押费＋服务费
 D. 资金利息＋管理费＋监管质押费

第十章

证券基金业务

1.掌握区块链在证券基金业务中的应用方法与成果。
2.熟悉区块链技术在证券基金业务流程中的应用。
3.理解传统证券基金业务的行业痛点。
4.领悟区块链金融结合的创新架构模式。

数字签名　合同上链　证券公司　投资基金　公钥　私钥

本章首先介绍了证券基金的概念、特征与发展现状,然后通过对传统证券基金业务中存在的业务痛点进行分析,并讲解区块链技术针对业务痛点提供的解决方案,最后通过一个实操案例使读者加深对区块链技术应用的理解。建议读者在完成相关知识的学习后,按照本章节中提供的实操步骤进行实操体验,使读者更好地感受到区块链技术在证券基金业务中的应用。

本章思维导图

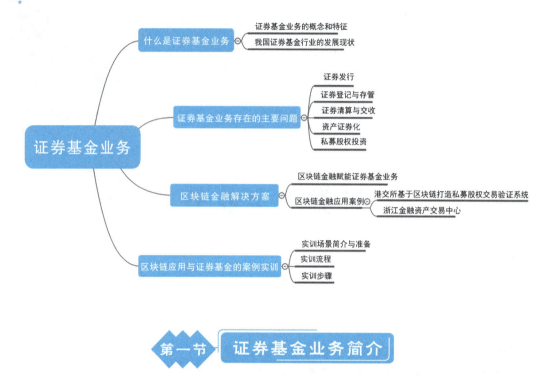

第一节 证券基金业务简介

一、证券基金业务的概念

证券公司与基金公司是我国资本市场主要的市场主体。其中,证券公司(Securities Company)是专门从事有价证券买卖的法人企业。广义层面的证券公司可分为证券经营公司和证券登记公司,狭义层面的证券公司则仅指证券经营公司。不同注册资本的证券公司在证券交易过程中充当不同的角色,主要业务包括有:证券经纪,投资咨询,与证券交易、证券投资活动有关的财务顾问业务,证券自营、证券的承销与保荐或资产管理等。

证券投资基金管理公司(基金公司)是指经中国证券监督管理委员会(简称证监会)批准的在中国境内设立并从事证券投资基金管理业务的企业法人。广义层面的基金公司根据面向对象的不同可以分为公募基金和私募基金,其中私募基金又可以分为私募股权(PE)、风险投资(VC)[①]、私募证券等。证券类基金主要投资于二级市场,股权类基金主要投资于一级市场。证券投资基金,是基金公司发行的产品,是指通过发售基金份额募集资金形成独立的基金财

[①] PE、VC专注于对非上市企业的权益性投资,PE主要投资于具有一定规模的成熟企业,VC主要投资于初创企业。

产,由基金管理人①管理、基金托管人②托管,以资产组合方式进行证券投资,基金份额持有人按其所持份额享受收益和承担风险的投资工具。在与基金相关的发行、管理、托管、注册登记、销售等环节中,与基金管理人(即基金公司)相关的包括基金的发行和管理、登记注册、部分销售业务(直销)。

二、我国证券基金行业的发展现状

近年来,随着金融现代化的持续发展,我国证券公司与基金公司的资产规模也不断发展壮大。根据证券业协会的统计数据,截至2018年年底,我国131家证券公司总资产为6.26万亿元,净资产为1.89万亿元,净资本为1.57万亿元,客户交易结算资金余额(含信用交易资金)9378.91亿元,托管证券市值32.62万亿元,受托管理资金本金总额14.11万亿元。2018年当期实现营业收入2662.87亿元,当期实现净利润666.20亿元。根据中国证券投资基金协会的统计数据,截至2018年年底,我国境内共有基金管理公司120家,其中中外合资公司44家,内资公司76家;取得公募基金管理资格的证券公司或证券公司资管子公司共13家,保险资管公司2家。以上机构管理的公募基金资产合计13.03万亿元。

毫无疑问,证券公司与基金公司在我国金融体系中的地位已逐渐凸显,对金融制度和经济制度改革都产生了重大影响。尽管如此,当前我国证券与基金行业在监管体系完善、金融创新深化、市场开放进程等方面依然还有较长的路要走,证券公司及基金公司在业务能力、公司治理等方面与国际同行的差距仍然较为明显。

第二节 证券基金业务存在的主要问题

一、证券发行

证券发行一般指发行人通过向投资者销售股票、债券等证券的方式筹集资金的活动。以证券的首次公开发行(Initial Public Offering,IPO)为例,其主要发行程序包括:企业股份制改造,保荐机构开展尽职调查与上市辅导等活动,会计、评估等中介机构提供专业服务并出具专业报告,监管部门进行辅导报备、辅导验收、上市审核,通过核准后进行询价、定价、申购等活

---

①基金管理人,是指凭借专门的知识与经验,运用所管理基金的资产,根据法律、法规及基金章程或基金契约的规定,按照科学的投资组合原理进行投资决策,谋求所管理的基金资产不断增值,并使基金持有人获取尽可能多收益的机构。负责基金发起设立与经营管理的专业性机构通常为证券公司、信托投资公司或其他机构等。

②基金托管人又称基金保管人,是根据法律法规的要求,在证券投资基金运作中承担资产保管、交易监督、信息披露、资金清算与会计核算等相应职责的当事人。基金托管人是基金持有人权益的代表,通常由有实力的商业银行、证券公司或信托投资公司担任。基金托管人与基金管理人签订托管协议。在托管协议规定的范围内履行自己的职责并收取一定的报酬。

动。在以上证券发行程序过程中,可能出现信息不对称、信息不完全、潜在利益冲突等问题。一是信息不对称,即发行人相对于投资者拥有信息优势,而投资者是发行企业的外部人士,并不完全掌握风险情况,如监管不严,容易滋生 IPO 欺诈行为;二是信息不完全,即 IPO 过程中信息保存不完全,一方面 IPO 从启动到完成融资的环节多、历时长,过程信息如工作底稿可能残缺,另一方面 IPO 信息系统由各市场主体独立建设,缺乏统一的工作平台对各方数据进行集中管理使用,数据可能并不一致,以上信息不完全可能为 IPO 数据造假留下空间;三是潜在的利益冲突,即如果一家证券公司同时担任股票保荐机构与承销机构,承销与保荐的目标存在冲突,可能为证券公司参与发行人造假埋下隐患。

二、证券登记与存管

证券登记是指记录证券的所有权并编制证券持有人名册,对证券持有人持有证券的事实加以确认。证券存管则是指专门的机构对证券进行保存和管理。我国的存管制度包括证券公司托管与中央证券存管机构(Central Securities Depository,CSD)存管,即证券公司对各自客户的证券进行分散保管,再由中央证券存管机构(CSD)对证券公司的自有证券和证券公司客户的证券进行集中保管。

历史上较长一段时间,证券的登记存管业务曾经存在以下问题:一是分散登记保管,即无集中统一的登记保管机构,发行人自行维护和保管股东名册,证券经纪商或托管银行自行保管客户的证券;二是证券实物化,没有电子化账本或数据库;三是证券登记过户依靠人工操作,效率低下。后续世界各国逐步推动证券登记托管的集中化、非实物化、电子化。其主要做法包括:一是由法定的中央证券存管机构(CSD)负责证券登记,纸质证券逐步由电子簿记代替。二是建立了存托及结算机构(Depository Trust and Clearing Corporation,DTCC)来统一存放和管理证券。在我国,2001 年 10 月 1 日起,上海、深圳两家证券交易所的登记结算业务全部结转至中央登记结算机构,全国统一的证券登记结算体系已初步构建。当下,我国证券登记业务也已经交由专门的证券登记机构进行无纸化登记操作,但只是将证券纸质凭证电子化,整个登记业务流程电子化,相应的登记业务流程并未简化,业务流程依然繁琐复杂,例如签署合同、准备申报材料、材料审核、相关权威部门的批准文件都需要耗费登记机构与证券持有人大量的时间和精力,导致登记业务的成本依然较高。

三、证券清算与交收

证券清算是指按照事先确定的规则计算交易双方证券和资金的应收应付数额的过程,其结果是确定交易双方的履约责任和交收义务。证券交收是指根据清算结果,交易双方通过转移证券和资金来履行相关债权债务的过程。证券清算和交收统称为证券结算。

目前我国证券结算主要由中央国债登记结算有限责任公司("中债登")和中国证券登记结算有限公司("中证登")负责,其职责主要包括证券登记、结算和账户维护三个方面。如图 10.1 所示,证券结算过程中结算公司与交易所、结算参与人(银行或证券公司等)之间相互配合,保管所有交易数据、进行数据更正和维护等,共同完成结算行为。目前,证券结算的主要问题是交易成本高且效率低、安全性较差等。第一,成本高且效率低。证券结算的流程由多方金融机构共同参与,流程冗长且复杂,成本高且效率低。一方面,由于证券结算公司、交易所、银行和证券公司等证券结算参与机构各自有自己的交易账簿系统,这导致不同金融机构除保持交易数据及时更新外还需要耗费大量时间精力进行相互之间对账。另一方面,链条中的金融机构为完成证券结算,需要耗费一定的交易成本,例如投资者需要有偿委托证券公司进行交易结算,又例如证券公司需要向结算公司提供证券抵押品以降低证券结算的违约风险,此外还有用于了解客户和反洗钱等合规费用等。第二,安全性差。由于证券结算以结算公司为中央枢纽,一旦结算公司或主要的结算参与人其数据系统受到攻击,可能对金融安全和稳定造成威胁。

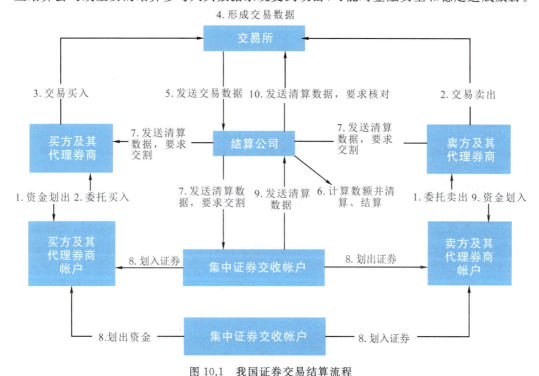

图 10.1 我国证券交易结算流程

图片来源:卜学民,《区块链下证券结算的变革、应用与法律回应》,《财经法学》2019 年第 3 期。

四、资产证券化

资产证券化是指以基础资产未来所产生的现金流为偿付支持,通过结构化设计进行信用增级,在此基础上发行资产支持证券(Asset-backed Securities,ABS)的过程。如图 10.2 所示,基本的资产证券化流程是:发起人(资产方)将未来可产生现金流的资产进行剥离、整合后将基础资产转移或出售给特殊目的机构(Special Purpose Vehicle,SPV),然后 SPV 将这些资产汇集成资产池,再以该资产池所产生的现金流为支撑在金融市场上通过承销商发行有价证券向投资者融资,最后对资产池进行管理并用资产池产生的现金流来清偿所发行的有价证券。在以上资产证券化过程中,主要的问题包括信息不对称、效率低等问题。一方面,资产证券化的基础资产存在信息不对称风险,主要矛盾在于投资人及中介机构难以穿透底层资产以把握风险。另一方面,资产证券化业务同样存在参与机构较多、业务链条较长且复杂等问题,多方参与时由于数据系统不一致可能导致数据流转效率较低,对账成本较高。

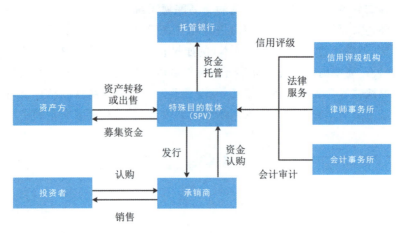

图 10.2　资产证券化的参与机构

图片来源：翟晨曦等，《区块链在我国证券市场的应用与监管研究》《金融监管研究》2018年第7期。

五、私募股权投资

传统股权投资体系中，投资者与 PE、VC 及被投企业之间存在信息不对称，企业运营情况、投资机构决策过程等不透明，容易导致投资者信心不足，交易受阻。另外，因为信息不对称、存在信用风险等原因，导致股权投资在融资过程中流程繁琐、步骤复杂，还需要签署各类法律协议。

第三节　区块链金融解决方案

区块链采用分布式记账、哈希密码学、不对称加密、时间戳以及点对点传输机制等技术，可以提供安全、不可篡改、可追溯的信息和数据，这一特征赋予传统证券基金业务以技术为背书的新信用基础，形成新的信用机制，解决传统证券基金业务的难题和痛点。

一、区块链金融赋能证券基金业务

通过解决信息不对称、中介机构的中心化以及"信息孤岛"等问题，区块链可大大提高传统金融业务的广度、深度及效率。可以说，区块链正在深刻地影响着金融业务的演化。针对证券基金业务存在的问题，区块链都有相应的解决方案，见表10.1。

（一）证券发行

在证券发行方面，区块链金融可一定程度优化证券发行的诚信环境、提升市场交易效率。以 IPO 为例，区块链可在以下方面赋能证券发行业务：第一，区块链可提升 IPO 的透明度，即利用区块链技术进行 IPO 信息的共享，方便监督部门、审计机构以及其他市场参与者对数据进行查询与核验，降低信息不对称情况及可能的造假风险；第二，区块链可弱化或替代承销机构,利用区块链技术实现点对点发行,弱化承销机构的功能,可降低发行成本的同时明显降低承销商与保荐人相冲突的隐患;第三,发行人可借助区块链和智能合约实现自主办理证券发行,提高发行效率。

表 10.1　区块链证券交易的优势

参与方	优势
基金管理人/交易平台	基于区块链不可篡改性,提升平台公信力 支持数据跨平台共享,提高交易效率 保障项目透明度,提升风险能力
监管机构	简化并规范监督审计流程 通过智能合约施行事中监管,提升监管力度
项目方/融资方	资产权益透明,避免重复质押 多链架构施行跨区域、跨领域链接,拓展融资渠道 降低融资成本,加快资金周转
投资方	简化投资流程,避免重复审核 拓展投资面,进行跨领域、跨地域投资 所投项目数据、信息真实可信,投资权益得到保障

(二)证券登记与存管

在证券登记与存管方面,区块链的应用可以有以下好处:第一,不再依赖于传统的登记机构,而是保存在区块链这本总账上,由全链进行公证证明;第二,证券权属变动将在全链进行传播和更新,确保与区块链总账保持同步;第三,股份拆分、权益分派、股票质押、股东投票等基于登记而派生的业务,也都可以借助区块链及智能合约实现。

(三)证券清算与交收

在证券清算与交收方面,通过区块链进行证券清算交收有以下好处:首先,证券交收和资金交收被包含在一个不可分割的操作指令中,交易同时成功或失败,实现货银对付并降低因一方违约另一方受损的风险。其次,证券结算不再完全依赖中央登记结算机构,每个结算参与人都有一份完整的账单,任何交易都可在短时间内传送至全网,分布式账本可以保证系统的安全性,降低操作风险。最后,区块链技术将减少中介、简化结算流程。证券交易流程中的证券经纪代理机构、托管机构、清算参与机构、中央证券存管机构、中央对手方等都可能被代替,直接实现交易各方的对接,进而提升清算交收效率。

(四)资产证券化

在资产证券化方面,区块链可有效解决信息不对称及工作效率低等问题。首先,可借助区块链和智能合约使得 ABS 的各参与方作为区块链节点共享实时交易数据,提升交易透明度,缓解信息不对称问题,并且降低对账成本。其次,可借助区块链技术实时监控并共享基础资产的相关交易情况及风险变动情况,以便投资者及时把握风险点。

(五)私募股权投资

在私募股权投资方面,基于区块链数据不可篡改、公开透明的特征,可以消除投资者、PE、VC及被投企业之间的信息不对称情况。另外,利用区块链中智能合约的可编程性,投资项目的募资金额、个人投资额度、相关协议约定、退出方式都可以借助智能合约自动执行,大幅简化交易流程。

二、区块链金融应用案例

针对证券基金业务,区块链金融目前给出了较多解决方案,但在真正落地应用前也存在诸多问题与风险需要解决。本文将介绍目前已有的相关应用案例。

(一)区块链证券交易案例——港交所基于区块链打造私募股权交易验证系统

非上市公司股权交易执行过程中,由于存在股东名册繁琐,历史交易难追溯,信息不透明等问题,致使各参与主体间存在反复验证的行为,同时各主体内部也有繁杂的审批流程,难以实现交易信息的实时同步。这不仅使整个交易过程变得复杂,交易周期也变得不可预测,T+n的情况是比较普遍的情况。如果某笔交易存在跨地域,有时间先后等特殊要求,交易流程和成交周期会更长,交易信息滞后会带来潜在重复质押的隐患,导致投资人利益受到损害。因此提高各参与主体的信息同步和协同效率是股权交易的重中之重。

2017年5月,云像作为区块链技术服务商为香港交易所搭建区块链私募股权交易系统验证。基于联盟链技术,云像搭建了一套由交易平台、非上市公司、投资机构等组成的私募股权交易系统,实现交易信息的实时同步,一致性和透明性。

将区块链引入股权的登记和交易结算,以联盟链作为技术支撑,结合现有法律法规,提供一种全新的股权数字化唯一性凭证,可以实现一个围绕股权资产的分布式、多方参与的且共同维护的共享账本,为融资者拓展更多的融资渠道,降低了融资成本。整个系统采取"分层多链"的技术架构,将提供联盟支撑的核心链和提供交易服务的业务链隔离。其中核心链成员共同审查用户认证身份,为业务链提供全局身份验证服务。

(二)区块链资产发行案例——浙江金融资产交易中心

金融产品在发行前都需经过严格的发行审核机制,参与审核的部门与机构包括交易中心各事业部、会计事务所、律师事务所、第三方评级机构等。由于产品审核过程严格,周期较长,参与部门众多,相关资料繁杂,且存在大量线下纸质凭证,因此在发审过程中,各部门在产品进度跟踪与资源协调管理上存在信息不一致、凭证需反复确认等问题,影响工作效率,提升风控难度。

通过构建金融产品发审联盟链,接入包括产品发行方、交易中心各审核部门,会计事务所、评级机构、律师事务所在内的各发审参与方,并将原有的线下流程通过智能合约的应用实行链上操作,简化操作流程,如图10.3所示。基于区块链账本的强一致性与实时性,联盟链各参与方可获取实时的产品信息与操作记录,为产品挂牌发行以及后期管理提供审议和决策依据。

浙江金融资产交易中心于2018年初开展区块链发审系统项目合作,为参与发审的各部门、机构搭建一套数据实时同步、防篡改、可溯源的发审联盟链系统。目前该系统已与浙金中心风控系统对接,并接入多家外部会计事务所,律师事务所,评级机构等发审参与方,为金融产

第十章　证券基金业务

品的发行审核提供有利依据与保障。

图 10.3　区块链资产发行方案

第四节　区块链应用与证券基金的案例实训

一、实训场景简介与准备

证券保险案例

本节为实训环节,实训场景中存在基金管理人、基金托管人、基金投资人、监管机构四种角色,在开始实训之前需要进行角色选定。通过角色扮演的方式完成本次实训,每个角色都有人员之后才可以开始实训操作。

(1)进入区块链金融创新实训平台的实训任务的界面,如图 10.4 所示:

图 10.4　证券保险案例模块

(2)在任务列表中找到【角色选定】任务,点击【角色选定】→【实境演练】,系统会自动切换到实境演练界面,进入到角色选定的界面,共预置了四个角色,班级学生根据自己对角色的了解,点击角色名称后再单击【确定】按钮,完成人员角色的选定,如图 10.5 所示。

图 10.5　角色选定

(一) 实训流程

本实训过程主要围绕基金管理人、基金托管人、基金投资人三方以相互之间签署合同的过程展开,交易流程如图 10.6 所示。

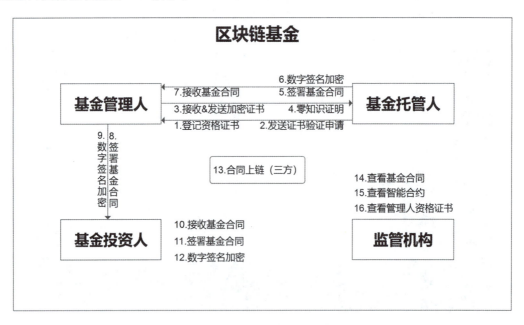

图 10.6　证券基金业务流程

(二) 实训步骤

1. 基金管理人登记资格证书

(1) 基金管理人角色点击【登记资格证书】任务,进入【实境演练】界面中。实境演练中仿真显示"中国证券投资基金业务协会"的登记证明,以此为模板进行证书的登记。

(2) 点击资格证书的底部的【登记】功能按钮,如图10.7所示。

图 10.7 登记资格证书

(3) 点击【登记】按钮,系统弹窗提示"是否登记?"进行二次确认,如图10.8所示。

图 10.8 登记证书二次确认

(4)点击【确定】按钮,系统自动弹出可编辑的登记证明,由该角色的学生自主完成空格的填写。填写完毕之后,点击底部的【确定】按钮,完成本次证书的填写,如图 10.9 所示。

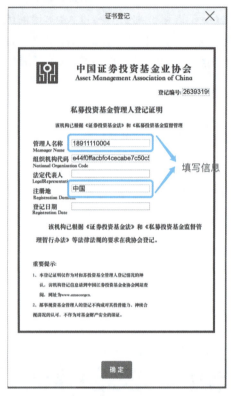

图 10.9　填写登记证明

(5)点击【确定】按钮后,系统会切换至【加密】窗格中,输入自己的私钥进行数字签名的加密,如图 10.10 所示。

图 10.10　填写基金管理人私钥

(6)输入基金管理人的私钥之后,点击【加密】按钮,直接跳转至上链证书部分,代表了加密之后的资格证书被记录在区块链上,上链之后会自动分配一个区块哈希。点击【确定】按钮,完成整个登记证书的任务,如图 10.11 所示。

第十章 证券基金业务

图 10.11 上链证书

2. 基金托管人发送证书验证申请

（1）基金托管人进入【发送证书验证申请】任务的实境演练中，会看到本班级内所有的基金管理人员的信息和头像，点击【发送】按钮，如图 10.12 所示。

图 10.12 发送验证申请

（2）点击【发送】按钮，系统弹窗提示"是否申请验证证书"，此时可以选择【取消】、【确定】两种，点击【确定】按钮，将申请发送给基金管理人，如图 10.13 所示。

图 10.13　二次确认验证申请

3.基金管理人接收并发送加密证书

（1）基金管理人进入【接收并发送加证书】任务的实境演练中，该任务中多了几条来自基金托管人发来的申请。记录了：申请的序号、基金托管人、基金管理人、发送时间和操作等信息，如图 10.14 所示。

序号	基金托管人	基金管理人	时间	操作
1	18911110004	18911110001	04-15 17:59:13	接收

图 10.14　接收证书记录

（2）点击【接收】按钮，系统弹窗提示"是否接收"，二次确认，完成加密证书的接收过程，如图 10.15 所示。

图 10.15　二次确认接收

（3）完成加密证书的接收之后，"操作"栏中的【接收】变更为【发送】按钮，点击【发送】按钮，系统弹出登记证书的详细内容页面，如图 10.16 所示。

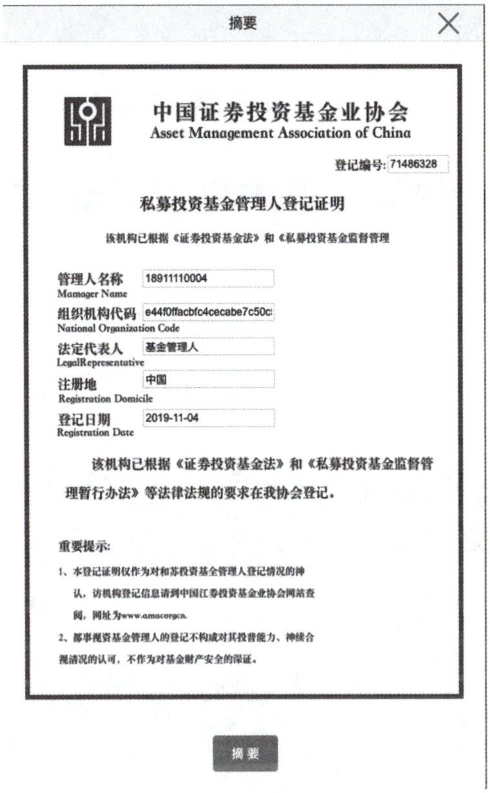

第十章 证券基金业务

图 10.16 弹窗显示摘要文件

（4）点击【摘要】按钮，跳转至数字摘要的加密操作中，将需要加密的信息进行提取，粘贴上对方的公钥，生成信息二维码。点击【发送】按钮，完成发送的过程，如图 10.17 所示。

图 10.17 摘要加密生成二维码

4.基金托管人零知识证明

(1)基金托管人进入到【零知识证明】任务的实境演练中,会产生一条来自基金管理人发送的数据,记录的信息包括:记录序号、基金托管人、基金管理人、接收时间、操作等信息,如图10.18所示。

序号	基金托管人	基金管理人	时间	操作
1	18911110004	18911110001	04-15 17:59:13	接收

图 10.18　接收数据记录

(2)点击【接收】按钮,系统弹窗二次确认"是否接收",点击【确定】进行再次确认,如图10.19所示。

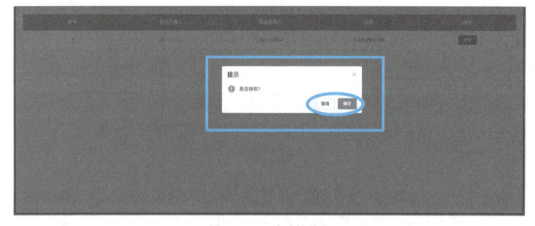

图 10.19　二次确认接收

(3)接收完成之后,进行合同的验证,在操作栏中,由【接收】变为【验证】,点击【验证】按钮,输入自己的私钥,完成合同的解密验证,如图10.20所示。

图 10.20　输入私钥验证

(4)在输入框中输入私钥,进行公私钥配对之后,点击【解密】按钮,将加密的数字摘要解密,显示出信息的二维码,如图10.21所示。

第十章 证券基金业务

图 10.21 加密信息二维码

整个解密、验证的过程中,没有泄露证书中的任何内容,同时还能保证证书的正确性和完整性。

5. 基金托管人签署基金合同

(1)基金托管人进入【签署基金合同】任务的实境演练中,选择基金管理人进行合同的签署。已签署过基金合同的管理人,不能再次签署,如图 10.22 所示。

图 10.22 签署基金合同

(2)点击【签合同】按钮,系统弹窗显示"是否签署合同"的二次确认,点击【确定】进入到私募投资基金合同的填写中,如图 10.23 所示。

图 10.23　二次确认合同签署

(3) 填写"私募投资基金合同",一共 3 页,基金托管人需按照标准填写。填写完成之后,点击"私募投资基金合同"底部的【确认】按钮,完成基金合同的签署,如图 10.24 所示。

图 10.24　签署投资基金合同

6. 基金托管人数字签名加密

(1) 基金托管人进入到【数字签名加密】任务的实境演练中,进行加密。任务中显示了托管人与基金人之间签署的合同记录,包括：记录序号、基金托管人、基金管理人、操作等信息,如图 10.25 所示。

第十章　证券基金业务

图 10.25　加密基金合同

(2)点击【加密】按钮二次确认"是否加密?",点击【确认】按钮,进入到数字签名界面。数字签名中需要输入对方的公钥、加密信息的哈希值、自己的私钥,如图 10.26、图 10.27 所示。

图 10.26　二次确认是否加密

图 10.27　数字签名加密过程

(3)基金托管人,将数字签名中需要的公私钥全部填写正确,点击【加密】按钮,可以看到加密后的密文和数字签名。再次点击【加密】按钮,将加密好的基金合同发送给基金管理人,如图 10.28 所示。

图 10.28　数字签名和密文

7.基金管理人接收基金合同

(1)基金管理人进入【接收基金合同】任务的实境演练中,在该任务中记录了基金托管人发送的基金合同,如图 10.29 所示。

图 10.29　接收基金合同

(2)在操作栏中,点击【接收】按钮,从接收状态变更为【解密】状态,点击【解密】弹窗显示解密的输入框。显示出需要解密的密文和已经加密的数字签名,如图 10.30 所示。

图 10.30　需要解密密文和签名

(3)点击【确定】按钮,进入到解密的界面,需要输入自己的私钥,来匹配自己的公钥进行解密,如图 10.31 所示。

第十章 证券基金业务

图 10.31 解密密文和签名

8.基金管理人签署基金合同

(1)基金管理人进入到【签署基金合同】任务的实境演练中,进行签署合同的实训操作,如图 10.32 所示。

图 10.32 签署基金合同

(2)点击【签署】功能按钮,系统弹窗显示基金管理人填写的"私募基金合同"内容,进行确认操作。点击"私募基金合同"底部的【确认】完成签署操作,如图 10.33 所示。

图 10.33 填写基金合同

9.基金管理人数字签名加密

(1)基金管理人进入到【数字签名加密】任务的实境演练中,选择该班级下的基金投资人,将基金合同加密发送给该基金投资人,如图 10.34 所示。

图 10.34 选择基金投资人

(2)点击【查看】进入到该投资人发送界面,如图 10.35 所示。

第十章　证券基金业务

图 10.35　加密证书

(3)点击【加密】按钮,显示数字签名加密的过程,数字签名算法保证了链上接收人的唯一性以及信息的完整性,如图 10.36 所示。

图 10.36　数字签名的加密过程

(4)输入私钥以后,点击【确定】按钮,进入到数字签名执行后的结果界面,如图 10.37 所示。

图 10.37 数字签名结果

10. 基金投资人接收基金合同

（1）基金投资人进入到【接收基金合同】实训任务的实境演练中,点击【接收】按钮,由接收变更为解密按钮,如图 10.38 所示。

图 10.38 解密基金合同

（2）点击【解密】按钮,弹窗显示需要解密的"密文"和"数字签名",如图 10.39 所示。

第十章　证券基金业务

图 10.39　需要解密的密文和签名

（3）点击【确定】按钮,进入到解密密文的界面。这个解密的过程和解密过程是相互对应的操作,如图 10.40 所示。

图 10.40　解密签名

（4）输入私钥完成数字签名的解密以后,系统自动弹窗显示数字摘要和明文的哈希值。这两个哈希值,分别来自数字签名加密时进行的两重加密,如图 10.41 所示。

图 10.41　解密基金合同

11.基金投资人签署基金合同

(1)基金投资人进入到【签署基金合同】任务的实境演练中,如图 10.42 所示。

图 10.42　进入签署基金合同任务

(2)点击【签署】按钮,弹窗显示"私募基金合同"的内容,点击【确认】按钮完成签署操作,如图 10.43 所示。

图 10.43　签署基金合同

12. 基金投资人数字签名加密

（1）基金投资人进入到【数字签名加密】任务的实境演练中，将合同发送给监管机构，在发送之前需要将合同进行数字签名，保证合同的不可篡改性和接收人的唯一性，如图 10.44 所示。

图 10.44　加密基金合同记录

（2）点击【加密】按钮，弹窗显示加密的填写框，如图 10.45 所示。

图 10.45　数字签名过程

（3）在输入框中，输入投资人的私钥，进行加密。点击【确定】按钮，查看加密后的密文和生成的数字签名。再次点击【确认】完成加密操作，如图 10.46 所示。

图 10.46 加密后的密文和数字签名

13.三方合同上链

基金投资人、基金托管人、基金管理人合同上链，进入到【合同上链】任务的实境演练中，点击【上链】按钮，完成上链操作，如图 10.47、图 10.48 所示。

图 10.47 进入到合同上链任务

图 10.48　合同上链

14.监管机构查看基金合同

（1）监管机构进入到【查看基金合同】任务的实境演练中，进行基金合同的查看，如图 10.49 所示。

图 10.49　进入查看基金合同任务

（2）点击【接收】按钮，弹窗显示解密的输入框，输入私钥进行解密，如图 10.50 所示。

图 10.50　私钥解密合同

（3）输入私钥后，点击【确定】按钮，弹窗显示"私募投资基金合同"的详细内容，进行查看，并点击【确认】接收，如图 10.51 所示。

图 10.51　监管人将基金合同上链

15.监管机构查看智能合约

（1）监管机构进入到【查看智能合约】任务的实境演练中，如图 10.52 所示。

第十章 证券基金业务

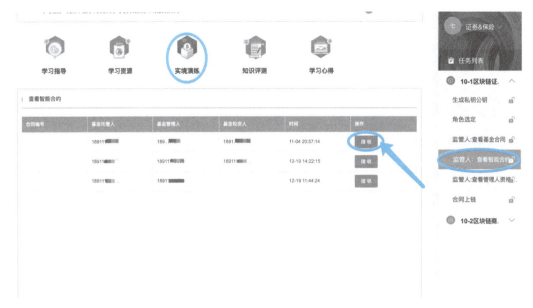

图 10.52 查看智能合约任务

(2)点击【接收】按钮,弹窗显示解密合同的输入框,输入监管机构的私钥,如图 10.53 所示。

图 10.53 私钥解密合同

(3)输入私钥后,单击【确认】按钮,将合同中的条款转化为智能合约。点击【关闭】按钮,完成查看合约的实训任务,如图 10.54 所示。

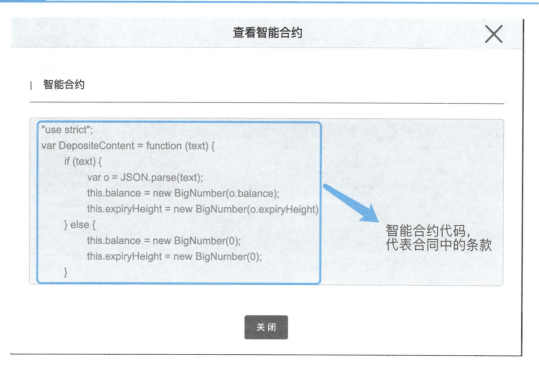

图 10.54 智能合约代码

16. 监管机构查看管理人资质

(1) 监管机构进入到【查看管理人资质】任务的实境演练中,如图 10.55 所示。

图 10.55 选择基金管理人

(2) 点击【查看】按钮,弹窗二次确认"是否查看证书",如图 10.56 所示。

图 10.56 二次确认是否查看

(3)点击【确定】按钮,进入到输入私钥解密资质证书的界面,如图 10.57 所示。

图 10.57 输入私钥解密

(4)输入私钥之后,点击【确认】按钮进行解密,弹出资格证书的明文,如图 10.58 所示。

图 10.58　解密后显示的登记证明

上述演练案例是区块链在证券基金业务中的应用,参与者在无须相互认知和建立信任关系的前提下,通过一个统一的账本系统来确保资金和信息安全。但是在证券行业,尤其是集中式交易市场,业务效率的主要瓶颈并非在技术系统。以实时清算为例,当前技术条件也可以提供较好的支持;而从撮合效率等技术指标来看,当前尚未有区块链解决方案可以超越集中式交易场所。即使如此,我们仍认为区块链技术将会影响证券行业发展的进程。这个判断主要基于区块链可以带来的三个方面改变,即降低信任成本、降低基础设施铺设成本和降低法务成本,如图 10.59 所示。

图 10.59　区块链对基金业务带来的改变

(1)降低信任成本。区块链技术不一定拥有最佳的技术性能,也未提供最佳的业务弹性。但是,区块链技术可以显著地降低市场主体间的信任成本。以往因缺乏信任而无法发起的业务,在使用区块链技术降低信任成本后则可以尝试开展。基于此,在证券行业中,可能会涌现出一批新的商业模式和金融产品。

(2)降低基础设施铺设成本。近年来,成套的交易结算清算等基础设施价格逐步降低,但对于小型金融机构而言,仍是一笔需要慎重对待的开支。目前,区块链项目大多是基于开源代码,未来基于区块链交易场所的初始铺设成本将极低。在业务正式开展后,如果交易量有限,这些机构也无须购置专用的硬件设备和铺设专用网络。

(3)降低法务成本。如前文所述,区块链具有基础规则公理化的特性。基于计算机代码的"智能合约"逻辑清晰,在技术成熟到一定程度后甚至可以自动执行。虽然,"智能合约"并不能适应于所有的合约类型,但是仍可在一定程度上降低合约的理解、裁决和执行等法务成本。

因此区块链会在技术和应用环境成熟到一定程度后,率先从信任成本高、业务依赖手工处理的领域融入证券行业发展进程。

同步练习

1. 投资基金在组织上不同于股份有限公司的典型特征是( )。(单选)
A. 共同投资、共享收益、共担风险的原则
B. 投资者享有股权性权益
C. 投资基金运用现代信托关系原则
D. 投资基金的资金有专门的用途

2. 基金资产( )以上投资于债券的为债券基金。(单选)
A. 80%   B. 70%   C. 60%   D. 50%

3. 目前,我国开放式基金的最低认购金额一般为( )元。(单选)
A. 100   B. 1000   C. 500   D. 10000

4. 根据( )的不同,可将基金划分为公司型基金和契约型基金。(单选)
A. 基金存续期   B. 法律形式   C. 托管人   D. 投资理念

5. 有效市场的最佳选择是( )。(单选)
A. 积极型管理   B. 消极型管理   C. 恒定混合管理   D. 以上都不合适

6. 请解释下列名词
PE:_____
VC:_____
IPO:_____

7. 区块链能够赋能证券发行的哪些方面?(简答题)

8. 在本章节中的实训场景中一共设计到多少个角色?(单选题)
A. 1个   B. 2个   C. 3个   D. 4个

9. 本章节的实训中私钥的主要用途是( )?(填空题)

10. 区块链( )技术可在一定程度上降低合约的理解、裁决和执行等法务成本。(填空题)

第十一章

商业保险业务

1. 掌握商业保险的概念和特征。
2. 了解传统商业保险业务的发展状况。
3. 理解传统商业保险业务的痛点。
4. 掌握主要区块链技术如何赋能传统商业保险业务。

风险　商业保险　保险合同　商业保险特征　原保险　再保险　保险监管

　　本章首先介绍了商业保险的概念、特征与发展现状,然后通过对目前商业保险业务中存在的业务痛点进行分析,并讲解区块链技术针对业务痛点提供的解决方案,最后通过一个实操案例使读者加深对区块链技术应用的了解,建议读者优先学习相关知识点,然后按照本章节中提供的实操步骤进行实操体验,使读者更好地感受到区块链技术在商业保险业务中的应用。

第十一章　商业保险业务

本章思维导图

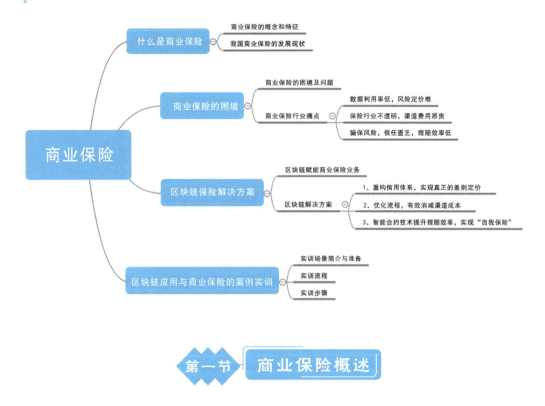

第一节　商业保险概述

一、商业保险的概念和特征

商业保险是社会经济发展到一定程度而产生的经济现象,从全社会的角度来看,商业保险是对风险进行组织、管理、计算、研究、赔付和监督的经济活动,作为社会保险的补充,它是多层次社会保障体系的重要组成部分。

商业保险是不同于社会保险的金融活动,它是通过订立保险合同运营,由专门的保险企业经营,以营利为目的的保险形式。商业保险关系是由当事人自愿缔结的合同关系,投保人根据合同约定,向保险公司支付保险费,保险公司根据合同的约定承担赔偿或给付保险金的责任。

二、我国商业保险的发展历程

我国商业保险业的全面发展开启于1992年邓小平同志的南巡讲话。1992年,我国改革开放进入了一个崭新的发展阶段,社会主义市场经济不断深化和发展,商业保险也进入了新的历史发展时期。

(一)外资保险公司进入国内市场

1992年10月,美国友邦保险公司上海分公司成立,标志着我国保险业吸引外资的开始。

1992—1998年，每年都有1~2家外资公司被允许在国内设置分公司，这些公司都以合资和参股的形式设立，不允许外资以控股或者独资的形式设立分公司。这一时期合资保险公司的设立，带来了全新的业务、管理方式和经营理念，对促进国内保险的业务发展和理念改进具有重要意义。1999年，又有4家外资保险公司获准在我国开展保险业务，其中1家在国内设立了分公司，3家以合资的形式设立了寿险公司。同时，多家保险公司开始增资扩股，泰康人寿还被批准吸收外资股份的加入。2000年，新华人寿和泰康人寿也获准吸收不超过25%的外资股份，进一步壮大了公司的股本。

(二) 保险法律法规正式出台

1995年，《中华人民共和国保险法》(以下简称《保险法》)正式颁布实施，标志着我国保险事业的改革与发展开始进入法制化轨道，对我国商业保险事业的发展产生了重大影响。1996年，又有一批保险公司获准设立，分别是新华人寿、泰康人寿两家寿险公司，华泰、华安和永安三家产险公司，保险市场格局发生了深刻变化。自《保险法》公布以后，中国人民保险公司开始进行机构改革，改名为中国人民保险(集团)公司，下设中保财产、中保人寿和中保再保险三个子公司，中保集团开始进入分业经营的新阶段。

2002年10月，修改《保险法》的决定通过，新《保险法》于2003年1月1日起开始实施。新《保险法》对原有的相关条款进行了调整，以适应WTO条款的要求。其中，在对保险条款审批报备制度、允许财产保险公司经营意外险与短期健康险、在取消法定再保险以及减少代理人所代理的保险机构数量的限制等方面放松了管制；对监管责任、监管制度和检查权限等方面进行了规范，并且还强化了对保险公司和中介机构方面的各项具体要求，对于保险公司的责任和义务进行了明确规范。

(三) 行业监管进入规范化时代

1998年，为了进一步推进保险事业的发展，国务院决定保险行业不再由中国人民银行进行监督管理，而交由中国保险业监督管理委员会专门负责。保监会的成立对于保险业监管和保险事业的发展具有重要的意义，标志着我国保险监管体系进入了分业监管的规范化时代。保监会通过加强对保险市场的监管，对各种违法和违规经营的行为进行严肃查处，并开始加强对保险公司偿付能力的监督管理，逐步建立健全保险监管风险预警系统，对保险事业的健康运行与发展发挥了重要作用。

从1995年《保险法》颁布实施到2002年，中国国内保险公司全部实现了由混业经营向分业经营的转变。1999年，中保集团公司对其下属的中保财产、中保人寿、中保再保险和香港中国保险公司等四个子公司进行了改革，分别成立了中国人民保险公司、中国人寿保险公司、中国再保险公司和中国保险股份有限公司共四家独立的保险公司，分别开展产险、寿险、再保险和海外保险业务。2000年，太平洋保险公司改名为中国太平洋保险(集团)股份有限公司，下设太平洋财产保险和太平洋人寿保险两家股份有限公司，开始实行分业经营。2002年，中国平安保险股份有限公司实现分业经营，成立了中国平安保险(集团)股份有限公司，下设平安财产保险和平安人寿保险公司。该时期商业保险市场主体不断增加，股份制改革不断深化，股份制保险公司的市场份额大幅度提高，商业保险市场格局不断优化，保险行业得到迅速发展。

(四) 改革开放步伐加快，保险规模迅速扩大

加入WTO之后，2003年保险市场按照承诺开始全面开放，我国保险行业对外开放步伐

不断加快,我国保险市场的主体数量不断增加,保险市场组织结构不断丰富与完善,保险业业务总量得到了迅猛的发展。截止2019年9月,我国共有保险集团(控股)公司13家,财产保险公司86家,人身保险公司89家,再保险公司10家,资产管理公司14家,专业保险经纪公司33家,专业保险公估公司5家,专业保险代理公司16家,地方保险协会(含中介协会)43家,保险相关机构17家。目前,我国保险行业初步形成了多种经济成分、多种企业形式并存,平等竞争、共同发展的多元化市场格局。

一、商业保险的困境及问题

近年来,随着经济的快速发展和体制改革的不断深化,我国商业保险的发展规模和速度不断提升,但也出现了一些制约性因素。

(一)社会经济不发达制约了保险业的发展

我国是一个发展中国家,国民经济已经有了长足的发展,但是相对而言,我国经济发展水平仍然比较落后,经济发展水平极不平衡,东部、中部、西部之间经济发展差距很大。在东南沿海和长江三角洲及黄渤海沿岸地区现代经济相对发达,而在中西内陆地区经济发展相对滞后。总体而言,我国人均经济指标仍然比较低,在世界160多个国家和地区中列100位之后。

(二)保险市场发育不完善影响了保险业的发展

我国保险业正处于逐步完善阶段,市场主体逐步增多,但大型保险公司垄断市场的局面尚未改变;市场品种逐步丰富,但能够让投保人以较小的付出获得更多的风险保障的险种不多;市场管理逐步规范,但保险监管的体制政策和措施能否适应市场管理的要求还有待于实践的检验。客观地看,我国保险市场发育不完善,市场秩序较乱,监管乏力是较为突出的问题。

(三)保险经营机制不灵活限制了保险业务的发展

我国保险事业的成长与发展,与国家经济发展的轨迹是紧密相随的,在相当长时期内,保险发展的模式被套上了计划经济的框架,保险的职能被弱化。在保险企业内部运作上,机构编制套也用行政模式,确定行政级别,论资排辈,照章办事,由政府主管部门安排。在险种开发上,基层公司处业务一线,最了解市场需求,但没有新险种开发权利,保险条款的出台,要由上级审批执行,层层把关。内部运转不灵,经管机制僵化,严重限制了保险事业的发展。

(四)员工队伍素质不齐影响了保险业务的发展

近年来我国保险从业人员总数达到了相当规模,但专业人才仍然匮乏。据统计全国保险从业人员中,从事过保险工作和保险专业人才只占很小的一部分,约84%的人以前没有接触过保险,这些人员对保险专业并不十分精通。就保险公司经营管理而言,精算、核保、电脑、法律、财会、险种设计与开发、特殊风险评估与防范等对专业人员素质都具有相当高地要求,而这类专业人才在保险界较为稀缺。

二、商业保险行业痛点

我国保险行业一直保持着高速稳定的增长态势。但是,同西方发达国家相比,我国保险渗透率整体偏低。以寿险产品为例,我国寿险保单持有人数占总人口的8%,人均持有保单0.13张,而美国为3.5张,日本为8张,说明我国保险行业还有很大的发展空间。2017年以来,中短存续期保险产品监管政策不断收紧,万能险业务规模大幅下滑。"回归保障本质,重塑保险生态"成为新时期保险行业发展的主旋律,迈入转型发展的关键节点。我国商业保险的行业痛点日渐凸显,主要表现在:

(一) 数据利用率低,风险定价难

保险业基于大数法则,与数据有着天然的联系,但传统的保险产品设计和定价难以体现个体差异。保险作为一种风险管理手段,最理想的定价方式就是根据每个投保个体的风险水平制定对应的价格,但是由于传统保险公司对数据的掌握程度有限,数据缺乏更新和反馈渠道,数据孤岛现象严重等问题,真正的差别定价难以实现。

保险公司的通常做法是对同一保险产品制定统一的价格,这就导致了实际风险较小的投保人补贴实际风险较大的投保人,容易产生逆向选择问题。投保人并不能因为其良好的信誉、健康的生活习惯、安全的驾驶习惯等因素而获得保费上的优惠,从而降低了其购买保险产品的意愿。相反,出险率越高的个体购买保险产品的意向越大。最典型的案例是退货运费险。这款产品被认为是最成功的一款互联网保险产品,以平均几毛钱的保费,为用户退换货产生的快递费用进行经济补偿,且目前为盈利状态。这在传统保险的定价逻辑(单一保费无法覆盖运营成本)下是不可能完成的任务。在传统方式下,唯一的解决方法就是涨保费。但涨费后,就会失去赔付率低的人、留下赔付率高的人,总体上保费少了,赔付率变得更高,亏损更甚,之后就不太可能再通过涨价来扭转亏损,继而面临退市。如图11.1所示为传统保险的定价逻辑。

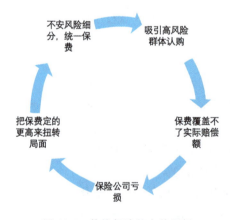

图 11.1 传统保险的定价逻辑

(二) 保险行业不透明,渠道费用昂贵

我国的保险销售可分为直销模式、代理人模式、银保模式,以及近年来逐渐兴起的互联网模式。但目前国内保险营销仍以代理人为主,庞大的代理人队伍,使保险行业的渠道费用一直居高不下。传统保险行业存在中心化的保险公司,其将大部分精力用于保险资金的管理而非

保险产品的设计上,从保险公司到各级分销渠道,存在多级价差的问题,这导致买保险时虽然很贵,但真正用在理赔上的费用较少。

实际上,各保险机构在日常业务当中积累了大量的数据,其中不仅包括在承保、缴费、理赔过程中产生的用户数据,还包括不同类型保险产品背后的细分产业数据,包括医疗、农业、交通、自然灾害等各领域,有极大的挖掘价值。然而,保险行业至今仍停留在数据孤岛的状态,保险数据面临着广泛性不足、精细化程度不高、更新及时性不强等诸多问题。这一方面不利于保险机构实现基于丰富数据挖掘的保险创新,另一方面也导致监管层难以对保险行业进行有效全面的监督和管理。

(三)骗保风险大,信任匮乏,理赔效率低

保险企业数量多、差异大,中介、代理等中间环节也很多。就保险公司而言,在进行保险赔付时,要经过一套规定的理赔流程,这一流程的环节比较多,手续也比较复杂,客户很难清楚地了解保险公司的赔付流程。如果保险公司没有及时、明确地告知程序,客户带不全所需的资料,就会增加客户的投保成本。

尽管大部分的保险合同都可以归结为"合同双方同意,在某一独立事件发生后,保险公司支付一笔费用",但在实际操作过程中,要经过一套规定的理赔流程,这一流程的环节比较多,经常会出现复杂的情况。此外,投保人和保险公司之间往往都因潜在的骗保、拒赔等问题而彼此不信任。只要发生了此类事件,保险公司将不得不承担额外的运营费用,而这些费用经常会以保费上升的形式转移到消费者身上。近年来,原保监会为规范保险市场秩序,出台了一系列政策措施加大监管力度,依然没有彻底解决长期存在的理赔难问题,涉及保险理赔的投诉量持续增加,这不仅降低了消费者购买保险的热情,很大程度上也影响了行业信誉。

第三节 区块链保险解决方案

区块链赋能商业保险业务

早期保险业基于"一人有难,众人平摊"的互助共济理念发展而来,参与者经过平等协商建立起非盈利性公社组织,签订互助契约,承诺在他人遭遇风险事件时给予经济帮助,以实现在自己需要帮助时获得相应的经济补偿,有着个性化、平等性、普惠性的特点。这一保险形式一直保留到了今天,提供此类保险服务的公司,一般被称作相互保险公司。互助保险公司与股份制保险公司共同构成了今天保险行业最主要的部分。

股份制保险公司的组织形式,使其能够聚集起巨额资本,进行更复杂多样的产品设计和更精细化的业务分工。保险产品分类标准复杂多样,按照保险标的可分为财产保险、人身保险两大类,按风险转移层次可分为原保险、再保险。

保险公司基于互联网大数据实现了大量产品方面的创新,以及更加精准有效的销售渠道。同时,也就对获取更加丰富、高质量的数据,提高挖掘分析数据的能力提出了更高的要求。一方面,凭借数据优势,建立社交或者多元化消费场景的互联网平台,在保险领域发挥着越来越

重要的作用。另一方面,各大保险公司对大数据等新兴互联网技术的关注及投入迅速放大。

近年来,加大与数据驱动的互联网平台的合作,以及加大与新兴技术公司的合作或提高自身技术研发能力,成为传统互联网公司的重点发展方向。基于商业保险业务的发展现状,区块链对保险业务的改造重点包括两个方面:一是基于区块链的信息共享及公证平台,提高保险运作的透明度,以及加速行业数据分析协同,重点体现在再保险与直保公司间的协同,以及相互保险产品改造;二是以保单上链和保单质押为核心的行业整合及标准化建设。另外,基于区块链溯源的特性,能够在农业保险及自然灾害险领域发挥一定价值。

二、区块链解决方案

(一)重构信用体系,实现真正的差别定价

利用区块链去中心化的特点,建立一个基于网络的公共账本,所有数据公开透明、不可篡改。保险公司可以根据这些真实有效的信息对每个投保个体定制专属保险产品,实现真正的差别定价并且更好地契合投保人的实际需求,这将有效解决保险行业中普遍存在的"逆向选择"问题。传统商业保险和区块链自治型保险的区别如图11.2所示。

图11.2 商业保险和区块链自治型保险区别

(二)优化流程,有效消减渠道成本

在现有市场环境下,区块链技术短时间内很难颠覆保险现有的渠道格局。但区块链技术可以优化保险销售流程,降低各个环节的查询、核实以及保单管理的人力、物力成本,从而削减渠道成本。

从保险公司的角度看,应用区块链技术可以简化销售流程,节省销售成本。意愿投保人通过渠道购买保单,渠道商将投保人信息统一发送到区块链平台,省去了以往人工传送、受理、审核、反馈等繁冗的流程。从监管角度讲,区块链技术可以实现保险销售行为的可追溯监管,从而规范保险销售行为,维护消费者合法权益,促进行业持续健康稳定发展。

在理赔环节中,应用区块链技术可通过智能合约简化索偿提交程序,不需要保险代理人介入,将极大缩短处理周期。通过分布式账本中的历史索偿和资产来源记录,可更加容易地识别可疑行为。在反欺诈环节中,区块链可从两方面进行。一是建立反欺诈共享平台,通过历史索偿信息减少欺诈和加强评估;二是通过使用可信赖的数据来源及编码化商业规则建立"唯一可识别的身份信息",防止冒用身份。

(三)智能合约技术提升理赔效率,实现"自我保险"

智能合约是区块链的核心技术和应用之一,它通过将条款和条件编成代码,然后当获得特

定指令时,它们将会自动触发并强制执行。而在保险领域,智能保险合约就可以在一定情况下自动进行理赔,如图 11.3 所示。

图 11.3　智能合约理赔

智能合约的应用将简化保单理赔处理流程,提高效率,降低成本,有效防止保险欺诈事件的发生。利用智能合约,售前环节采集标准化的客户信息,采集的信息自动写入智能合约,售后环节(理赔),当客观因素触发合约,合约根据设定的条件支付理赔款项,完成整个流程。去除了中间环节(销售、解释、核保、出具保单、理赔资料采集等),降低成本,提升理赔效率。就目前来看,只有航延险、取消险等少数险种能够通过智能合约改造。使用智能合约代码编写保单条款,根据约定规则自动运算,通过开发和部署智能合约用于存储及管理电子保单,通过结合人工智能实现自动理赔,这就提高了互联网保险的安全性,并提升了用户体验。加之智能合约能够固定保单,也避免了违规交易。

2017 年 5 月,众安信息技术服务有限公司发布了基于区块链技术和人工智能的"安链云"。"安链云"电子保单存储系统通过区块链技术保证电子保单的安全性,并扩宽了电子保单的应用范围,保单信息实现去中心化的储存,解决了信息丢失的烦恼。区块链技术的不可篡改性,使电子保单更具安全性。在投保人投保的保险事件发生后,智能合约能够自动进行理赔,保险服务更便捷、更高效。

三、区块链应用与商业保险的案例实训

(一)实训场景简介与准备

区块链商业保险模块是多角色模拟,实训场景中有保险公司、投保人、保险经纪人、监管机构四种角色。如图 11.4 所示。

如图 11.4 进入区块链商业保险模块

(二)实训流程

本实训过程主要围绕的保险公司、投保人、保险经纪人三方以相互之间进行投保业务操作以及签署合同的过程展开,交易流程如图 11.5 所示。

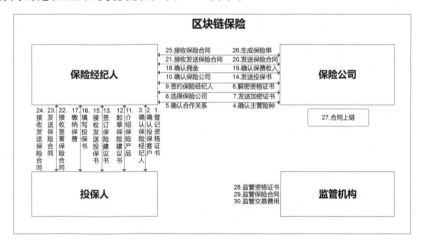

图 11.5 商业保险操作流程

(三)实训步骤

1.保险经纪人登记资格证书

保险经纪人进入到【登记资格证书】任务的实境演练中,填写资格证书:姓名、性别、出生日期、身份证号码、日期等登记信息。

填写完登记信息,点击【登记】功能按钮,完成登记资格证书的操作,如图 11.6 所示。

第十一章 商业保险业务

图 11.6 填写登记资格证书

2.保险经纪人确认投保客户

保险经纪人进入到【确认投保客户】任务的实境演练中,选择班级内的投保人,点击【授权】,对自己的投保人进行授权,如图 11.7 所示。

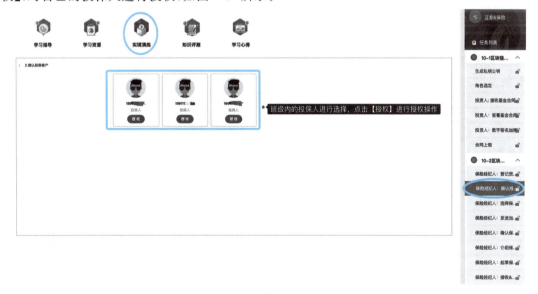

图 11.7 确认投保客户

点击【授权】功能按钮,系统弹出【授权委托书】的填写界面,填写内容包括:委托人、受托人、保险经济公司的企业名称、日期等相关信息。

点击【发送】功能按钮,将填写好的信息发送给目标投保人,如图 11.8 所示。

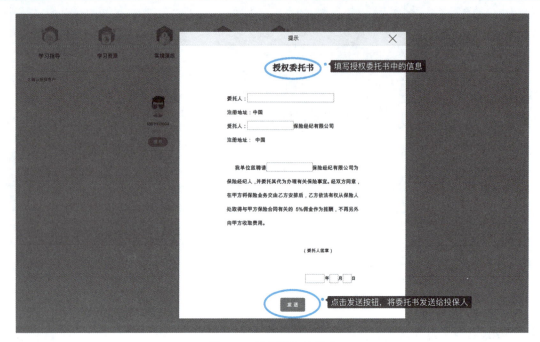

图 11.8　填写授权委托书

3.投保人确认保险经纪人

投保人进入到【确认保险经纪人】任务的实境演练中,点击【接收】功能按钮,系统弹窗提示"接收成功"。

接收成功之后,由【接收】变换为【查看】功能,点击该功能按钮,查看基金投资人发送的授权委托书,如图 11.9 所示。

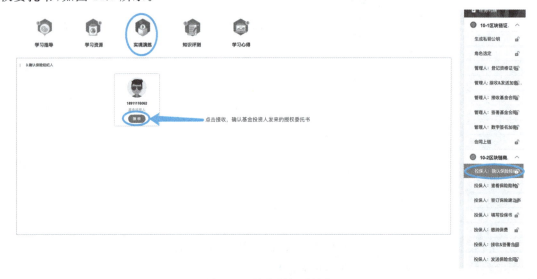

图 11.9　接收授权委托书

4.保险公司确认主营险种

保险公司进入【确认主营险种】任务的实境演练中,系统提供了五种主营的险种:车险、财险、寿险、意外险、重大疾病险。

保险公司选择其中一个险种，点击【选择】按钮，将险种选中。再点击【确定】按钮，完成主营险种的确定，选择成功之后，系统弹窗提示"选择成功"，如图 11.10 所示。

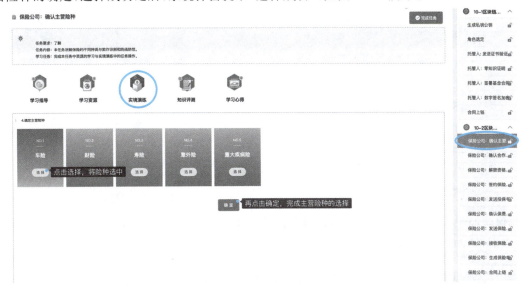

图 11.10　选择主营险种

5.保险公司确认合作关系

保险公司进入到【确认合作关系】任务的实境演练中，选择班级内的保险经纪人，点击【申请】按钮，系统弹窗提示"发起成功"，将确认合作关系的消息发送给保险经纪人，如图 11.11 所示。

图 11.11　选择保险经纪人

6.保险经纪人选择保险公司

保险经纪人进入到【选择保险公司】任务的实境演练中，接收保险公司发送的确认合作关系的请求。保险经纪人点击【接收】按钮，和保险公司确认合作关系，如图 11.12 所示。

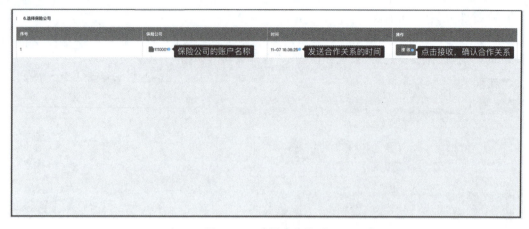

图 11.12 确认合作关系

7.保险经纪人发送加密证书

保险经纪人进入到【发送加密证书】任务的实境演练中,点击【查看】按钮,查看填写好的"资格证书",如图 11.13 所示。

图 11.13 发送加密证书

点击【查看】按钮,在弹出的对话框中显示填写的资格证书,在资格证书的底部,点击【摘要加密】按钮,完成资格证书的加密。将证书中的部分内容进行加密哈希,生成一段字符串,如图 11.14、图 11.15 所示。

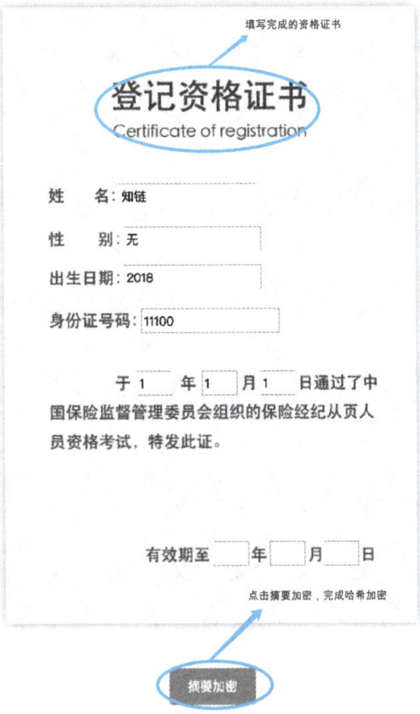

第十一章　商业保险业务

图 11.14　数字摘要加密

图 11.15　公钥系统进行数字摘要

8.保险公司解密资格证书

保险公司进入到【解密资格证书】任务的实境演练中,点击【接收】按钮,系统弹窗提示"接收成功",由接收状态转化为【解密】状态,点击【解密】功能,将证书解密成功,如图 11.16 所示。

图 11.16　解密资格证书

9. 保险公司签约保险经纪人

保险公司进入到【签约保险经纪人】任务的实境演练中，点击【签约】按钮，确定保险公司与保险经纪人完成签约关系，如图 11.17 所示。

图 11.17 签约保险经纪人

点击【签约】系统弹出"保险个人代理合同书"，需填写合同生效期限、甲方签字、乙方签字、时间等基本信息。

点击【发送】按钮，将填写好的"保险个人代理合同书"，发送给保险公司。

成功将合同书发送给保险公司后，保险经纪人与保险公司更新为已签约状态，如图 11.18、图 11.19、图 11.20 所示。

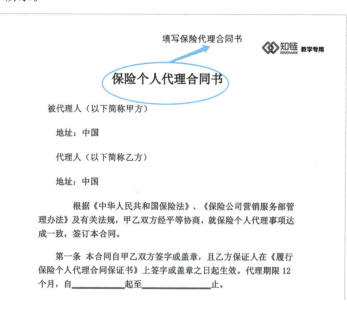

图 11.18 填写保险合同

第十一章　商业保险业务

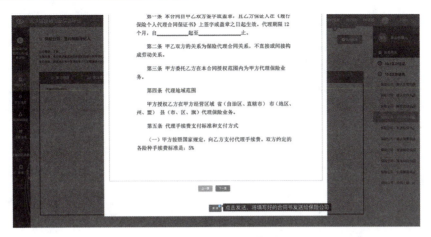

图 11.19　发送保险合同

图 11.20　已签约状态

10.保险经纪人确认保险公司

保险经纪人进入【确认保险公司】任务的实境演练中,点击【接收】按钮,将保险公司发送的合同书接收。

点击【接收】按钮,弹出的对话框中显示"保险个人代理合同书",进行预览和查看,点击【确定】按钮,完成合同书的接收,如图 11.21、图 11.22 所示。

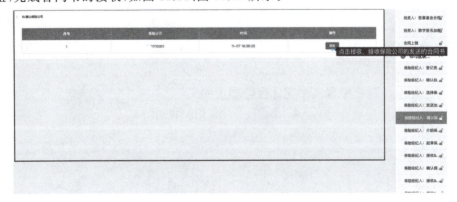

图 11.21　确认保险公司

图 11.22　接收个人代理合同

11. 保险经纪人介绍保险产品

线下任务：所有扮演保险经纪人的学生，搜集代理的产品的资料，向投保人介绍自己代理的保险产品。

12. 保险经纪人起草保险建议书

保险经纪人进入到【起草保险建议书】任务的实境演练中，查看本班级中的投保人，从中选择一个投保人，如图 11.23 所示。

图 11.23　选择投保人

点击【签订】按钮，弹窗显示“经济类保险建议书”，由保险经纪人完成填写，包括：公司简介、公司概况、保险经纪人、投保人等信息。

点击【发送】按钮，将填写好的“保险建议书”，发送给投保人，完成保险建议书的起草，如图11.24所示。

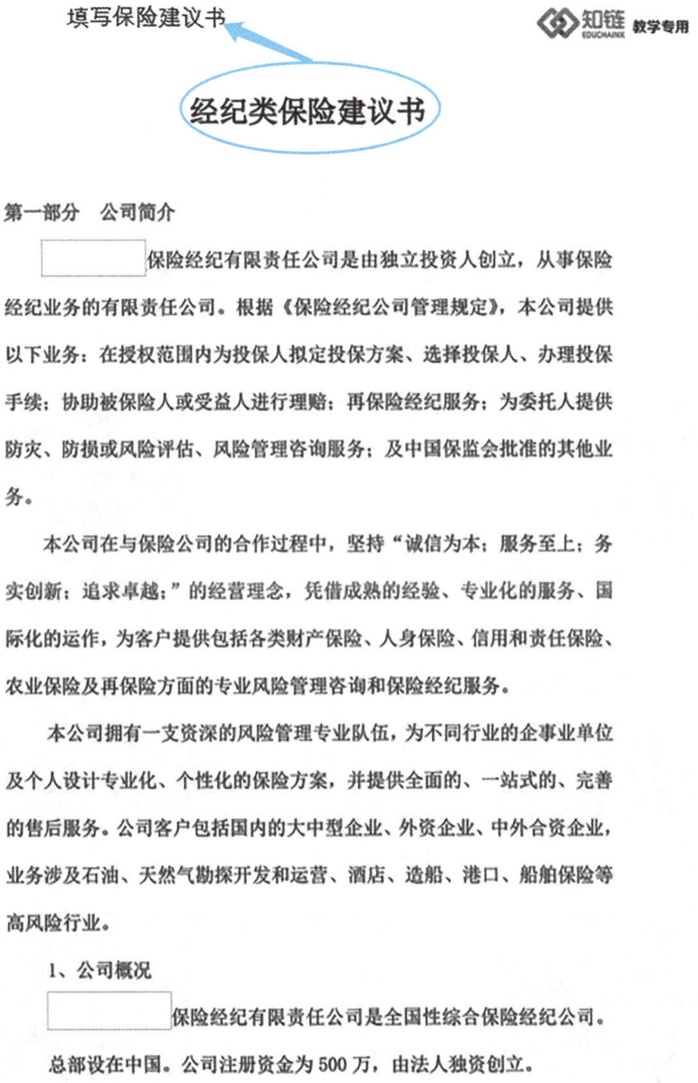

经纪类保险建议书

第一部分　公司简介

保险经纪有限责任公司是由独立投资人创立，从事保险经纪业务的有限责任公司。根据《保险经纪公司管理规定》，本公司提供以下业务：在授权范围内为投保人拟定投保方案、选择投保人、办理投保手续；协助被保险人或受益人进行理赔；再保险经纪服务；为委托人提供防灾、防损或风险评估、风险管理咨询服务；及中国保监会批准的其他业务。

本公司在与保险公司的合作过程中，坚持“诚信为本；服务至上；务实创新；追求卓越；”的经营理念，凭借成熟的经验、专业化的服务、国际化的运作，为客户提供包括各类财产保险、人身保险、信用和责任保险、农业保险及再保险方面的专业风险管理咨询和保险经纪服务。

本公司拥有一支资深的风险管理专业队伍，为不同行业的企事业单位及个人设计专业化、个性化的保险方案，并提供全面的、一站式的、完善的售后服务。公司客户包括国内的大中型企业、外资企业、中外合资企业，业务涉及石油、天然气勘探开发和运营、酒店、造船、港口、船舶保险等高风险行业。

1、公司概况

保险经纪有限责任公司是全国性综合保险经纪公司。总部设在中国。公司注册资金为500万，由法人独资创立。

图 11.24　填写并发送保险建议书

13.投保人签订保险建议书

投保人进入到【签订保险建议书】任务的实境演练中，点击【接收】按钮，接收来自保险经纪人起草的保险建议书，如图11.25所示。

图 11.25 接收保险建议书

点击【接收】按钮,弹窗显示保险经纪人起草的"经纪类保险建议书",进行预览和审核,并填写投保人的名称,点击【发送】按钮将保险建议书发送给保险公司,如图 11.26、图 11.27 所示。

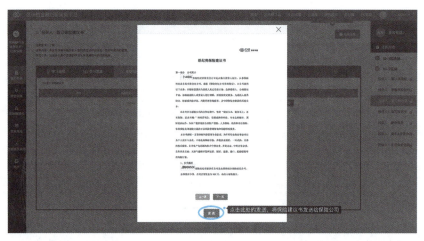

图 11.26 填写保险建议书

图 11.27 发送保险建议书

14.保险公司发送投保书

保险公司进入【发送投保书】任务的实境演练,选择班级内的保险经纪人,点击【发送】按钮,如图 11.28 所示。

图 11.28 选择保险经纪人

点击【发送】按钮,弹窗显示"投保申请书",填写投保书内的相关信息,包括:被保险人、保险财产地址、保险期限、投保人、电话、地址、日期等信息。

点击"投保申请书"底部的【发送】按钮,将填好的"投保申请书"发送给保险经纪人,如图 11.29 所示。

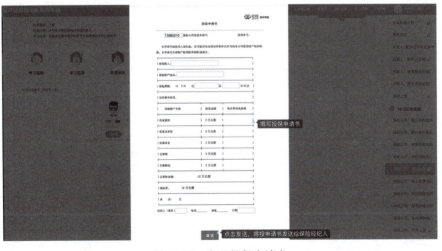

图 11.29 发送投保申请书

15.保险经纪人接收&发送投保书

保险经纪人进入【接收&发送投保书】任务的实境演练,点击【接收】按钮,接收保险公司发来的投保书。

点击接收,系统弹窗提示"接收成功",操作栏目中的接收变更为查看,如图 11.30 所示。

图 11.30　接收投保书

点击【查看】按钮，弹窗显示接收的投保申请书的详细内容，如图 11.31 所示。

图 11.31　查看投保书

第十一章　商业保险业务

16.投保人填写投保书

投保人进入【填写投保书】任务中的实境演练中,浏览班级所有的保险经纪人,点击【接收】按钮,接收投保书。

点击【接收】按钮,弹窗显示"投保申请书",填写相关内容。

投保书填写完毕之后,点击【发送】按钮,将投保书发送给保险经纪人,如图11.32、图11.33所示。

图11.32　投保人接收投保书

图11.33　投保人填写并发送投保书

17.投保人缴纳保费

投保人进入【缴纳保费】任务中的实境演练中,进行缴纳保费的操作。

(1)选择钱包文件,点击该区域弹窗显示本地下载好的密码库文件,进行上传。如图11.34所示。

图 11.34 选择密码库文件

（2）输入匹配密码库文件的密码，自己设置的密码，必须和密码库文件保持一致，否则不予通过。

（3）点击解锁，校验密码库文件和密码的正确性，自动将区块链地址和账户余额带出显示，如图 11.35 所示。

图 11.35 解锁账户

（4）目的地址，输入需要转账的目的地址和要发送的金额。

（5）Nonce，当前的交易是第几笔交易，如图 11.36 所示。

第十一章　商业保险业务

图 11.36　输入地址

（6）生成交易，显示出原始交易和签名交易。
（7）发送交易，点击发送交易，弹窗显示交易的详细信息。
（8）点击【发送交易】按钮，生成交易哈希和交易收据，如图 11.37、图 11.38、图 11.39 所示。

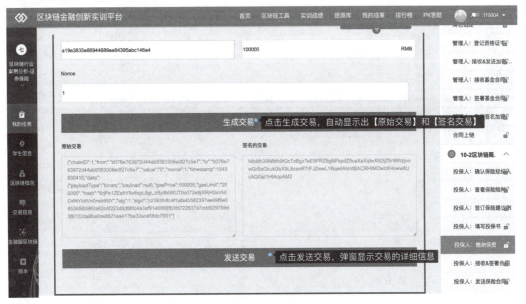

图 11.37　生成交易

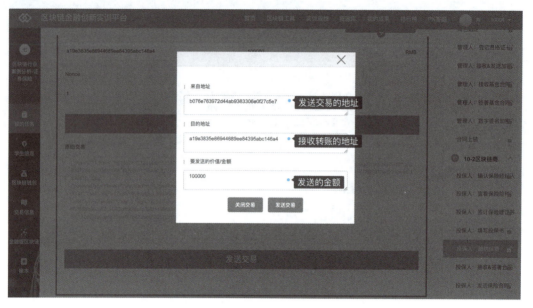

图 11.38 发送交易

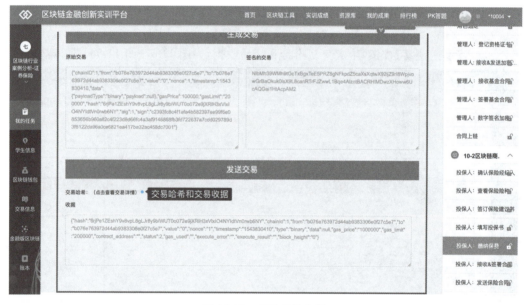

图 11.39 查看交易收据

18.保险经纪人确认佣金

保险经纪人进入到【确认佣金】任务的实境演练,进行佣金的确认。解锁钱包完成接收佣金的操作。

余额中由 1000000 变为 1100000,多余的 100000 是由投保人发送的,如图 11.40 所示。

第十一章 商业保险业务

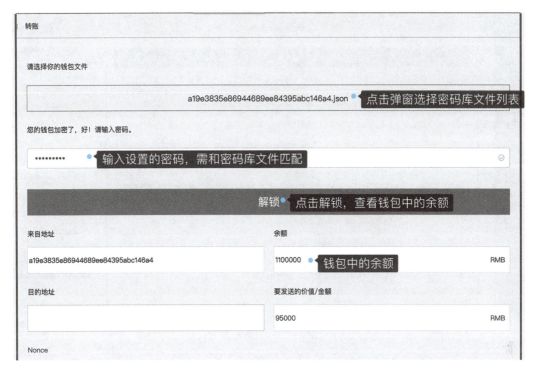

图 11.40 确认佣金

保险经纪人将保费发送给保险公司,在目的地址中输入保险公司的地址,如:4af23e78738d484aa332e6edd5b1df13,如图 11.41、图 11.42 所示。

图 11.41 生成交易

图 11.42　查看收据

19. 保险公司确认保费收入

保险公司进入【确认保费收入】任务的实境演练，输入自己的密码库文件和密码，查看账户余额。

保险公司的最初余额为 1000000，现在为 1095000，多余出 95000，是由保险经纪人转账来的，如图 11.43 所示。

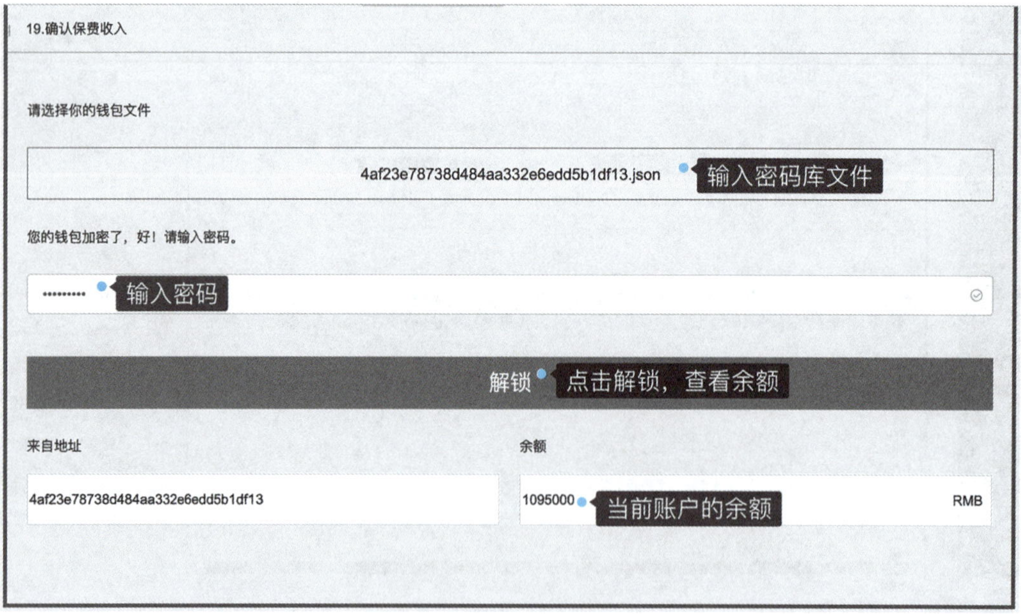

图 11.43　解锁账户

20.保险公司发送保险合同

保险公司进入到【发送保险合同】任务的实境演练中,保险公司选择班级内的保险经纪人。点击【合同】按钮,与保险经纪人签订合同,如图 11.44 所示。

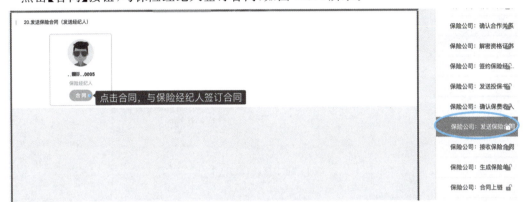

图 11.44　签订合同

点击【合同】按钮,弹出的对话框中显示保险合同签署界面,包含:甲方、保险经纪人、保险期限、甲方等信息。

点击保险合同底部的【发送】按钮,将填写好的合同发送给保险经纪人,如图 11.45 所示。

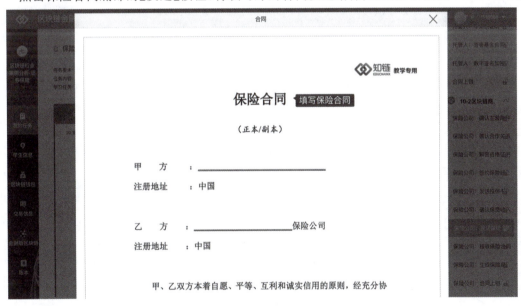

图 11.45　填写保险合同

21.保险经纪人接收 & 发送保险合同

保险经纪人进入到【接收保险合同】任务的实境演练中,点击【接收】按钮,系统提示"接收成功",接收成功后,由接收变为发送。

点击【发送】按钮,系统弹窗提示"发送成功",将保险合同发送给投保人,如图 11.46 所示。

图 11.46 接收保险合同

22.投保人接收 & 签署合同

投保人进入【接收 & 签署合同】任务的实境演练中,选择投保人,点击【接收】按钮,系统弹窗二次提示"是否接收",点击【确定】按钮,如图 11.47、图 11.48 所示。

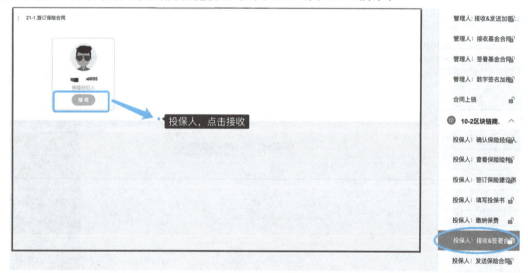

图 11.47 投保人接收保险合同

图 11.48 二次确认接收合同

点击【确定】按钮,弹窗显示保险合同的详细内容,投保人填写投保人信息,完成保险合同的签署,如图 11.49 所示。

第十一章　商业保险业务

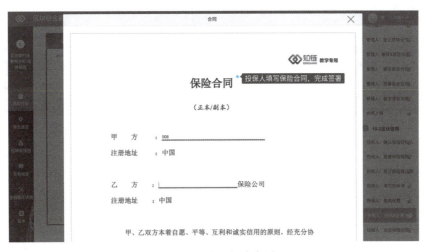

图 11.49　填写保险合同

23.投保人发送保险合同

投保人进入【发送保险合同】任务的实境演练中,单击【加密】按钮,进行加密发送操作,防止合同在发送的过程中被泄露和篡改。

点击【加密】按钮,系统二次弹窗确认"是否加密",点击【确认】按钮,如图 11.50、图 11.51 所示。

图 11.50　接收保险合同

图 11.51　二次确认是否加密

点击【确定】按钮后,系统弹出保险合同的详细内容,点击发送完成加密发送的过程,如图 11.52 所示。

图 11.52　发送加密合同

24. 保险经纪人接收 & 发送合同

保险经纪人进入【接收 & 发送合同】任务的实境演练中,接收来自投保人的保险合同,点击【接收】按钮。

完成接收动作,操作状态变更为发送,点击【发送】将合同发送给保险公司,如图 11.53、图 11.54 所示。

图 11.53　接收合同任务

第十一章 商业保险业务

图 11.54　发送合同给保险公司

点击【发送】按钮，在弹出的对话框中显示"发送成功"，操作状态由发送变更为查看，点击查看弹窗显示合同保险内容，如图 11.55 所示。

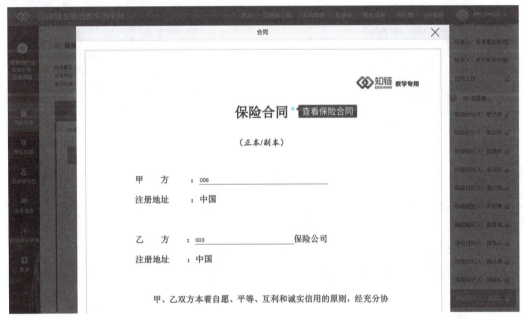

图 11.55　查看保险合同

25.保险公司接收保险合同

保险公司进入到【接收保险合同】任务的实境演练中，选择保险经纪人，点击【接收】按钮，系统提示"接收完成"。

接收完成之后，操作状态变更为查看，点击【查看】按钮，弹窗显示保险合同，如图 11.56、图 11.57 所示。

图 11.56　保险公司接收保险合同

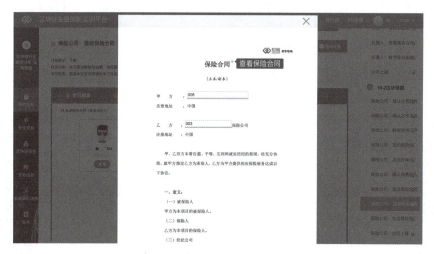

图 11.57　保险公司查看保险合同

26.保险公司生成保险单

保险公司进入到【生成保险单】任务的实境演练中,填写保险单中的保险公司名称、保险期限、时间等信息。

点击【确定】按钮,完成保险单的生成,如图 11.58 所示。

图 11.58　保险公司生成保险单

27. 保险公司合同上链

保险公司进入到【合同上链】任务的实境演练中,点击【上链】按钮,将保险合同进行上链。上链的合同,可在左侧侧边栏的金融版区块链中进行查看,如图 11.59 所示。

图 11.59 合同上链

28. 监管机构监管资格证书

监管机构进入到【监管资格证书】任务的实境演练中,选中班级内的保险经纪人,进行资格证书的查看。

点击【查看】按钮,弹窗显示输入私钥的填写框(注:资格证书经过了数字签名的加密,防止信息的篡改和信息隐私,需输入接收人的私钥方可解密);如图 11.60、图 11.61 所示。

图 11.60 进入监管证书任务

图 11.61　输入私钥解锁查看

输入私钥，并且配对成功后，系统弹窗显示登记资格证书进行查看，如图 11.62 所示。

图 11.62　查看资格证书

29.监管机构监管保险合同

监管机构进入到【监管保险合同】任务的实境演练中，选中班级内的保险公司，进行保险合同的查看。

点击【查看】按钮，弹窗显示输入私钥的填写框（注：保险合同经过了数字签名的加密，防止信息的篡改和信息隐私，需输入接收人的私钥方可解密），如图 11.63、图 11.64 所示。

第十一章 商业保险业务

图 11.63 进入监管合同任务

图 11.64 输入私钥解锁查看

输入私钥,并且配对成功后,系统弹窗显示保险合同进行查看,如图 11.65 所示。

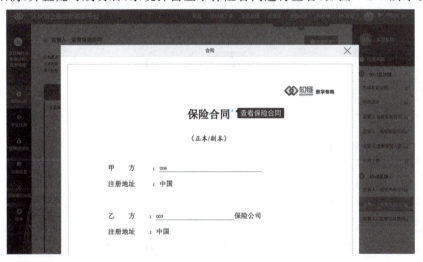

图 11.65 查看保险合同

30. 监管机构监管交易费用

监管机构进入到【监管交易费用】任务的实境演练中，选中班级内的投保人，进行交易费用的查看。

点击【查看】按钮，弹窗显示输入私钥的填写框（注：交易费用经过了数字签名的加密，防止信息的篡改和信息隐私，需输入接收人的私钥方可解密），如图 11.66、图 11.67 所示。

图 11.66 输入私钥解锁查看

图 11.67 选择投保人

输入私钥，并且配对成功后，系统弹窗显示保险费进行查看。

保险费的来源：缴纳保费的区块链地址。

保险费的去向：保费接收的区块链地址。

保费金额：缴纳的保费金额。

交易哈希：缴纳保费这一笔订单，在区块链上的哈希值。在区块链上每一笔交易都有自己的哈希值，目的是为了便于交易信息的追溯和交易查询，如图 11.68 所示。

图 11.68 监管费用

　　通过本案例的学习,我们初步认识了传统商业保险的相关业务及其痛点,在此基础之上更深刻理解了区块链技术的应用模式与创新价值。区块链基于自身三大价值,对金融产业实现多维度、分层次的改造渗透。区块链对供应链金融业务的改造力重点包括三个方面:

(1)区块链共享账本降低了供应链上多方贸易真实性调查的成本;

(2)智能合约自动执行降低了供应链上复杂协作流程可能带来的操作风险;

(3)创造出能够在多级供应商之间充当结算工具的信用凭证。

区块链对商业保险业务的改造力重点包括两个方面:

(1)基于区块链的信息共享及公证平台,提高保险运作的透明度,以及加速行业数据分析协同,重点体现在再保险与直保公司间的协同以及相互保险产品改造;以保单上链和保单质押为核心的行业整合及标准化建设。

(2)基于区块链溯源的特性,能够在农业保险及自然灾害险领域发挥一定价值。不仅如此,区块链+可信计算技术,有机会彻底实现个人用户数据的隐私保护及授权使用。

　　整体来看,区块链技术在金融领域具有巨大的改造力,但其应用发展仍处在早期阶段。保险领域及征信领域数据孤岛问题的解决,核心难点在于区块链技术价值普及度不够,传统技术解决方案自我优化的动力不强。这一方面是由于区块链技术本身还需要更为充分的发展,毕竟相较于人工智能已历经60多年演进,区块链技术才仅仅走过了十多个年头。另一方面,金融行业创新往往需要遵从监管层引导意见,并且始终将安全可靠性作为第一要求,金融底层基础设施的更新和替换具有特殊的谨慎性，需要经历漫长的验证过程。

1. 在我国保险实务中，普遍推行的"零时起保制"的含义之一是指保险合同生效的时间为（　　）。（单选）

　　A. 交付保费的当日零时　　　　　　B. 交付保费的次日零时
　　C. 合同成立的当日零时　　　　　　D. 合同成立的次日零时

2. 在保险合同各种终止原因中，最普遍、最基本的保险合同终止原因是（　　）。（单选）

　　A. 因履行而终止　　　　　　　　　B. 因期限届满而终止
　　C. 因保险标的灭失而终止　　　　　D. 因死亡而终止

3. 在订立保险合同的过程中，一般是由（　　）提出要约。（单选）

　　A. 投保人　　　　B. 保险人　　　　C. 代理人　　　　D. 受益人

4. 风险管理的基本目标是（　　）。（单选）

　　A. 以最小的成本获得最大的安全保障
　　B. 彻底消除风险
　　C. 减少风险发生的可能性
　　D. 增加对风险的测算精度

5. 在风险管理方法中，为高层建筑安装火灾警报器的方式属于（　　）。（单选）

　　A. 抑制　　　　　B. 预防　　　　　C. 避免　　　　　D. 移除

6. 《中华人民共和国保险法》正式颁布实施的时间是（　　）？（单选题）

　　A. 1995年　　　　B. 1996年　　　　C. 1994年　　　　D. 1993年

7. 哪家公司的成立标志着我国保险业吸引外资的开始？（　　）（填空题）

8. 在本章节中的实训场景中一共设计到多少个角色？（　　）（单选题）

　　A. 1个　　　　　B. 2个　　　　　C. 3个　　　　　D. 4个

9. 本章节中提到区块链对保险业务的改造重点在（　　）和（　　）两方面。（填空题）

10. 简述商业保险与社会保险的区别。（简答题）

第十二章

跨境支付业务

1. 理解传统跨境支付业务的痛点。
2. 掌握和熟练进行跨境支付业务流程的操作。
3. 掌握主要区块链技术如何赋能跨境支付业务。
4. 了解区块链跨境支付案例和发展趋势。

传统跨境支付　银行转账　第三方支付　信用卡组织　区块链跨境支付　便捷高效

本章首先介绍了跨境支付的演变过程以及传统跨境支付业务的主要种类和操作流程,分析了传统跨境支付的主要痛点以及区块链的解决方案。建议读者先完成传统跨境支付业务的相关知识点的学习,再学习区块链跨境支付的实操流程,切实感受传统跨境支付业务流程的繁琐和风险所在,从而深刻理解区块链技术赋能带来的解决方案和便利。

本章思维导图

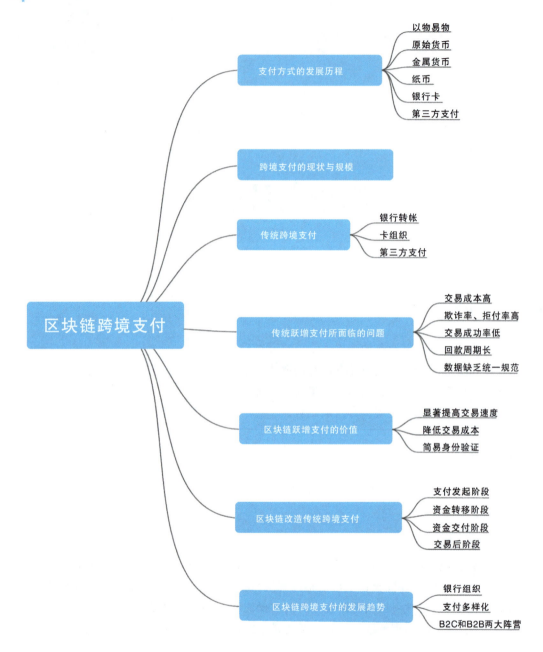

第一节 什么是跨境支付

在区块链的应用场景中,金融服务被认为是最具有价值和能够实现落地应用的场景之一,金融服务产业是全球经济社会发展的驱动力,也是中心化程度最高的产业之一。金融体系中交易双方的信息不对称导致无法构建有效的信用制度,产业链条中存有大量中心化的信用中介,不仅降低了系统运转效率,还增加了交易双方资金往来成本。

在当前的中心化支付清算体系中,不断增加的市场需求与传统支付低效率、高成本的矛盾愈发突出。加之中国经济与全球联系越来越紧密、人民币的国际化进程不断推进,跨境支付应用场景愈发重要。因此,区块链跨境支付成为区块链落地应用的热门项目之一。区块链技术源生代码公开、一旦发布就不可篡改的特性,实现了去中心化的信任机制,绕过了第三方信任机构,解决了金融交易中双方信息不对称的难点,这使得区块链技术在金融领域具有良好的应用前景。

区块链跨境支付就是利用区块链技术手段,并结合跨境支付的形式,实现去中心化的支付模式,简化交易业务流程,采取点对点支付,降低中心化支付方式的系统风险,使跨境支付更加便捷、高效、低成本。

一、支付体系的发展历程

支付是一种社会经济活动引发的流动资金转移行为。支付体系承担着货币及商品流通职能的实现,支付清算体系发展的历史远远长于货币发展的历史。在货币面世之前,偶然的物物交换早已出现,随后从物物交换逐渐发展至金银等金属支付,再到信用货币支付,中央银行统一发行的货币以及商业银行清算体系推动着全球经济活动的顺利进行。移动支付等新型支付形式出现后,非现金支付市场快速发展,也逐渐成为全球支付清算体系的关键经济指标。

随着货币形态的演进,支付方式也发生了一系列变化,如图12.1所示。

图12.1 货币与支付的进化史

现阶段,虽然数字化记账模式及移动支付快速普及,然而同传统的支付形式一样,仍保持着分层式、中心化的特性。在现代支付体系中,用户、银行、中央银行构成了三级体系,下级节点在上级节点进行开户登记,而上级节点则授权下级节点结算权限、保存并维护其账本。

二、跨境支付现状

跨境支付是指两个或两个以上国家或者地区之间因国际贸易、国际投资及其他方面所发生的国际间债权债务,借助一定的结算工具和支付系统,实现资金跨国和跨地区转移的行为。

根据麦肯锡发布的全球支付报告,在 2017 年全球支付营收总规模为 1.9 万亿美元,其中跨境营收规模为 2063 亿美元,跨境支付所占比重约 10.6%。同时,跨境支付在不同区域的发展也不平衡,按照地区统计,以中国为主的亚太地区排名第一,欧洲、中东、非洲地区排名第二,接着是以美国为主的北美地区、拉美地区。

据中国海关总署统计,2018 年中国货物贸易的进出口总额较 2017 年增长 9.7%,已超过 30 万亿人民币。就贸易总量及增速而言,中国贸易规模已达到大国水平,然而在世界银行发布的 2019 全球营商报告中,中国跨境贸易指数为 82.59,位列全球第 65 名;在 2018 全球贸易物流报告中,中国海关通关流程效率指数仅为 3.29(1 分为效率最低,5 分为效率最高),位列全球第 31 名。由此可见,中国跨境贸易仍有较大成长空间,在此背景下,提高支付效率,推动贸易便利化,将对中国进出口贸易产生积极影响。

三、传统渠道的境外支付

跨境支付不仅要支付高昂的手续费,繁琐的交易验证过程、漫长的收款时间等也减缓了跨境支付的发展。传统的 B2C 跨境支付由于涉及的中间环节较多,交易所产生的成本提高的同时,到账的时效性也在降低。跨境电商卖家在跨境支付环节还面临资金管理复杂、跨国跨行跨平台提现到账速度慢等问题。现阶段,中国的跨境支付消费市场按照参加活动主体可分三类:银行转账支付、信用卡组织和第三方支付机构。

举个例子:中国公司 A 从美国公司 B 采购了一批大米,A 收到大米后,要支付 10000 美元。这时 A 可以选择三种方式支付货款:银行转账、信用卡组织和第三方支付机构。

(一)银行转账支付

采用银行转账方式,银行主要通过电汇实现跨境支付以及清算。汇款人在汇出行办理,银行以电报、电传、SWIFT(环球同业银行金融电讯协会)等方式向对手行发送报文,对手行根据报文内容向收款人支付,如图 12.2 所示。国内应用较多的是 SWIFT,SWIFT 是当前国际银行同业间跨境支付结算的专门机构,在全世界拥有会员银行超过 4000 个。

A 要到国内开户银行存入 10000 美元并支付手续费 200 美元,并告知国内银行,这笔钱要转到 B 的海外银行账户。国内银行在收到客户请求后,通过 SWIFT 告诉海外银行,A 账户要转 10000 美元到海外银行的 B 账户。经过 3~5 天的信息传达及处理,最终的处理结果是国内银行扣除 A 账户 10000 美元并把钱给了海外银行,海外银行则在 B 账户新增 10000 美元。

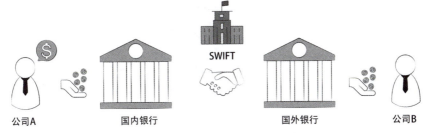

图 12.2　通过银行进行跨境支付

由于机构庞大、会员众多,SWIFT 结算方式效率很低,而且费用也高。具体表现在申请成为会员和汇款两方面:一家新机构申请成为会员开始,就包含接口开发、联调测试、验收评估等技术环节,而后需要等待 SWIFT 高层会议审批,仅等待会议的时间就可长达一个月,此后,还需要购买专用的前置硬件与 SWIFT 通信设备,设备到货通常需要 2 周以上,总计要 3 个月时间;而具体到每笔业务,往往需要 24 小时以上才能到达对方账户;此外,一笔 10 万美元的跨境汇款,各种费用往往超过 200 美元,这都使得此种方式的客户体验较差。

(二)信用卡组织

采用信用卡组织进行跨境支付时,A 通过信用卡组织,把 10000 美元给予信用卡机构并支付手续费 300 美元(手续费一般为转账费用的 3% 或以上)。信用卡组织通过收款地区海外银行的账户向 B 账户转账 10000 美元,如图 12.3 所示。

图 12.3　卡组织支付流程图

信用卡组织最大的便利就是支持几乎所有的银行和商家。一方面,信用卡组织联合了几乎所有银行,买家只要有银行账户,就可以通过相应的信用卡组织进行支付、结算;另一方面,信用卡组织也在各商户线下铺设收单网络,通过 POS 机等设备支持商户接受银行卡支付的能力,从而在 C 端和 B 端实现全覆盖。但是,信用卡组织也有许多的问题,比如费率高、失败率高、欺诈率高等。

(三)第三方支付机构

采用第三方支付机构进行跨境支付时,A 通过第三方支付机构(如支付宝、微信支付、Paypal 等)发起转账请求,由第三方支付机构在系统内扣除 A 账户的金额,并将所扣金额增加至 B 在第三方支付机构的账号,从而完成资金转移操作,如图 12.4 所示。

第三方支付机构形式上类似于具有客户账户的卡组织机构。第三方支付机构通过向当地监管机构申请后,获得支付牌照和跨境外汇支付许可,即可合规合法地开展支付、收单、结算等跨境业务。

图 12.4　第三方支付流程图

第三方支付机构的优势在于费用极为低廉,对于商户而言甚至可以不用 POS 机,手续费大为降低;对于客户而言,支付工具的便利性成为重要的卖点。该种方式目前主要的问题在于:境外线下商户覆盖率还不高,相较于传统的卡组织,第三方支付机构要实现全覆盖还有相当长的时间才能完成。

第二节　传统跨境支付所面临的问题

传统跨境支付一直以来主要通过银行、信用卡组织实现,特别是消费场景,主要通过信用卡组织实现,例如 VISA、MasterCard、美国运通、银联、JCB 等。传统的跨境支付尽管解决了跨境消费场景中的很多问题,但是也一直存在许多诟病之处,主要有以下几点:

一是交易成本高。传统跨境支付模式主要有四种成本:支付处理成本、转账接收费用、企业运营成本和对账成本。根据世界经济论坛报告《全球金融基础设施的未来》,在合理的成本下,汇款人的手续成本为汇款总金额的 7.68%。

二是欺诈率、拒付率高。为了完成物品的交易,往往需要依靠中介和担保机构,但现有的第三方中介机构往往存在成本高、时间周期长、流程复杂、容易出错等缺陷,因此,金融领域一直都有提高交易效率的迫切需求。例如,国际信用卡有 180 天的拒付期限,对于商户而言存在着恶意拒付的风险,若某些个人、组织利用这一规则,以消费者身份购买商品,收到货物后恶意申诉,谎称信用卡被盗刷等要求拒绝支付,同时卡组织、银行在一般的案件处理中往往偏向客户,使商户无法收到货款而蒙受损失。

三是交易成功率低。出于监管、反欺诈等考虑,跨境支付中银行、信用卡组织往往设定较为严格的风险管控机制,来自高风险地区的请求、单日内可疑的多次交易、大额交易等都可能被禁止,同时支付机构还运用专家规则、机器学习等丰富风险规则,一旦匹配这些规则就会引发跨境支付交易的强行中止。但是实际操作中,由于技术、业务规则等因素,往往会发生将一笔正常交易误判断为风险交易而中止的情况,而且这种错误比例并不低。

四是回款周期长。目前信用卡组织存在交易、清算分离的机制,跨境支付的清算结算可能需要长达数天甚至数周的情况,这直接导致了商户无法实时回款,资金周转率不高。

五是数据缺乏统一规范。国际跨境贸易参与方众多、业务流程复杂、业务种类繁多等特点,导致数据源零散繁杂、数据具体内容私密且敏感、数据格式缺少标准等问题,国际跨境贸易业务管理数据碎片化,演变成数据孤岛,数据价值无法被充分利用。

这些问题在传统技术条件下很难解决和突破，因为第三方机构想要介入这个领域，首先存在着客户的信任问题，这是主要的技术和业务门槛，只有具有强大经济实力的企业才有能力介入这一领域。但是区块链技术的出现，对信任关系、价值流通能力、清算效率都带来了很大影响，这些技术和业务的壁垒开始逐渐削弱，从而为整个跨境支付行业带来了真正意义上的震动。

第三节 区块链赋能跨境支付

在区块链技术出现之前，传统银行、信用卡组织作为中心化机构，地位难以撼动；而区块链技术出现后，其去中心、去信任、天然清算的特征在支付清算领域得到了充分展示。一方面，以数字货币作为承载，实时、低成本的价值流通成为现实；另一方面，区块链技术能够快速取得用户信任，有助于在C端客户和B端商户之间建立起业务生态。

目前，利用区块链技术实现跨境支付主要有收单端和发卡端两种模式，分别针对不同的场景，完美解决了传统模式下的各种痛点，迅速打开了跨境支付的全新局面。

一、区块链＋跨境支付的思路与设计方案

设想一个跨境消费场景：客户使用任意法币通过兑换机构购买数字货币，转入其数字货币钱包，通过区块链技术，将数字货币支付给境外商户，境外商户收到数字货币后，可通过兑换支付机构将数字货币转换为当地法币。

由于不是法定货币，网络不接入外汇管理局或其他官方机构，这种支付、转账不受国家、政府、组织的管控。因此，这一过程不再依赖银行、信用卡组织，没有高额手续费用，不会受政治因素干扰，也不会遇到恶意拒付欺诈，甚至可以实时入账而减少商户资金压力。同时，也不存在外汇管理、强制结售汇、外汇汇兑限额、政治风险等约束，对于消费者和商户而言，都是很好的选择。最后，通过实时法币兑换或者接纳数字货币，汇兑风险可以最小化，这对于经常受汇率波动而影响收益的商家来说非常具有吸引力。

而这一场景的实现，依赖基于区块链技术的跨境支付平台，将跨境支付和区块链技术有效结合形成一个新型的跨境支付产品，其所在区域将数字货币转换为法币，进而完成跨境支付。

我们继续引用本章第一节中的例子，说明基于区块链技术的跨境支付为什么会更加快速且安全。

首先，要找到大家都认可的数字货币。A与B分别在数字货币的网络里注册一个钱包地址并且进行KYC(Know Your Customer，即充分了解你的客户。对账户持有人的强化审查，是反洗钱、用于预防腐败的制度基础)和身份验证，此过程花费1分钟，相比去银行开账户，节省了不少时间。

然后，A要购买价值10000美元的数字货币。目前市场上购买数字货币有两种方式：线上购买和线下购买，线上可以通过第三方平台进行购买，而线下购买则是一手交钱一手转币。购买过程往往在数分钟内就可以完成。

A 在获得 B 的钱包地址后,只需要通过数字货币钱包向 B 的钱包地址转入相应的数字货币即可,如图 12.5 所示。在发起转账请求时,A 仅需要填写 B 的钱包地址就可以完成转账请求,整个转账过程只需要几分钟即可完成,而相应的手续费一般按照全网当前默认的费率单笔计费,约 20~30 元,如图 12.6 所示。B 在收到数字货币后,可以立即将其出售,换回相应价值的法币。

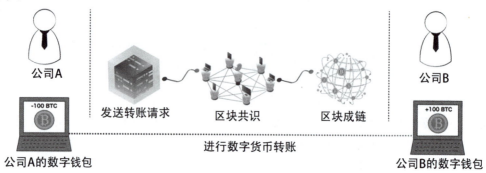

图 12.5　区块链的数字货币交易流程

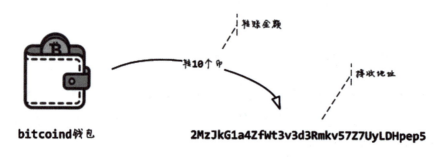

图 12.6　数字货币钱包转账

接下来,来看看数字货币转账时,数字货币合约自主处理的流程。当 A 填写好转账地址并点击确认转账时,合约就开始处理各项数据:

(1)首先矿工获取该笔转账信息,如数量、币种、收款人地址、发送时间等信息并写入组装成为一个"区块"。

(2)区块通过密钥签名方式在主链中进行有效性验证,借助 P2P 网络传播,发送给所有节点。

(3)所有节点对该区块的有效性进行共识验证,通过一致性验证确认后,验证结果再次通过 P2P 网络传播到每个节点。

(4)经过校验核准的区块,根据时间戳的顺序链接到主链的区块末端,形成公开透明的交易信息。

(5)收款人通过钱包读取主链区块信息,收到数字货币,如图 12.7 所示。

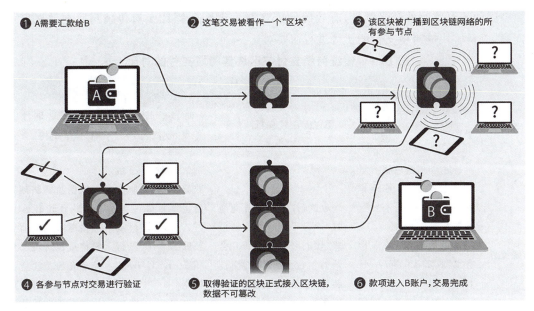

图 12.7　区块共识流程

二、区块链＋跨境支付的价值分析

一是明显提高交易处理速度。传统跨境支付模式中尚有大量对账工作需要人工操作,一笔跨境支付交易往往需要至少 24 小时才能完成;而基于区块链技术的跨境支付则可提供 7×24 小时不间断服务,并极大地精简了交易流程及人工处理环节,大大缩短了结算时间。

区块链跨境支付的代表之一——Ripple 所提供的分布式金融解决方案,在加拿大银行发起一笔 5000 加元的跨境汇款,将款项兑换为欧元并支付给德国的银行,仅仅需要 8 秒即完成交易,而这类业务在传统跨境支付的模式下通常需要 2～6 个工作日。

二是有效降低交易成本。麦肯锡《2016 全球支付》调查报告数据资料显示,通过代理行模式完成一笔跨境支付的平均成本是完成一笔国内支付成本的 10 倍以上,达到 25～35 美元。通过基于区块链技术的跨境支付,削弱金融交易流程中的中介机构作用,不仅可以实现实时确认和监控交易,还能够有效降低交易环节中的直接和间接成本,更具普惠价值。

三是为客户身份识别提供了全新的思路。区块链技术中,去信任化机制是其重要的特性之一,它不依赖权威机构的认证和个人信用背书,仅需信任区块链中公开透明的算法,改变了传统信用创建的方式。根据反洗钱法律法规要求,世界各国的金融机构都要在金融交易过程中履行"了解你的客户(KYC)"义务,严格执行客户身份识别流程。跨境支付结合区块链的技术特性,存储客户身份的数字化电子档案,实现客户身份信息的安全及统一管理,满足反洗钱监管的核心要求,为 KYC 流程和反洗钱监管领域提出了新的解决思路。

三、区块链＋跨境支付升级传统支付流程

基于现有"区块链＋跨境支付"应用的设计框架,支付筹备、共识校验及记账支付等三个过程,具有应用区块链技术来进行跨境支付的可行性。在支付之前,以智能合约替代纸质合同,

智能合同的不可修改性及强制性,有效确保了双方的利益。表 12.1 对传统跨境支付流程、存在问题,以及区块链跨境支付的优势进行简要对比。

表 12.1 传统跨境支付与区块链跨境支付的对比

	支付发起阶段	资金转移阶段	资金交付阶段	交易后阶段
涉及主体	付款人、银行/转账服务商	SWIFT/代理行	收款行/转账服务商、收款人	银行/转账服务商、监管机构
传统流程	1.付款人通过银行或转账服务商向另一国家/地区的收款人发起转账汇款 2.由收款行/转账服务商履行 KYC/AML 相关流程 3.收集资金并收取服务费用,确认并支持后续交易查询和争议处理	收款行/转账服务商通过 SWIFT 网络或代理模式(银行不是 SWIFT 会员的情况下)向收款行/转账服务商发起跨境转账	1.收款人通过收款行/转账服务商接收通知 2.由收款行或转账服务商履行相应 KYC/AML 流程 3.再以当地货币形式支付给收款人相应款项	根据监管法规要求,银行和转账服务商需定期向监管机构报送跨境支付业务信息,包括收付款人身份信息、币种信息、汇款金额和时间戳等
存在问题	1.收付款人信息通过人工和重复性的业务流程收集,效率较低 2.在 KYC 流程中,机构对客户信息和支持文件真实性方面的控制力有限,机构之间 KYC 成熟水平差异较大	1.通过 SWIFT 业务模式成本高、耗时长 2.通过代理行模式需逐行、逐笔进行信息验证,容易产生差错,导致拒绝率较高 3.银行需在往来账户中留存资金,提高机会成本和对冲成本	面临着与发起阶段类似的 KYC 执行问题	监管合规要求较高,由于存在多种数据来源和渠道,在向监管机构报送信息时,需要较高技术功能和复杂业务流程的支持,往往需要多个内部团队互相配合
应用区块链后的流程	1.通过传统 KYC 流程或电子身份档案方式,建立付款人与银行/转账服务商之间的信任 2.通过智能合约记录收付款人之间转账行为的权利义务关系 3.通过区块链上的流动性提供者实现货币兑换	1.监管机构实时进行交易监控,通过智能合约接收 AML 预警和提示 2.通过智能合约传输收付款人身份、汇率、转账金额、日期和时间、付款条件等信息,实现实时转账,无须代理行参与,降低中间成本	通过智能合约将资金自动存入收款人账户,或由收款行/转账服务商执行 KYC 流程后允许收款人提取	相关交易记录可在区块链中查询,根据需要供监管机构持续审查

区块链以电子档案的形式储存个人数字信息,在获得数字货币的钱包地址的同时实现 KYC 和身份验证,建立付款人和收款人之间的信任。通过发布不可篡改的智能合同,可明确、规定并记录交易双方之间的权利义务关系。通过网络和市商实现数字货币与法币之间的资金

兑换及流动,完成货币的转移。用户在监管机构指定的电子钱包注册账户时进行 KYC 及身份验证,区块链网络中的所有交易信息数据、数字货币转移记录公开透明、可靠、可追溯,便于监管机构调取。

四、我国的跨境支付及发展趋势

跨境支付的发展必然受各国金融体制法规的监管和制约,不符合要求者必难以生存。与传统的支付业务不同,区块链跨境支付不仅要满足我国相关部门的监管要求,还要符合当地的政策及相应法规。在跨境支付体系市场格局方面,目前我国跨境支付体系主要分为 B2C 和 B2B 两大阵营。

在 B2C 方面,以支付宝和财付通为代表的第三方支付巨头,凭借其电商场景或社交优势较大程度地把控着 B2C 跨境支付入口。由于其竞争优势在境外尚不能完全体现,所以在其跨境支付体系中仍需要依靠银行的参与,由此,对于国内其他第三方跨境支付机构、银行来说境外支付仍有较大的市场空间。在 B2B 方面,由于金额限制和外汇管制,跨境支付市场主要由银行控制,未来银行将有较大概率选择与巨头 SWIFT 合作,或者在特定场景选择自主研究与应用开发。

就目前的发展趋势来看,银行在区块链跨境支付体系中具有较强话语权。短期而言,无论是 B2B 跨境贸易、还是跨境消费,跨境支付都需要依托于银行,完全去中心化、无银行参与的跨境支付体系并不存在。跨境支付通常伴随着贸易、消费需求而生,由于跨境支付场景的多样化、业务的复杂性、客户人群对跨境支付终端应用的认可度差异,跨境支付对高效率、低成本、良好产品体验的追求驱动着市场的发展。从长期看,围绕不同场景的客户需求提供有效增值服务的跨境支付体系将占据市场主导地位,增值服务费将代替手续费成为主要盈利来源,而这仅依靠支付服务是远远不够的,更需要能够提供专业、切实解决客户痛点的金融服务。

第四节 区块链跨境支付的案例与展望

一、区块链跨境支付案例:Ripple

瑞波(Ripple)成立于 2012 年,是一家致力于跨境支付业务的区块链科技公司。Ripple 创造了世界上第一个开放的基于联盟链技术的支付网络,本质上是一种分布式共享化的支付协议,可以实现基于区块链技术的数字货币兑换和实时支付与结算功能。通过开放支付网络,可以转账任意一种货币,包括美元、欧元、人民币、日元或者比特币,交易确认在几秒以内完成,交易费用几乎是零,没有所谓的跨行异地以及跨国支付费用。

Ripple 的目标是为银行和金融机构打造可以更快速、更廉价地进行交易和结算的网络。Ripple 于 2015 年引入了"ILP 协议(Interledger Protocol)",各银行可以通过在本地安装 Ripple 提供的 Xcurrent 模块并接入 Rippple 网络,就可以通过建立银行现有账户与 ILP 分布式账本映射的方式,实现不同银行间的金融清结算。

目前,已经超过了 100 家金融机构接入了 Ripple 的网络,其中包括瑞银集团、西班牙国家银行、英格兰银行、沙特阿拉伯金融管理局等。2016 年,加拿大的 ATB 银行和德国 Reisebank 银行利用 Ripple 网络完成全球第一笔基于区块链技术的跨国银行间的跨境汇款,加拿大 ATB 银行将一笔 1000 美元支付给了德国 Reisebank 银行,从转账开始到结束仅使用了 8 秒,而通过传统跨境支付,这一交易过程则需要 2~6 个工作日。

Ripple 的业务流程如图 12.8 所示。

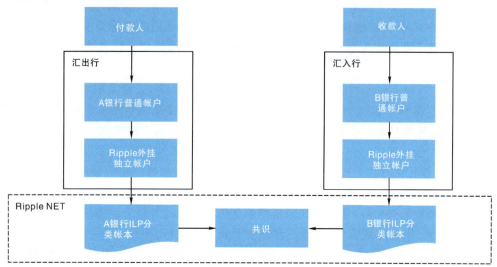

图 12.8　Ripple Xcurrent 模块跨机构支付流程图

付款人通过 Ripple 向境外人员进行跨境支付的流程为:

(1)当付款人提出向境外收款人进行跨境支付时,汇出行 A 银行(以下简称 A 银行)接收到请求后,通过 Messenger(在银行系统中处理 Ripple 支付交易的一个应用程序接口)向境外汇入行 B 银行(以下简称 B 银行)进行付款人的 KYC/AML、本次汇款金额、手续费等信息的数据确认。

(2)B 银行认可该笔交易为合法交易,向 A 银行反馈与确认交易信息。A 银行扣除付款人相应的资金,并将该笔资金放入设立在本行业务系统内的 Ripple 外挂独立账户,用于这笔交易的流动性支出。同时,A 银行通过 ILP Ledger 在 Rippl 网络上增记一笔"冻结"资金,B 银行则将其 ILP 账本上的流动性资金减记。

(3)双方向网络广播交易,在区块链中进行数据共识后,A 银行的"冻结"资金释放成为 B 银行 ILP 账本上的流动性资金;同时,B 银行减记其 Ripple 外挂独立账户,再把资金添加到收款人的账户。至此,基于 Ripple 的区块链跨境支付业务完成。

二、区块链跨境支付的结论及展望

从本章区块链跨境支付场景可以看出,充分利用区块链技术进行跨境支付能够妥善解决传统 SWIFT、信用卡组织等模式的各种弊端,并且通过合理的业务逻辑设计,依靠低成本高效率的优势,可以快速培育出 C 端客户的使用习惯,然后逐步在 B 端商户拓展和覆盖,这是一种顺应了当前潮流、代表未来发展方向的模式。

而对于传统的信用卡组织而言,充分利用区块链技术一方面将有效帮助其转型并适应新的发展方向,同时也将可能成为其业务跨越式发展的重要法宝。例如,尽管银联交易总量已经超过了VISA,但是由于其业务量主要集中在国内,在国外还远远不如其他信用卡组织。依托区块链技术,发行支持数字货币的虚拟银联卡,减少发卡的成本和清结算成本,迅速扩大全球覆盖,无疑将有利于其国际化战略规划推进和跨境业务发展。实际上2017年银联已经与光大银行等开始区块链技术的共同探索和建设,并且正在加大其在区块链技术上的投入。

对于新兴的支付机构而言,应用区块链技术,通过发卡端、收单端两个场景的切入,以数字货币为载体,可以降低跨境支付的费率、拒付率、欺诈率低、业务门槛,提高客户回款时效,提升对整个跨境支付生态中客户和商户的服务能力,可以说是现阶段和未来理想的跨境支付技术形态和产品、服务模式。

区块链技术本身发展还不成熟,且在跨境支付领域应用上还面临一些挑战,如技术可行性、国别壁垒、法律框架、技术标准等难题,需要学术界和研究机构持之以恒地探索。

1. 下列选项中,哪些是中国跨境支付的主要通道?(　　)(多选)
A. 银行转账　　　B. 第三方支付　　　C. 卡组织　　　D. 现金交易
2. 相对于传统跨境支付,区块链跨境支付的优势有哪些?(　　)(多选)
A. 实时反洗钱监控　B. 成本低　　　C. 效率高　　　D. 操作简便
3. 要面对跨境支付,区块链所面临的最主要的挑战是(　　)?(单选)
A. 监管　　　　　　　　　　　　B. 技术实现
C. 不被众人接受　　　　　　　　D. 如何适应各国不同的支付体系
4. 传统跨境支付所面临的痛点是(　　)?(多选)
A. 手续费高　　　B. 效率低　　　C. 适用人群多　　　D. 流程繁琐
5. 区块链跨境交易在(　　)阶段进行身份验证?(单选)
A. 支付发起　　　B. 资金转移结算　　　C. 资金交付结算　　　D. 交易后
6. 当区块链跨境支付发起一笔付款申请时,是否可以取消?(　　)(单选)
A. 可以　　　　　B. 不可以
7. Ripple属于哪类区块链?(　　)(单选)
A. 公有链　　　　B. 私有链　　　C. 联盟链
8. 区块链可以实现按笔收费,节省跨境汇款成本,让小额汇款成为可能。(　　)(单选)
A. 正确　　　　　B. 错误
9. SWIFT体系是以虚拟数字货币作为中介资产的?(　　)(单选)
A. 正确　　　　　B. 错误
10. 什么是区块链跨境支付,如何通过区块链技术实现跨境支付业务?(简答)

区块链发票

1.熟悉区块链技术在电子发票中的应用方式。
2.掌握区块链在报销报税业务中的应用方式。
3.掌握区块链发票与传统发票的区别。
4.掌握区块链电子发票的开具流程。

电子发票 区块链技术 区块链发票 区块链溯源 流程简化 交易及开票

本章首先介绍了发票的定义与发展历程,然后再对区块链电子发票进行讲解,最后通过一个区块链发票实操案例,让读者在实操中对区块链电子发票有更深的理解,建议读者在掌握发票与区块链发票理论知识的基础上再根据本教材开展案例实操,使读者能有更好地案例实操体验。

本章思维导图

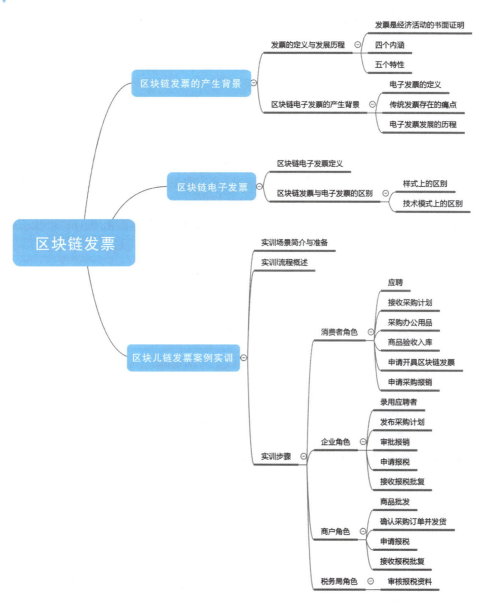

第一节 区块链发票的产生背景

一、发票及其发展历程

发票是指在购销商品、提供或者接受服务以及从事其他经营活动中,开具、收取的收付款凭证。发票作为一种收付款凭证,与商品交换和提供服务等经营活动密不可分,是记录经济业务活动原始状况的书面证明。随着发票的不断演进,发票的纸张使用和防伪措施有了极大改善和提高,具有各类防伪功能的水印防伪纸、无碳复写防伪、干式复写防伪纸、防伪油墨、数码防伪等均运用到发票中,发票大致经历了三个发展阶段:表格式手写发票、机打式纸质发票与互联网电子发票,如图 13.1,图 13.2,图 13.3 所示。

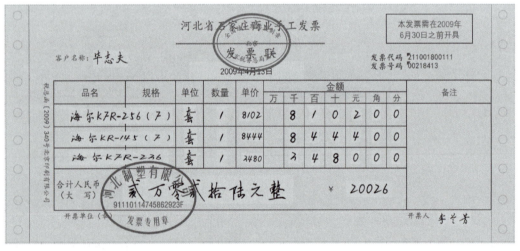

图 13.1 手写发票

发票一般都具备以下四个方面的内涵:

(1)发票是会计核算和计算税款的原始凭证:会计核算必须有记录经济业务和明确经济责任的书面证明(即原始凭证)。发票作为原始凭证是企业对资金活动进行核算和计算税款(增值税抵扣),税务机关计算税款,财政、工商、审计等检查的依据。

第十三章 区块链发票

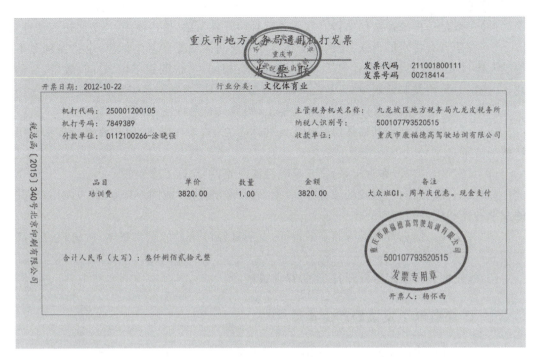

图 13.2 机打式发票

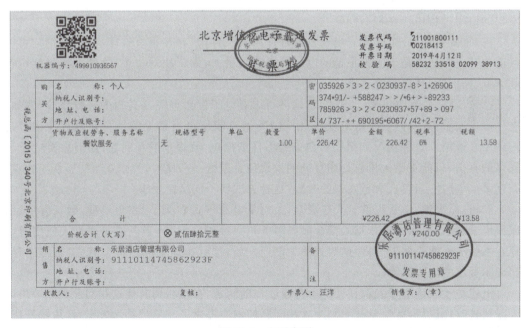

图 13.3 电子发票

(2)发票是一种经济责任书:载明货物品名、数量、购销单位等信息,明确购销具体内容。

(3)发票是一种法律责任书:购销、服务都必须开具发票,依法使用;违法将追究法律责任。

(4)发票具有特定的形式:是区别于其他经济或法律票据的基本标志,也是鉴别是不是发票的基本尺度。发票特定形式包括:一是基本内容相同,具备购销单位、时间、数量、金额等信息;二是票面套印发票监制章;三是全部联次一次性开具,否则不是完整意义的发票。

发票不论外形上,还是内在结构和功能上,明显具有独特性。

(1)合法性。区别于其他任何原始凭证的标志之一,外在格式、内在要素、印制、使用均依法统一规定。

(2)真实性。如实、客观记录,真正反映经济原貌,不允许弄虚作假。

(3)统一性。在同一行政区域、同一时期、同一经济性质(或同一行业)的发票用户,其使用的发票种类和应遵循规则的统一。

(4)共享性。信息资源具有共享的特征,发票是经济信息的重要载体,所记载的经济内容和信息具有共享性。

(5)时效性。按规定时限开具,不得提前或推后。

二、区块链电子发票的产生背景

目前,我们使用较多的是互联网电子发票,电子发票是电子化的记账凭证,其记录了具体的交易信息、纳税人身份识别,通过税务机关的相关系统开具、互联网传播可供纳税人使用的电子凭证。相比于传统的纸质发票,电子发票具有低能耗、高效率的特点,但是在互联网电子发票的使用过程中存在很多问题:

(1)重复打印、一票多报。电子发票可以无限次打印,存在重复打印、重复报销的可能性,目前的解决方法就是人工把报销的电子发票逐一录入,人工比对查重,这种方法虽然可行,但效率低、速度慢,且也很容易出错。

(2)PS票面,篡改信息。通过PS软件可以对电子发票金额或者抬头进行修改,例如一张电子普通发票,本身内容是旅游服务,使用PS工具能够将发票上的信息修改成住宿费,然后打印出来报销。这种情况如果公司财务若不仔细检查,就很难发现问题;如果想要验证PS后发票的真伪,只能查验国税总局中存储的发票信息进行一一比对,一张发票的验伪工作就需要查询2~5分钟,当存在大量发票的时候,这种方式便不能满足要求。

(3)打印报销,退货退款。天气炎热,公司从电商平台购买了24台风扇,购买完成后就能取得电子发票,采购人员依据发票金额找财务进行报销。但是,当风扇正式投入使用时,可能存在某些故障而需要退货,但此时报销款已经发放,这就造成企业的资金流失,甚至还存在多扣成本费用的税收风险。

上述是互联网电子发票在使用中普遍存在的问题,在互联网时代这些问题难以解决,而进入区块链时代以后,区块链技术则为这些问题的解决提供了完美的技术方案,区块链发票也应运而生。

第二节 什么是区块链发票

一、区块链发票

区块链电子发票是指通过构建基于区块链的技术平台,链接税务系统和使用商并提供相应的电子发票服务,是以区块链为底层核心技术进行开具的电子发票。基于区块链的电子发票平台可以充分发挥区块链去中心化、共识算法、分布式广播的特点,解决电子发票应用生态存在的痛点:

利用区块链去中心化特点,实现区块链网络中的分布式存储,通过参与者的共识加密和算法来保证数据可信流转、一致性和不可篡改,解决电子发票的重复报销、重复入账以及数据不一致等问题。电子发票涉及开票方、受票方和消费者,利用区块链分布式网络的传播,避免电子发票数据的不一致、防止数据的篡改,提高数据的准确性和效率问题。

2018年8月10日,腾讯官方公众号发表文章《全国首张区块链发票来了!报销再也不用贴贴贴发票》,宣告全国首张区块链电子发票已经在深圳国贸旋转餐厅开出,深圳将成为全国区块链电子发票试点城市;到2019年3月18日"全国首张轨道交通区块链电子发票"在深圳地铁福田站开出,仅仅是深圳市地铁每年就可以节约发票印制成本约40万元。除了深圳地铁外,出租车、机场大巴等交通场景也同时上线了区块链电子发票功能。

二、区块链发票与电子发票的区别

(1)发票样式上的区别。普通电子发票和区块链发票的样式分别如图13.4、图13.5所示。

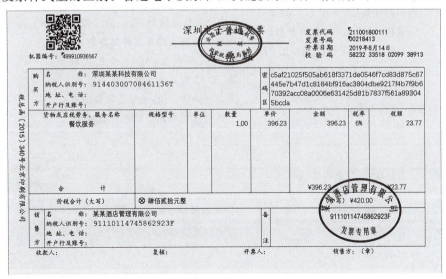

图13.4 电子发票

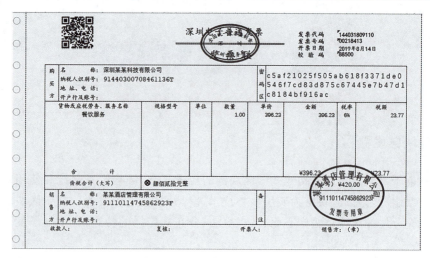

图 13.5　区块链电子发票

样式上电子发票与区块链电子发票的区别见表 13.1。

表 13.1　电子发票与区块链发票在样式上的区别

	普通增值税电子发票	区块链电子普通发票	备注说明
发票模板名称	增值税电子普通发票	电子普通发票	区块链电子发票未纳入增值税发票的范畴
二维码内容	版本号、发票类型、发票代码、发票号码、日期、金额（不好税）、校验码	版本号、发票类型、发票代码、发票号码、销方统一社会信用代码、日期、金额（不好税）、日期、密文	区块链电子发票增加销方统一社会信用代码和密文
发票代码和号码	增值税电子普通发票的发票代码编码规则：第 1 位为 0，第 2～5 位带包省、自治区、直辖市和计划单列市，第 6～7 位代表年度，第 8～10 位代表批次，第 11～12 位代表票种。发票号码位 8 位，按年度、分批次编制	区块链电子普通发票的发票代码编码规则：第 6～7 位为年份，第 8 位代表行业种类、第 9 位代表深圳电子普通大票专属种类类别，第 10 位代表批次，第 11 位代表联次，第 12 位 0 代表物限制金额版。发票号码位 8 位，按全是区块链电子普通发票的开票顺序自动编制	—
校验码	20 位	5 位	
机器编码	金税盘/税控盘机器编码	无	区块链电子发票没有硬件加密
密文去	128 位随机字符	66 位随机字母和数字	—
明细行	有商品简码	无商品简码	—
存储形式	PDF(CA 加密)	PDF	—

（2）技术模式上的区别。增值税电子普通发票按照国家税务总局的要求，实现"一个系统，两个覆盖"，开具的发票信息实时传入到税局统一的电子底帐库中，由统一的电子底帐库再根

据受方信息,清分和转发。区块链的模式就是将各个节点有机联合,形成分布式记账,去中心化,有效地避免了数据的篡改。

第三节　区块链发票案例实训

实训场景中存在消费者、税务局、商户、企业四种角色,在开始实训前需要进行角色选定,通过角色扮演的方式完成本次实训。

一、实训场景简介与准备

(1)进入区块链金融创新实训平台,单击区块链行业案例分析——数字经济章节的【进入课程】按钮,则可以进入本次实操模拟的任务界面,如图13.6所示。

数字经济

图13.6　进入课程界面

(2)单击【角色选定】→【实境演练】,系统显示人员选定角色的界面,班级人员选定角色后单击【确定】按钮则完成人员角色的选定,每个角色都有人员选定后才可以开始实训操作。如图13.7所示。

图 13.7　角色选定

二、实训流程

本实训过程主要围绕消费者在企业进行消费后开具区块链电子发票并报税的过程展开，交易流程如图 13.8 所示。

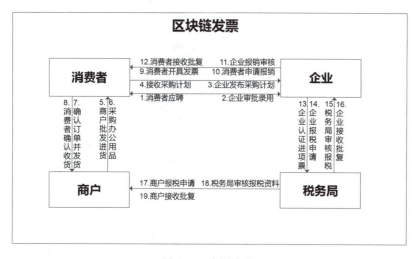

图 13.8　实训流程

三、实训步骤

(一)消费者应聘

(1)消费者角色进入【消费者应聘】任务的【实境演练】界面中。

(2)选择一家企业，单击【应聘】按钮，如图 13.9 所示。

第十三章　区块链发票

图 13.9　消费者应聘

（3）单击【应聘】按钮后，系统弹出"应聘人员录用审批表"窗口，消费填写"应聘人员录用审批表"中的"应聘人基本信息"后，单击【提交】按钮，如图 13.10 所示。

图 13.10　应聘人员录用审批表

(二)企业审批录用应聘人员

(1)企业角色进入【企业审批录用】任务的【实境演练】界面中。

(2)选择应聘的人员,单击【操作】按钮,如图 13.11 所示。

图 13.11　企业角色审批应聘人员

(3)单击【操作】按钮后,系统弹出"应聘人员录用审批表"窗口,填写"应聘人员录用审批表"中的"录用审批意见"后,单击【拒绝】或【审核】按钮,如图 13.12 所示。

图 13.12　应聘人员录用审批表

图 13.12 中点击【拒绝】按钮,为不聘用应聘人,点击【审核】按钮,为聘用应聘人,一个企业可以招聘多个员工。

(三)企业发布采购计划、消费者接收采购计划

企业角色实操步骤：

(1)企业角色进入【发布采购计划】任务的【实境演练】界面中。

(2)选中企业中的某一员工,单击【发布采购计划】按钮,如图 13.13 所示。

图 13.13　发布采购计划

(3)单击【发布采购计划】按钮后,系统弹出"下达采购计划"窗口,选中需要采购的商品并输入采购数量后,单击【确定】按钮,如图 13.14 所示。

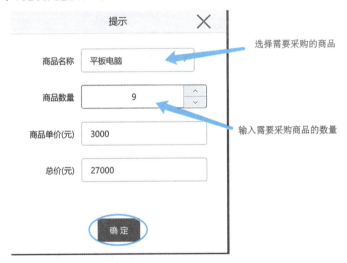

图 13.14　下达采购数量

消费者角色实操步骤：

(1)消费者角色进入【消费者接收采购计划】任务的【实境演练】界面中。

(2)选中企业对自己发布的采购计划,企业也可以向员工发布多个采购计划。单击【确认】按钮,如图 13.15 所示。

图 13.15　消费者接收企业发布的采购计划

(四)商户批发进货

(1)商户角色进入【商铺批发进货】任务的【实境演练】界面中。

(2)选择需要进货的商品,输入商品数量,单击【购买】按钮,如图 13.16 所示。

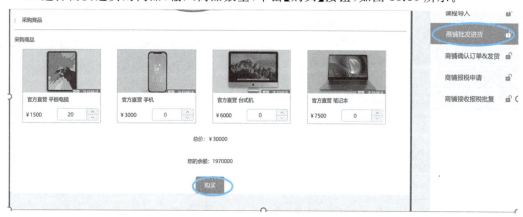

图 13.16　商户进行商品批发

商户角色上的人员可以在线下对企业角色的人员进行沟通,确定企业角色的人员需要采购什么商品与商品数量,这样可以避免自己出现批发的商品数量有剩余的情况出现。本场景中商户能够批发的商品有四种:平板电脑、手机、台式机、笔记本电脑。

(五)消费者进行采购、商户确认订单并发货

消费者角色实操步骤:

(1)消费者角色进入【消费者采购办公用品】任务的【实境演练】界面中。

(2)选中需要进行采购的商户,点击【购买商品】按钮,系统显示商品出售窗口,找到自己需要采购的商品,输入自己需要采购商品的数量,单击【购买】按钮,如图 13.17 所示。

第十三章 区块链发票

图 13.17 消费者进行商品采购

图 13.17 中，消费者可以向多个商户进行采购，打开商户的商品出售窗口能够看到本商户的商品库存数量。

商户角色实操步骤：

(1)商户者角色进入【商铺确认订单并发货】任务的【实境演练】界面中。

(2)查看所有的采购订单，单击【取消订单】或【确认订单】按钮对消费者的订单进行操作，如图 13.18 所示。

图 13.18 商户对消费者的采购订单进行确认

(3)点击【确认订单】按钮后，商户就需要进行发货，单击【发货】按钮，如图 13.19 所示。

图 13.19 商品发货

商户进行发货之前需要确认自己的商品库存充足,如出现库存不足的情况,可以回到【商铺批发进货】任务中进行商品的批发进货。

(六)消费者确认收货、申请开具发票进行报销

(1)消费者角色进入【消费者确认收货】任务的【实境演练】界面中。

(2)查看商户发来的货物,确认发货的数量与采购一致后,单击【收货】按钮,如图13.20所示。

图13.20 商品验收

(3)收货完成后进入【消费者开具发票】任务的【实境演练】界面中。

(4)选中已经收货的订单,单击【申请开票】按钮,如图13.21所示。

图13.21 申请开票

(5)申请开票后系统弹出选择开票类型与发票种类的窗口,选择增值税专用发票类型的区块链发票,单击【下一步】按钮,如图13.22所示。

第十三章 区块链发票

图 13.22　选择发票类型

（6）点击【下一步】按钮后，系统弹出填写发票详情窗口，填写"开票单位"与"税号"与其他基本信息后，单击【开票】按钮，如图 13.23 所示。

图 13.23　开票信息

（7）开票后消费者通过使用自己的私钥进行加密，输入自己的私钥后，单击【加密】按钮，如图 13.24 所示。

图 13.24　使用私钥加密

这里填写的开票单位需要是当前消费者所在企业角色人员的账号,税号则是消费者角色人员所在企业角色人员的公钥。本场景为一个虚拟环境,认为存在区块链增值税专用发票。

(8)开票成功后进入【消费者开具发票】任务的【实境演练】界面中,选中已开具发票的订单,单击【报销】按钮,如图 13.25 所示。

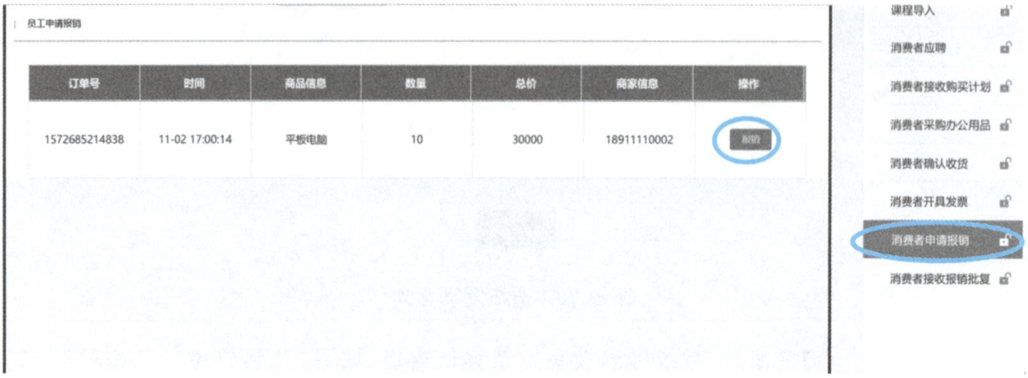

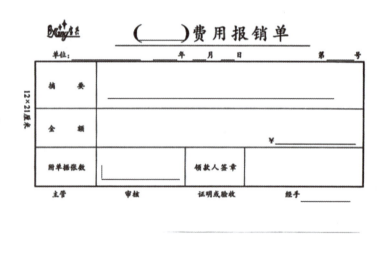

图 13.25　申请报销

(9)点击【报销】按钮后,系统弹出【费用报销单】窗口,根据需要报销的金额填写【费用报销单】,单击【申请】按钮,如图 13.26 所示。

图 13.26　费用报销单

图 13.26 中,填写费用报销单时一定要确保报销单填写的完整性,其中单位处填写企业角色人员的账号,经手处填写自己的账号。

(七)企业报销审核、消费者接收批复

企业角色实操步骤：

(1)企业角色进入【企业报销审核】任务的【实境演练】界面中。

(2)选中企业员工提交的报销申请，单击【报销】按钮，如图 13.27 所示。

图 13.27 提交报销申请

(3)系统弹出企业员工填写的费用报销单，单击【查看】按钮，系统弹出消息解密窗口，企业输入自己的私钥后，单击【解密】按钮，如图 13.28 所示。

图 13.28 使用私钥解密

(4)【解密】成功后企业即可看到区块链电子发票，确认无误后，系统弹出费用报销单窗口，单击【报销】按钮进行报销，如图 13.29 所示。

图 13.29 审批费用报销单

企业角色人员在对费用报销单进行报销的时候需要在"主管""审核""证明或验收"处进行

签字,才能完成报销审核。

消费者角色实操步骤:

(1)消费者角色进入【消费者接收报销批复】任务的【实境演练】界面中。

(2)选中企业审核通过报销申请,单击【接收】按钮,系统弹出费用报销单窗口,消费者在"领款人签章"处签字(自己的账号)后,单击【确定】按钮。

(八)企业认证进项税并进行报税申请

(1)企业角色进入【企业报销审核】任务的【实境演练】界面中。

(2)选中已经通过报销审核的订单,单击【接收】按钮,输入自己的私钥,单击【解密】按钮,如图 13.30 所示。

图 13.30 解密审核通过的报销单

(3)企业角色进入【企业报税申请】任务的【实境演练】界面中,选中需要报税的订单,单击【报税】按钮,系统弹出"增值税纳税申报表",企业选中税务局,单击【报税】按钮,如图 13.31 所示。

图 13.31 申请报税

第十三章 区块链发票

增值税是对销售货物或者提供加工、修理修配劳务以及进口货物的单位和个人就其实现的增值额征收的一个税种。进项税是企业买东西时记在采购总价中的增值税款,销项税是企业卖东西时收到的销售总价中的增值税款。每个月企业应交的增值税:应交税费 = 销项税额－进项税,如果是正数就要向税务局交税,如果是零或者负数就不用交了。

(九)商户报销申请

(1)商户角色进入【商铺报税申请】任务的【实境演练】界面中。

(2)选中需要报税的订单,单击【报税】按钮,系统弹出"纳税申报表"窗口,选中税务局,单击【报税】按钮,如图 13.32 所示。

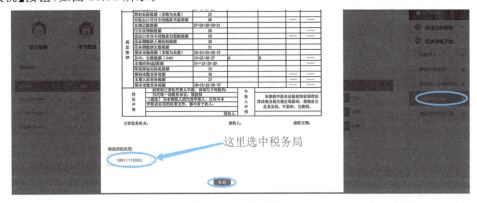

图 13.32　申请报税

企业与商户进行报税时,需要认真填写纳税申报表,特别注意进项税额和销项税额的填写。

(十)税务局审批报税申请、商户/企业接收批复

税务局角色实操步骤:

(1)税务局角色进入【税务局审核商铺报税资料】或【税务局审核企业报税资料】任务的【实境演练】界面中。

(2)选中需要审核的申请,单击【审核】按钮,系统弹出对应的【纳税申报表】窗口,税务局在【主管税务机关】处签字(自己的账号)后,单击【确认】按钮。

(3)税务局通过使用自己的私钥界面查看与"纳税申报表"相关的区块链发票,输入自己的私钥后,单击【解密】按钮,如图 13.33 所示。

图 13.33　私钥解密

商户、企业角色实操步骤:

(1)商户/企业角色进入【接收报税批复】任务的【实境演练】界面中。

(2)选择需要接收的报税批复,单击【接收】按钮,系统弹出税务局审核过的【纳税申报表】,在纳税申报表的【接收人】处签字并写入"接收日期",单击【确定】按钮。

区块链电子发票具有全流程完整追溯、信息不可篡改等特性,可以追溯发票的来源、真伪和入账等信息,解决发票流转过程中一票多报、虚报虚抵、真假难验等难题,同时还具有降低成本、简化流程、保障数据安全和隐私的优势。

目前区块链发票还处于试点运行阶段,完成试运行阶段后,消费者在结账后不仅可以通过手机自助申请开票,还能实现一键报销。发票信息将实时同步至企业和税务机关,平台支持线上领取报销款,报销状态实时查询。对于商家而言,区块链电子发票可大大节省开票时间、硬件和人工成本;对于消费者而言,可便捷实现发票的申领、获取和查验,做到即时报销和入账,实现"交易即开票,开票即报销"。

同 步 练 习

1. 下列选项中,(　　)不是发票的独特性。(单选)
A. 合法性　　　　B. 时效性　　　　C. 高效性　　　　D. 共享性

2. 会计核算必须有记录经济业务和明确经济责任的书面证明——(　　)。(单选)
A. 出差申请单　　B. 记账凭证　　　C. 书面描述　　　D. 原始凭证

3. 下列选项中,(　　)不是普通增值税电子发票的二维码内容。(单选)
A. 密文　　　　　B. 版本号　　　　C. 发票代码　　　D. 校验码

4. 在【发布采购计划】任务中,企业可以向员工发布(　　)采购计划。(单选)
A. 一个　　　　　B. 两个　　　　　C. 三个　　　　　D. 多个

5. 在【商户批发进货】任务中,没有下列的(　　)商品。(单选)
A. 平板电脑　　　B. 手机　　　　　C. 充电宝　　　　D. 笔记本电脑

6. 消费者可以向(　　)商户进行采购,打开商户的商品出售窗口能够看到本商户的商品库存数量。(单选)
A. 一个　　　　　B. 两个　　　　　C. 三个　　　　　D. 多个

7. 开票后消费者通过使用(　　)进行加密。(单选)
A. 公司的公钥　　B. 自己的私钥　　C. 公司的私钥　　D. 自己的公钥

8. (　　)是企业买东西时记在采购总价中的增值税款,销项税是企业向外卖东西时收到的销售总价中的增值税款。(单选)
A. 增值税　　　　B. 进项税　　　　C. 销项税　　　　D. 消费税

9. 填写费用报销单的时候一定确保报销单填写的完整性,其中单位处填写(　　),经手处填写自己的账号。(单选)
A. 企业名称　　　　　　　　　　　B. 企业编号
C. 企业角色人员的账号　　　　　　D. 企业地址

10. 企业角色人员在对费用报销单进行报销的时候需要在(　　)处进行签字,才能完成报销审核。(单选)

A. 主管　　　　　B. 审核　　　　　C. 证明或验证　　　D. 以上全部

11. 区块链电子普通发票有（　　）位校验码。（单选）
A. 1　　　　　　B. 5　　　　　　C. 10　　　　　　D. 20

12. 这里填写的开票单位需要是当前消费者所在企业角色人员的账号，税号则是消费者角色人员所在企业角色人员的（　　）。（单选）
A. 私钥　　　　　B. 公钥　　　　　C. 账户　　　　　D. 账户密码

13. （　　）是对销售货物或者提供加工、修理修配劳务以及进口货物的单位和个人就其实现的增值额征收的一个税种。（单选）
A. 消费税　　　　B. 购置税　　　　C. 增值税　　　　D. 所得税

14. 区块链电子发票具有全流程完整追溯、信息不可篡改等特性，与发票逻辑吻合，能够有效规避假发票，完善发票监管流程。（　　）。（判断）

15. 2013年，腾讯开出国内第一张电子发票。（　　）（判断）

第十四章

数字货币

1.掌握数字货币的定义。
2.了解区块链技术的不可能三角及其对数字货币发展的影响。
3.掌握我国央行数字货币 DCEP 的特点及发展方向。
4.了解 Libra 的发展方向和以比特币为代表的虚拟"货币"的特点。
5.掌握货币职能的定义及在数字货币领域的应用。

数字货币　不可能三角　去中心化　央行数字货币　DCEP　Libra　比特币　货币职能

  本章首先梳理了数字货币的定义,然后从货币职能、不可能三角两个角度,介绍了目前比较有代表性的数字货币,通过对不同数字货币的对比分析,了解它们与现行货币体系的异同,从而理解其对世界货币体系的潜在影响。

第十四章 数字货币

本章思维导图

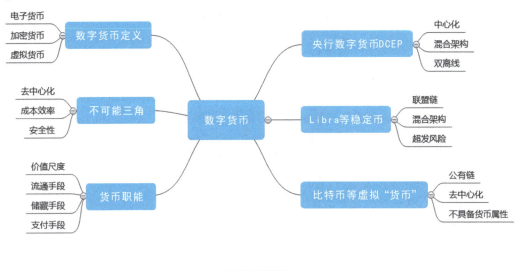

第一节 数字货币概述

一、数字货币概述

数字货币(Digital Currency)是对货币进行数字化,简称为 DIGICCY,目前数字货币并没有统一的定义。随着虚拟货币的演进、区块链技术的发展、稳定币和央行数字货币的陆续面世,数字货币的内涵在不断延伸和扩张。

(1)狭义上的数字货币是指以比特币为样本的虚拟"货币",狭义的定义要求数字货币不依靠特定货币机构发行,依据数字加密算法通过大量的计算产生,同时交易过程需要分布式数据库的认可。而满足上述定义的区块链技术是在数字货币中应用最为广泛的技术,因而数字货币与区块链在一段时间内几乎成为孪生词。

(2)随着区块链技术的发展,使用区块链技术公开发行虚拟"货币"是近年来金融市场的焦点,并诞生了莱特币、以太坊等虚拟"货币"。这些虚拟"货币"受比特币的启发,技术上具有类似的实现原理,并改进了比特币的一些缺点。至此,数字货币不再仅以比特币为范本,在上述技术特征上有所放松,可以拥有发行主体,发行总量基于某些可增加的资产而不固定。

(3)美国监管机构认可的 1∶1 挂钩美元的 USDT,是由 Facebook 公司主导并设立专门协会管理发行的数字货币 Libra。我国央行也拟发行数字货币(Digital Currency Electronic Payment,DCEP),数字货币的定义再一次得到延伸,数字货币不再与区块链技术、去中心化完全绑定。

广义上,数字货币是以数字形式表示的资产,可以包含以数字方式表示价值的任何东西。数字货币不像人民币钞票、硬币或黄金那样具有物理形式,而是以电子方式存在的,可以使用计算机或互联网等技术在用户和实体之间传输,以电子的形式实现价值尺度、流通手段、贮藏手段、支付手段等货币职能。

二、数字货币与区块链的局限——不可能三角

区块链技术具有去中心化、准确性、不可篡改等诸多特性,基于区块链技术的加密货币(如比特币)似乎很适合用做支付工具。但实际上,大部分比特币由投资者和非频繁使用者持有,并未能成为一种主流的支付工具。除了币值波动大,天然具有"通缩"倾向等缺点外,限制其成为主流支付工具最直接的原因是区块链的不可能三角,该概念由 Abadi 和 Brunnermeier 于 2018 年提出,即:去中心化、准确性和成本效率三者无法兼顾。

基于区块链技术的分布式账本在去中心化、准确性方面,主要表现为效率低和资源浪费,因为根据区块链的 PoW 算法,每一笔区块链交易都需要系统中所有节点记一次账、对数据进行全量计算和存储,这一过程需要消耗大量的计算资源,而且对数据存储量要求很高。随着使用范围和节点数的不断扩张,完全实现去中心化记录数据的成本也就越高。

区块链的不可能三角如图 14.1 所示:

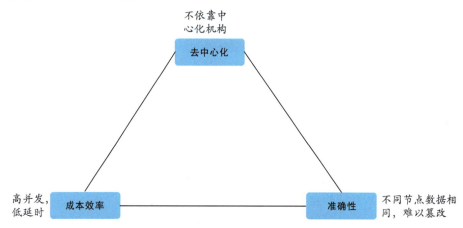

图 14.1 区块链的不可能三角

2019 年 6 月,Facebook 发布 Libra 白皮书,顺应新趋势,我国在 2019 年 10 月推出央行数字货币 DCEP,而比特币作为基础的数字币在世界范围内流通,从区块链三角的角度,三者对比见表 14.1。

表 14.1 DCEP、Libra 和比特币的对比

项目	发行机制	运行速度	信用背书
DCEP	中心化,流通中可能采取区块链技术	快,满足双"十一"零售级别的应用	政府,无限法偿性
Libra	中心化,由多家机构组成的协会发行管理(联盟链)	1000 笔/秒,适合应用于跨境支付	100%挂钩储备资产
比特币	去中心化	慢,7 笔/秒,每笔交易确认需要数十分钟	无

比特币高度去中心化,同时准确性也很高,兼顾了不可能三角的两个方面,但其运行速度根本不可能应用于大范围支付。比特币网络每秒只能处理 7 笔交易,且在当前比特币没有大规模应用于支付的情况下,从交易提交到最终成交往往需要数十分钟。

根据腾讯和支付宝 2018 年披露的数据,最受市场关注的财付通、支付宝 2018 全年的交易笔数分别为 4600 亿笔、1975 亿笔,平均每秒超过 14000 笔、6000 笔,尤其在"618"及"双十一"购物节期间支付流量更高出平均水平数倍。针对高发的零售业务,交易速度应至少达到 30 万笔/秒才可满足消费者的需求。

Libra 运行速度较比特币更快,将来可实现每秒 1000 笔交易,每笔交易完成需确认的等待时间是 10 秒钟,运算速度依旧远低于传统的中心化系统,只能用于国际汇兑或者是跨境汇款(此场景下使用者对速度的要求较为宽松),难以满足大规模日常交易需求。

第二节 区块链在货币场景中的应用

一、中央银行数字货币

中央银行数字货币是区块链技术的主要应用之一。根据国际货币基金组织的定义,中央银行数字货币(Central Bank Digital Currency,简称"CBDC")是指由中央银行发行,被广泛接受的电子化的法定货币。最近几年,各国央行纷纷参与数字货币的探索与实践:

- 新加坡在 2016 年启动了 Ubin 项目;
- 加拿大在 2017 年开启了 Jasper 项目;
- 瑞典是货币无纸化程度相当高的国家,在 2017 年实施了 E-krona 的 CBDC 项目;
- 美国、英国、俄罗斯则发布了一系列 CBDC 相关报告,但在推行 CBDC 上进展稍慢。

部分国家在 CBDC 上的探索较为激进,委内瑞拉于 2017 年 12 月宣布发行 Petro 石油币,突尼斯于 2019 年 11 月 11 日宣布推出数字化法币"E-Dinar"等。

早在 2014 年,中国就已成立法定数字货币专门研究小组,研究和发行央行数字货币,其动因主要有三个:

第一,为保护人民币的货币主权和法币地位,需要未雨绸缪。

第二,当前纸钞、硬币的发行、印制、回笼、贮藏各个环节成本都很高,而人们生活中需要使用现金的情形越来越少。

第三,公众有匿名支付的需求,但现有的支付工具都与传统银行账户体系紧紧绑定,满足不了消费者的匿名支付需求,而央行数字货币既能保持现钞的属性和主要价值特征,又能满足便携和匿名的诉求。

目前,全球主要国家都在加快发展区块链技术。我国在区块链领域拥有良好基础,要加快推动区块链技术和产业创新发展,并积极推进区块链和经济社会融合发展。我国中央数字货币推进过程如表 14.2 所示。

表 14.2　我国中央数字货币的推进过程

时间	进展
2014 年	成立法定数字货币专门研究小组
2015 年	央行体系内最早研究数字货币及区块链技术的团队——中钞区块链技术研究团队开始重点研究区块链技术
2016 年	中钞区块链技术研究团队成立国内首个区块链技术同盟 China Ledger，并在之后加入国际最大的区块链联盟 Hyper Ledger
2017 年	中央银行货币研究所正式成立；中国人民银行印发《中国金融业信息技术"十三五"发展规划》，将区块链列为重点任务
2018 年	数字货币研究所成立深圳金融科技有限公司子公司，参与贸易金融区块链项目的开发
2019 年 8 月	央行支付结算司指出，央行数字货币已经呼之欲出；截至 2019 年 8 月 4 日，央行数字货币研究所申请涉及数字货币的专利共 74 项

二、我国的中央银行数字货币

(一)DCEP 的定义

我国央行推出的中央银行数字货币(DCEP)是基于加密算法的电子货币系统，其性质是对标 M0(流通中的现金)，而不是对现有货币的数字化。DCEP 的属性和功能与纸币完全相同，只不过是数字化形态，DCEP 依旧是中央银行对社会公众的负债，这种债权债务关系并没有随着货币形态变化而改变。因此央行数字货币也和纸钞一样，具备无限法偿性，具有价值尺度、流通手段、支付手段和价值贮藏等功能。

该定义也将 DCEP 与支付宝、微信支付等第三方电子支付做了区分。支付宝与微信支付只是电子支付方式，是对 M1 和 M2 的数字化，是基于现有的商业银行账户体系。DCEP 与现有货币体系对比见表 14.3。

表 14.3　DCEP 与现有货币体系的对比

	项目	法币现金	电子货币		央行数字货币
			银行存款	第三方支付机构账户余额	
发行	发行主体	政府	商业银行	第三方支付机构	政府
	法定货币	是	是	间接是	是
	发行数量	可调节	可调节	以 100%缴纳的准备金为限	可调节
	债务人	央行负债	商业银行负债	央行负债（备付金 100%集中缴存）	央行负债
	信用背书	国家信用	银行信用	支付机构信用	国家信用
	准备金制度	无	法定及超额存款准备金	100%缴纳备付金	运营机构 100%缴纳备付金

续表

项目		法币现金	电子货币		央行数字货币
			银行存款	第三方支付机构账户余额	
支付	技术路线	中心化	中心化	中心化	中心化,部分使用区块链技术
	流通范围	国家内部	国家内部	国家内部,部分可支持全球使用	国家内部
	交易处理速度	高速实时	高速实时	高速实时	高速实时
用户	匿名性	完全匿名	实名	实名	部分匿名
	结算途径	面对面	银行账户体系	银联—支付机构	离线钱包

(二)DCEP 的特点

1.中心化的管理模式

DCEP 与虚拟货币最大的区别是坚持中心化的管理模式。央行为了维持自身宏观审慎与货币调控的职能,并且满足货币支付时高并发、低延时的要求,只能舍弃传统区块链技术"去中心化"这一特性,坚持中心化的管理模式。

区块链为了实现去中心化,采用了特定的共识机制来保证系统的运行。但是,DCEP 是一种央行发行的信用货币,其实质是央行对公众的负债,它具有央行的信用担保,具备无限法偿性,DCEP 运行的共识机制是对央行偿兑能力的信任而非基于区块链共识机制。因此 DCEP 并不需要像虚拟货币一样采用去中心化的共识机制。

2.可控匿名

DCEP 希望能达到保护隐私和监管反洗钱等违法犯罪行为的平衡。

纸币与市场上流通的虚拟货币都具有完全的匿名性,一定程度脱离了监管,为金融犯罪,如洗钱、恐怖融资等提供了便利。银行转账和移动支付是借助银行的账户体系,因此无法满足消费者保护隐私的需求。对用户而言,DCEP 类似纸钞,但由于电子钱包和手机/身份绑定+数据上线,可以根据钱包的注册要求,以及转账记录的条件不同,实现不同程度的匿名性。

3.双层运营模式

中央银行-商业银行的双层运营架构是我国现行货币发行流通的模式,如图 14.2 所示。上层是中央银行对商业银行,下层是商业银行对公众。DCEP 双层架构的运行原理为:商业银行在中央银行开户,按要求缴纳准备金,个人和企业通过商业银行或金融机构开立数字钱包,商业银行与央行一同维护数字货币的流通。在该种场景下,央行不直接面对消费者,不与金融机构竞争,充分利用下层现有的基础设施,对原有金融体系的冲击更小。

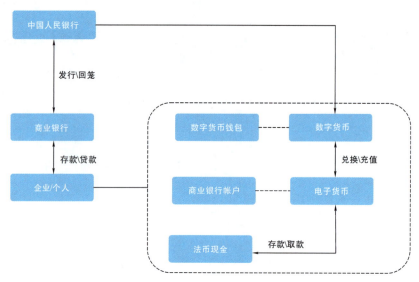

图 14.2　央行数字货币双层架构

4. 中性的技术框架标准

目前区块链技术在数字货币中的应用有一定局限性，DCEP 倾向保持技术中性。由于区块链技术是一个分布式账本，一笔交易除了输入区块，还需要得到其他区块的确认，这将大大延长一笔交易所需要的时间，目前并不适用于日常零售小额应用场景。

DCEP 不预设技术路线，纯区块链构架目前无法满足零售所需要的高并发、低延时的要求。DCEP 是个混合架构，央行不会干预商业机构的技术路线选择，不同机构的技术路线可以充分竞争。商业机构向公众兑换数字货币时，可以自主选择区块链、电子支付工具、移动支付工具，只要能达到央行对并发量、客户体验和技术规范的要求即可。

5. 双离线支付

与纸币一样，DCEP 不需要绑定任何银行账户，就能够实现价值转移，摆脱了传统银行账户体系的控制。传统电子支付需要网络信号的支持，才能实现实时在线结算，而 DCEP 不需要网络就能支付，因此也被称为收支双方"双离线支付"。具体场景中，只要手机上有 DCEP 的数字钱包，不需要网络，只要两个手机碰一碰，就能实现转账功能。

三、Libra 等稳定币

由于比特币等高度去中心化的数字"货币"缺乏信用背书，币值波动较大，无法满足支付要求。在此背景下，稳定币应运而生，稳定币发行方承诺 1∶1 挂钩美元或其他储备资产，目前主流的稳定币是 Libra 和 USDT 等。

（一）Libra 的定义

Facebook 于 2019 年发布了加密货币 Libra 的白皮书，中文名称为"天秤座"，根据白皮书，Libra 是以区块链为基础技术，以一篮子主权货币包括政府债券作为资产储备抵押物，由独立协会管理的一种货币，其使命是建立一套简单的、无国界的货币和为数十亿人服务的金融基础设施。

Libra 协会成员如图 14.3 所示。

图 14.3　Libra 协会成员

资料来源:国信证券《区块链行业专题报告》

(二)Libra 的特征

1.采用混合式架构

Libra 采用的不是纯粹的区块链技术而是混合式架构,底层为中心化交易,最终结算层才使用区块链技术(联盟链),只有受许可的成员才能成为节点,因此节点不会太多。由于 Libra 不是严格的区块链加密货币,才有可能成为一个真正的支付工具,将来可实现每秒 1000 笔交易,每笔交易完成需确认的等待时间是 10 秒钟,适合做跨境支付/汇款。

与比特币(BTC)、以太币(ETH)等虚拟货币不同,Libra 是一种基于区块链的法定资产抵押型稳定币,与"一篮子货币"挂钩。每当创建新的 Libra 货币时,会有相应价值的一篮子银行存款和短期政府债券等低波动性资产作为储备支持。Libra 的储备资产在选择时将会最大限度减少其波动性,并且会被分散在全球各地的托管机构持有。

不同形态货币在发行形式、支付方式和用户使用等方面有所不同,见表 14.4。

表 14.4　Libra、DCEP 和 USDT 的对比

	项目	DCEP	USDT	Libra
发行	发行主体	政府	Tether 基金会	Libra 管理协会
	法定货币	是	否	否
	发行数量	可调节	可调节	可调节
	债务人	央行负债	Tether 基金会	Facebook 基金会
	信用背书	国家信用	支付机构信用	支付机构信用
	准备金制度	运营机构 100%缴纳备付金	1:1与美元挂钩	资产抵押(1:1挂钩多种货币)

续表

	项目	DCEP	USDT	Libra
支付	技术路线	中心化,部分使用区块链技术	中心化	中心化,由多家机构组成的协会发行管理(联盟链)
	流通范围	国家内部	全球	全球
	交易处理速度	高速实时	7~50 笔/秒	1000 笔/秒
用户	匿名性	部分匿名	匿名	Libra 匿名,钱包实名
	结算途径	离线钱包	钱包/交易所	钱包(Cailibra)

2.潜在用户量极大,遍及全球

2019 年 Facebook 全球已拥有约 27 亿用户,是世界第一大社交网络平台,Facebook 旗下的其他重量级应用程序还包括:Instagram、WhatsApp、Messenger,每个应用程序的月度活跃用户都超过 10 亿。从流通范围来讲,Libra 或以 Facebook 全球 27 亿用户为基础,逐步扩大流通范围,广大的用户群减少了迁徙的成本,很容易形成广泛的用户群与支付网络。

(三)Libra 的劣势

1.无法保障币值的稳定性

Libra 与虚拟"货币"的最大区别是有价值支撑,储备资产由一篮子主权货币和政府债券组成,通过 100％准备金制度保持币值稳定、建立价值信任。但是"一篮子货币的资产储备"不等于"同一篮子货币挂钩",Libra 没有机制来确保一篮子货币的比重不变,并不能真正实现币值的稳定。USDT 承诺 1∶1 兑换美元,但无法确保发行方有等值美元储备,存在滥发、超发问题,同样的 Libra 也存在超发风险。

2.Libra 协会可能成为实质上的私营央行

Libra 如果被广泛应用,可能出现以其定价的消费信贷、金融衍生品等产品,就会出现派生存款、货币乘数,即从 M0 扩展到 M1、M2。Facebook 给 Libra 的等值储备限于 M0 范畴,而 Libra 的 M1 和 M2 没法保证 100％的等值储备,这就需要 Libra 协会干预、监管货币乘数,可能变成一个实质上的私营 IMF。

四、比特币及其他虚拟"货币"

2008 年,美国次贷危机引发了全球经济危机,为应对经济危机,各央行纷纷推行"开闸放水"的货币政策,引发了民众对基于国家信用的现行货币制度的信任危机。在这一背景下,2008 年末,一个名为"中本聪"的匿名黑客发表了《比特币:一种点对点的电子现金系统》,宣告了比特币的诞生。此后 10 年间,比特币的价值在剧烈波动中实现了惊人的涨幅,价格最高时超过 19000 美元。截至 2019 年 10 月,比特币已被开采数量达 1784 万枚,区块总数超过 60 万个。

(一)比特币的定义

比特币开创了区块链应用,即利用块链式数据结构来验证和存储数据,利用分布式节点共识算法来生成和更新数据,利用密码学的方式保证数据传输和访问的安全,利用由自动化脚本代码组成的智能合约来编程和操作数据,是一种全新的分布式基础架构与计算范式。简单而言,比特币是由计算产生、总数量受严格限制、交易安全性高、数据难以丢失和损坏,历史交易记录分布式储存在比特币网络中的数字。

与中央政府发行的信用货币不同,比特币的价值取决于人们对比特币系统算法而非对政府的信任,价格由市场的供需关系决定。比特币的交易基于点对点技术的电子现金系统,它允许交易双方直接进行在线支付,不需要中间权威机构的清算和结算环节。

(二)比特币的特点

1.系统设定发行方式,不存在中央发行机构

比特币的本质其实是一堆复杂算法所生成的特解。比特币是一个"挖矿"过程,通过大量的计算不断去寻求方程组的特解,这个方程组被设定有 2100 万个特解,所以比特币的上限就是 2100 万个。

2.余额信息难以篡改,系统整体稳健性强

比特币的交易历史由多个独立节点记录,任何一方都无法轻易修改。每个区块包含前一个区块和自身的数字标签,如果某一个区块的数据被篡改,那么其数字标签也会发生变化,这会导致后续所有区块的数字标签发生变化,而在去中心化的系统中,这样的篡改无法被其他节点验证通过。

3.历史交易记录公开

比特币账本的数据是公开透明的。区块链允许每一个用户都记录并存储所有的数据,并且实时更新。比特币网络中不会存储任何私密信息,所有人都能够看到账本中的全部数据。

(三)比特币的缺点

1.比特币并不具备货币属性

货币基本职能是价值尺度、流通手段、贮藏手段、支付手段,比特币由于价格波动过大,没有人真正拿它去买东西、记账、贮藏等。且由于其去中心化的特性,无法满足支付的高并发、低延时要求,不具有普遍的可接受性和法偿性,因此,以比特币为代表的虚拟"货币"严格来说是加密资产而非货币。比特币 2100 万个的总量,导致其天然具有通缩倾向,与现在经济、金融、货币体系格格不入,也注定其不可能行使货币职能。

2.比特币并不具有唯一性、稀缺性

在比特币迅速发展的同时,一些开发团队受比特币设计的启发,对比特币的算法进行改进,创造了多种其他虚拟"货币"。比较有代表性的是莱特币,其在技术上具有相同的实现原理。莱特币与比特币有三方面的差异:

第一,莱特币网络每 2.5 分钟就可以处理一个区块,可以提供更快的交易确认;

第二,预期产出 8400 万个莱特币,是比特币发行量的四倍;

第三,所使用加密算法的计算量略低于比特币,降低了挖矿的难度。

无论哪一种虚拟"货币",这些所谓的改进或升级并没有脱离比特币的实现原理。但是这些币种的出现,不仅会分流比特币的算力,而且缺乏权威机构来规范这些货币的发行和流通。

因此,比特币并不具备唯一性、稀缺性,其他虚拟"货币"的随意发行也放大了比特币没有任何信用背书的缺陷。

3.区块链的安全性和隐私并非万无一失

区块链的安全性是账本难以篡改和伪造,但对偷盗却没有有效的解决办法,它对个人信息

的安全保护方式很传统,常有交易所被盗案例。比特币被盗后,由于其公有链的特性,后续公有链上记的账也无法修改,导致比特币失窃后无法追回。

4.比特币集中于少数利益群体

比特币诞生的10多年时间内,约有1784万比特币被开采出来,而大部分比特币都集中在比特币的开发团队和少数大矿场主手中,约4%的比特币地址拥有了约96%的比特币财富。因此新进的开发团队都在模仿比特币的原理"另起炉灶",新进的虚拟货币交易者在寻找其他有升值潜力的虚拟币种。

五、数字货币与区块链技术

(一)以比特币为代表的虚拟"货币"并非货币

目前来看,虚拟"货币"对传统主权货币体系冲击有限。当前,虚拟"货币"规模相对有限,即使在峰值时期全球数字货币仍不足全球 GDP 的 1%,占全球货币总量的比例更低,尚不足以对传统货币体系形成冲击。比特币等虚拟"货币"由于价值波动过大、低效率和通缩倾向等问题,注定不可能行使价值尺度、流通手段、贮藏手段、支付手段等货币职能。

世界上主要国家的监管机构多次向虚拟"货币"参与者发布风险预警,以防范跨境洗钱、逃税、黑色交易、恐怖活动和黑客攻击等法律和技术方面的潜在风险。

(二)数字货币需部分舍弃去中心化

比特币高度去中心化,但也受到运行速度、存储效率的限制,规模难以扩张,无法满足大规模交易的高并发、低延时的要求。USDT 和 Libra 在一定程度上牺牲了去中心化,效率方面有所提升,但仍旧难以支持大规模交易。

那么基于区块链技术的"数字货币"有可能为了实现成本效率而完全放弃去中心化吗?答案是不能。

一方面,完全放弃去中心化意味着与现有的电子交易系统没有本质区别,需要中间权威机构的清算和结算环节,无法实现点对点交易;另一方面,完全放弃去中心化,则与现有的货币体系没有本质区别,那么由于主权货币的最高信用等级,最具有竞争力的依然是背靠主权的数字货币。

(三)区块链技术可以完善主权货币支付体系

虽然数字货币本身难以对主权货币形成较大冲击,但数字货币应用的区块链技术,可以完善主权货币的支付体系,加强金融监管。特别是主权货币与区块链技术结合,有助于实现支付的安全、高效、部分匿名、双离线支付等特性,提升跨境支付的效率,从而有效地降低支付结算中的"信息成本"和"交易费用"。

1. Libra 采用的区块链架构为(　　　)。(单选)

A. 公有链　　　　B. 私有链　　　　C. 联盟链　　　　D. 中心链

2. 比特币采用的区块链架构为（　　）。（单选）
A. 公有链　　　　B. 私有链　　　　C. 联盟链　　　　D. 中心链

3. Libra 等稳定币最大的风险是（　　）。（单选）
A. 失窃风险　　　B. 超发风险　　　C. 支付风险　　　D. 跨境风险

4. 区块链技术的不可能三角包括以下哪几个方面？（　　）（多选）
A. 去中心化　　　B. 准确性　　　　C. 分布式账本　　D. 成本效率

5. 货币的基本职能包括以下哪几个方面？（　　）（多选）
A. 价值尺度　　　B. 流通手段　　　C. 贮藏手段　　　D. 支付手段

6. 我国央行数字货币 DCEP 有以下哪些特性？（　　）（多选）
A. 去中心化　　　B. 混合架构　　　C. 可控匿名　　　D. 双离线支付

第十五章

区块链发展前景及挑战

1. 了解区块链发展现状。
2. 了解区块链技术可应用的领域。
3. 了解区块链应用参与主体。
4. 了解区块链发展面临的挑战及前景。

区块链发展周期　区块链应用参与主体　技术联盟　区块链发展的挑战

本章介绍了区块链的发展周期及现状、区块链应用参与的主体,分析了区块链在发展及应用上所面临的主要挑战,并展望了未来可融合的领域及其发展前景。

第十五章 区块链发展前景及挑战

本章思维导图

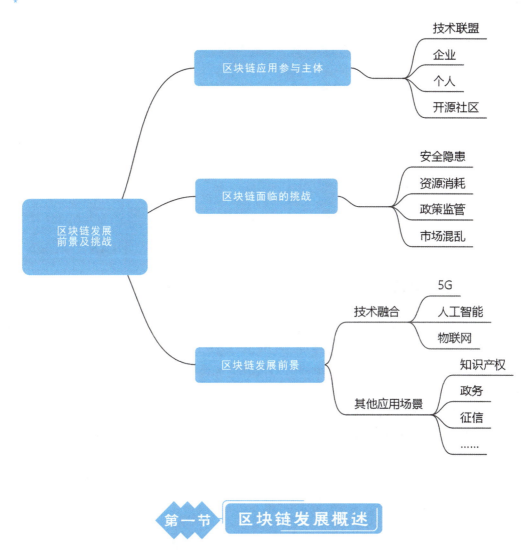

第一节 区块链发展概述

一、发展阶段概述

区块链的发展阶段大体可分为探索期、准备期、接受期、落地期、成熟期五大阶段,如图15.1所示。探索期、准备期和接受期都处于发展周期的早期阶段,而且需要大量的资本和人才支撑。经过前期的发展,目前行业正处于扩大应用场景、协力制定基础框架和标准的阶段。随着区块链关注度的持续提高,适合的应用场景正在加速落地。

从行业的角度来看,预计在未来的3—5年仍然以金融行业为主,并逐渐向其他实体行业辐射,行业从"1到N"发展到知识产权、商品溯源、娱乐等领域。从技术角度,目前联盟链的共识算法、技术性能,相较于大型公链,可以更好地满足企业对实际商业场景的需求,预计未来三年将大规模发展。从政策方面,区块链可以增加执法的透明度,探测行业信用情况,并加快实体经济革新,预计未来各国将根据自身情况给予政策支持。

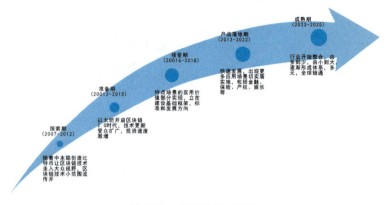

图 15.1　区块链发展周期

资料来源:恒大研究院

二、区块链项目融资

技术的发展离不开资本的支持,资本投资可以很好地反映产业发展状况。目前从全球区块链融资项目方式来看,主要分为两种:ICO(Initial Coin Offerings)和风险投资(VC)。ICO类似传统股票 IPO 的概念,即首次公开发行出售股份来获得融资,只是将股票标的物改成加密数字货币。

从整体规模来看,经历过 2013 年与 2014 年的高速发展,区块链项目的 VC 融资规模增速逐渐趋缓。截至 2018 年 3 月,VC 累计融资,同比增速降低 28.5%,如图 15.2 所示。

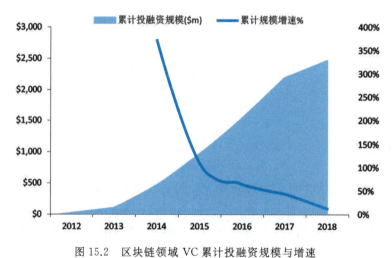

图 15.2　区块链领域 VC 累计投融资规模与增速

资料来源:CoinDesk,恒大研究院

从融资事件的数量来看,VC 投资者逐步趋于理性投资,如图 15.3 所示。早期的投资更倾向于数字货币,但经历了一系列技术危机后——如以太坊的"The DAO"组织加密货币被盗事件,投资者逐步转移到有实际应有场景的区块链项目上。

图 15.3　区块链领域 VC 投资趋向理性

资料来源:CoinDesk,恒大研究院

从行业来看,2018 年 VC 投资行业排名前三分别为金融服务、基础设施建设和通信,如图 15.4 所示。其原因在于区块链可以提高金融机构间数据传递效率和价值,从而获得执行时间、成本上的优势,因此在金融行业应用的潜力巨大。

图 15.4　2018 年 VC 项目金融领域占第一

资料来源:CoinDesk,恒大研究院

金融行业依旧是发展重点,但逐渐从"1 到 N"向其他行业辐射。CoinDesk 和 CoinSchedule 投融资数据统计显示,截止 2018 年 3 月,全球在金融行业投资占比排名第二,而通信行业超越金融行业跃至第一,如图 15.5 所示。交易投资、广告服务、供应链和深度学习等行业也有较明显的增长趋势,区块链与其他应用场景结合的可能性也在提高。

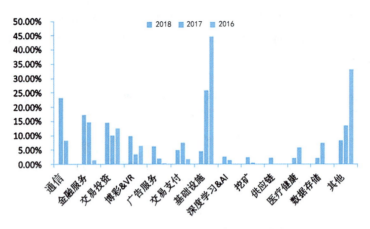

图 15.5　区块链应用场景逐渐向其他行业多方面发展

资料来源：CoinDesk，CoinSchedule，恒大研究院

第二节　区块链应用的参与主体

随着应用场景需求的增多，区块链技术也变得更为复杂。以个人、联盟和企业为主体而开展的公有链、私有链和联盟链形式已向各大应用场景辐射。

相对于个人与开源社区，联盟的迅速发展更受关注，现阶段大多联盟又以开发联盟链为主要形式。联盟链结合了公有链和私有链的优点，根据权限不同来区分系统内所有节点，并由多个中心控制。也就是说，在联盟链上作者无需展示节点的全部信息，仅需根据合约和权限展示部分可被公开的信息，在快速交易、一定私密性、低成本及良好扩展性的情况下可实现资源共享和部分去中心。如图 15.6 所示为区块链生态图。

图 15.6　区块链生态

资料来源：《中国区块链技术和应用发展白皮书（工信部）》，恒大研究院

第十五章 区块链发展前景及挑战

一、联盟：现阶段以科普教育、制定行业标准为主

区块链联盟主要为行业机构和人员提供专业的分享交流平台，并促进区块链技术的长期发展。除科普教育之外，联盟更多的职责是制定行业标准。针对目前监管尚未完善和区块链行业发展不规范的现状，制定行业标准尤为迫切。

（一）国内联盟

根据中国区块链应用研究中心发布的《中国区块链行业发展报告 2018》显示，2015 年至 2017 年，国际成立的区块链相关联盟、论坛近 200 个，中国有 ChinaLedger（中国分布式总账基础协议联盟）、金链盟、CBRA（中国区块链研究联盟）等近 20 个联盟，如图 15.7 所示。

名称	成立时间	参与成员	研究内容方向
亚洲区块链DACA协会	2015年7月	OKCOIN、BTCC、火币、BTCTRADE、元宝网、比特大陆以及行业资深人士200人及Vitali Buterin等外籍有人共同发起。	为中国社区服务和推广区块链分布式自治理念和技术的联合组织。
中国区块链研究联盟（CBRA）	2016年1月	由GSF100联合论坛理事单位（中国万向控股有限公司、厦门国际金融技术有限公司，中国保险资产管理业协会、包商银行股份有限公司、营口银行股份有限公司）共同发起。	提供开发学习平台，立志研究技术、推行理念。
ChinaLedger（中国分布式总账基础协议联盟）	2016年4月	中证机构间报价系统股份有限公司、中国ED钞通币、瀚德金融科技有限公司等11家。	共同合作开发研究分布式总账系统及其衍生技术、基础代码将用于开源共享。
金链盟	2016年5月	微众银行、平安银行、招商银行、恒生电子、中关村股权交易服务集团有限公司、腾讯科技（深圳）有限公司、泰康人寿保险股份有限公司、京东金融等共80多家。	整合协同金链盟区块链技术研究资源，探索、研发、实现适用于金融机构的金融联盟区块链，以及在此基础之上的应用市场。
中国互联网金融协会区块链研究小组	2016年6月	大传统金融机构、新兴互联网金融企业、金融基础设施机构、科研院所。	重点围绕区块链金融领域应用的技术标准、业务场景、风险管理、行业标准开展研究，实现清算、交易、资产登记、数据共享等合约化。
区块链微金融产业联盟	2016年7月	富友集团、同盾科技、91征信等20家金融服务机构和科技企业发起成立。	通过区块链技术帮助微金融客户做好征信，在微金融领域做好支付。
银行间市场技术标准工作组区块链技术研究组	2016年7月	中国银联、工商银行、农业银行、交通银行、浦发银行、上海银行、汇丰银行、花旗银行、平安保险、中信证券、道富银行、中金金融认证中心、复旦大学、浙江大学等19家机构。	集中在银行间市场区块链技术、监管及法律框架等前瞻性研究以及与R3等国际区块链联盟的联系上。
陆家嘴区块链金融开发联盟	2016年10月	上海陆家嘴金融发展局的指导下，中国金融信息中心等13家机构共同发起成立。	聚集区块链技术在银行、证券、保险、互联网金融等金融服务的应用推广。
中国区块链技术创新与应用联盟	2016年11月	北京航空航天大学、包商银行、钜真金融等50多个企业事业单位及组织共同发起。	所有底层自主核心技术的"大同链（uni-ledger）"已经开始在出行、医疗和能源领域效率先应用。

图 15.7 国内知名的区块链联盟

资料来源：恒大研究院

目前行业应用场景多与银行、互联网金融及传统金融相结合。ChinaLedger、CBRA、金链盟这三个国内最知名的联盟能够很好地证明，如图 15.8 所示。以金链盟为例，2019 年 3 月广州仲裁委对金链盟的"仲裁链"出具了行业内首个裁决书，这标志着区块链在金融发放贷款的司法应用正式落地。

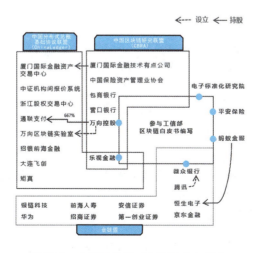

图 15.8 中国区块链三大联盟参与机构

资料来源：恒大研究院

(二)国际联盟

以最为著名的国际联盟 R3 和 Hyperledger(超级账本)为例,参与成员多半来自全球著名的金融机构和大型银行。两个联盟主攻的方向有所不同,R3 主攻方向为区块链在金融领域的应用,而 Hyperledger 更侧重技术层面的拓展。

R3 联盟目前已测试超过 5 种不同的区块链技术,实验对象即为参与成员。联盟的主要工作是为金融领域打造区块链分布式账本平台——Corda,实现跨境支付等方面的应用;实施监督观察者节点机制(Observer Node Functionality),保证节点工作透明高效,利于监管。

Hyperledger 多半成员为科技公司,开发应用场景更广,包括金融、医疗、物联网、制造业等行业。现阶段已研发出 5 类分布式账本平台,它们的共同特点是创建开源、分布式账本框架和代码库,以降低交易操作成本。

二、企业:主要为科技公司和金融机构

积极布局区块链应用领域的企业有全球大型银行、投资公司、资管公司、咨询公司、IT 公司等,其中包括花旗银行、富国银行、野村证券、埃森哲、IBM 等,这些企业希望通过区块链技术解决相关应用场景面临的痛点。

(一)国内企业

国内企业以 BAT 为代表。百度涉及支付、资产证券化、BaaS、信贷等方面;阿里涉及商品溯源、公益、金融等场景;腾讯则涉及游戏、供应链金融、电子存证、BaaS 等。尽管行业侧重略有不同,但 BAT 都在金融领域有区块链布局,有助于加快区块链在金融行业应用场景落地的可能。

(二)国际企业

以 IBM 为例,早在 2014 年就已着手研发 Open Blockchain 框架,它也是 Hyperledger 的早期代码源。目前,IBM 在供应链物流管理和食品安全流程追溯都有应用平台落地。

第三节 区块链前景展望及其挑战

一、技术、商业与监管挑战

虽然区块链技术可以广泛应用于多样化的场景,但目前由于技术性能、安全隐患、政策监管等问题,区块链仍然无法大范围落地。具体表现如下:

(一)资源消耗过大、交易性能偏低

现阶段,基于工作量证明机制的区块链技术如比特币,需要消耗大量的算力来产生新的区块。英国电力资费对比公司 PowerCompare 的研究表明,比特币挖矿年均耗电量已经超过 159 个国家的年均用电量。此外,以工作量证明机制的区块链技术,目前平均每 10 分钟才能

有一个新区块,且 1 小时后才确认交易,难以满足高频小额金融交易每秒万笔以上的交易要求。

(二)安全隐患

2014 年,blockchain.info 爆出随机数问题;2016 年,最大众筹(1.5 亿美元)项目 The DAO 被攻击,损失 6000 多万美元数字货币;2016 年,以太坊的复制品 Krypton 受到 51% 算力攻击,致使 Bittrex 的钱包中 21465 个 KR 被盗,价值约 3000 美金。这些案例为持续升温的区块链市场敲响了警钟,让人们不得不审视区块链技术存在的安全隐患。

简单了解一下 DAO 的案例,DAO 是什么,DAO 本质上是一个风险投资基金,是一个基于以太坊区块链平台的迄今为止世界上最大的众筹项目。可理解为完全由计算机代码控制运作的类似公司的实体,通过以太坊筹集到的资金会锁定在智能合约中,每个参与众筹的人按照出资数额,获得相应的 DAO 代币(token),具有审查项目和投票表决的权利。投资议案由全体代币持有人投票表决,每个代币一票。如果议案得到需要的票数支持,相应的款项会划给该投资项目。投资项目的收益会按照一定规则回馈众筹参与人。

DAO 于 2016 年 5 月 28 日完成众筹,共募集 1150 万以太币,在当时的价值达到 1.49 亿美元。而 DAO 事件就是黑客利用合约中一段不严谨的编码,通过参数攻击,使一个方法的前半部分已经转移了代币,但在方法最后更新客户余额并结束前再次从头部执行本方法,进而不断地将代币转移到黑客的地址。

由于智能合约的代码漏洞,The DAO 被黑客攻击。众所周知,智能合约代码一旦发出后就无法更改。因此,在挽回损失过程中,去中心化无法有效解决问题,只有通过"集中式"的方式,才能解决这个问题。此外,为获取稳定的收入,现阶段矿工们会组成矿池,矿池会将分散的算力统一集中起来进行管理,随着矿池规模的扩大,一旦算力总和达到 51%,从理论上讲就可以控制区块链的记账权、修改账本以及阻止他人挖矿,从而威胁整个系统的安全。

目前比特币用户可通过冷钱包、在线钱包、硬件存储、门限秘密共享存储、纸质媒介、人类记忆等来保护自己的密钥。但是密钥一旦丢失后,用户将无法获得自己账户里的比特币。在线钱包,是指把密钥托管给第三方可信机构,但这又与区块链的去中心化相违背;硬件存储会存在硬件丢失或者遭到破坏的风险;纸质存储可放进保险箱,但这并不适合频繁交易的用户。因此,安全便利的"钱包"保护机制非常重要。

(三)衍生市场混乱

区块链技术受到人们追捧的同时,让一些不法分子有可乘之机。他们利用区块链进行欺诈,如进行传销、非法集资、诈骗等违法犯罪活动,不仅给广大投资者带来经济损失,还让人们对区块链技术产生了误解,在一定程度上阻碍了区块链行业的有序发展。

(四)适合场景有限

许多传统商业基础设施现阶段运转稳定、安全,也具有异地灾备方案来保障系统的稳健性,如国家的支付和清结算系统、证券交易所、商业银行等关键金融基础设施。相较于要付出的改造成本,转变为区块链技术系统所能提升的效益究竟有多大,"成本-效益"分析是区块链在应用场景落地时所需考虑的必要因素,区块链必须要找到真正具有显著成本收益的应用场景。

(五) 尚未统一、监管政策不够完备

目前暂无权威机构对区块链相关产品进行监管，无法有效评价产品的质量，从而导致市场上的区块链应用良莠不齐。因此，我们需要建立一套区块链标准，界定区块链的内涵和外延，来引导行业健康有序的发展。但区块链技术本身还在不断地创新，落地场景也在不断探索中，若太早标准化，又会限制其创新和发展。为了适应当前特殊时期的发展需求，应从满足用户真正需求的角度出发，用此标准来测试某个区块链系统的好坏。

同时，区块链技术给现有法律法规和监管框架带来了挑战。例如，数字货币体系中的用户和服务提供商均为匿名，从而使不法分子有可乘之机，方便掩盖资金的来源和投向，为洗钱、非法融资、逃税等违法犯罪行为提供了便利。此外，区块链应用到其他商业场景上也会遇到一系列法律和监管问题，例如如何界定智能合约的法律主体性质、如何解决金融交易的最终确认时点等。因此，需要加强国际监管协调，并确立相关的监管政策。

二、技术融合是未来趋势

区块链作为对传统信息技术的升级与补充，它的发展与其他新兴信息技术相互促进、相互融合。目前区块链仍处于发展初期，不仅需要政府、企业、行业联盟合作制定技术标准和共识机制，更离不开其他技术的支持，如5G、物联网等。

(一) 5G

目前，大型公链每秒交易确认时间较长且吞吐量有限，例如比特币仅支持每秒7笔交易，一般每笔交易需1个小时后才能确认。除了以太坊、Blockstream主导的侧链和闪电网络技术外，未来5G网络大范围的商业化应用后，将很大程度上提高数据的传输速度、减少网络拥堵。因此，大型公链的性能可以有效提升，并逐步适用于每秒上万笔交易的商业应用场景。

(二) 物联网

现阶段区块链技术只能解决链上的信任问题，而对于链下数据的准确性与真实性几乎无能为力。物联网技术的进一步发展，可实现链下数据观测、采集、处理、传输、更新的自动化，因此准确性和真实性将得到充分的保证，区块链的应用场景也将得到扩展。

三、区块链开启数字经济时代

在现有的互联网支付环境下，我们没有掌管自己账本的权力，仅能信任手中拥有账本的人，但其存在着被黑客攻击、系统有漏洞等风险。而区块链技术，让我们每个人都有可参与记账的权利。在这个分类账本中，每个人作为独立的节点，每笔交易的产生、转账、最终交易都被记录在"区块"上，并被公布在该网络的所有节点，而节点之间也通过共识机制达成共识。另外，如果想要黑掉一个区块，就需将此区块上的所有交易历史黑掉，而这些交易历史存在于成千上万电脑上，并使用了高级加密技术，这也确保了区块链系统的安全性。

此外，区块链还可做智能合约，现阶段智能合约可能是区块链上最具革命性的应用。如果智能合约能在区块链上实现广泛应用，经济分工将进一步细化，更广泛的社会协同将得以实现。在价值互联网中，素未谋面的人们可以通过区块链来完成任务成为可能；区块链将创造多个特定领域的线上细分市场，直接对接全球范围内各网络节点间的需求和生产。网络拓扑意

第十五章 区块链发展前景及挑战

义上的分工协同与地理意义上的分工协作将形成更深层次和更紧密的互补,因此区块链有望从"信任机器"升级成为产业浪潮的重要"引擎"。

区块链技术还可以构建一个更加可靠的互联网系统,它可以从根本上解决在价值交换与转移中所存在的欺诈和寻租现象。区块链技术能够摒弃中介,简化交易流程,减少一些不必要的交易成本及制度性成本。如果可以把这些有利之处应用于更多的社会领域中,那么对改善当前低迷的经济环境将很有现实意义。

在数字经济时代,信任是一切的基础,若无信任,任何交易都将存在很大风险。之所以说区块链技术开启了数字经济时代,正是因为它提供了一种新型的社会信任机制。区块链凭借其独有的公开、透明、不可篡改等优势击中了诸多行业的应用痛点,将会为数字经济的发展带来巨大的革命与创新,也将推动数字经济走向更远的未来。

1. 目前区块链的发展正处于如下哪个阶段?( )(单选)
   A. 探索期　　　B. 准备期　　　C. 接受期　　　D. 产业落地期　　　E. 成熟期
2. 以下哪些是联盟链的优点?( )(单选)
   A. 成本低　　　B. 更私密　　　C. 交易速度快　D. 扩展性好　　　E. 以上都是
3. 以下哪个选项不是区块链面临的挑战?( )(单选)
   A. 存在安全性隐患　　　　　　　B. 资源消耗较小,成本较低
   C. 监管政策不完备　　　　　　　D. 合适场景较为有限
4. 5G技术为区块链带来的优势是大幅提升数据传输速度、减少网络拥堵。( )(单选)
   A. 正确　　　　　　　　　　　　B. 错误
5. 以下关于密钥保存说法错误的是?( )。(单选)
   A. 保存在QQ、微信、邮件等线上工具　B. 通过人类记忆
   C. 记录在纸质媒介　　　　　　　　　　D. 通过冷钱包
6. 以下哪个不属于区块链的特点?( )(单选)
   A. 不可篡改　　　B. 中心化　　　C. 公开、透明
7. 以下哪些案例不属于区块链的挑战之一——安全隐患?( )
   A. 最大众筹(1.5亿美元)项目The DAO被攻击
   B. 以太坊的复制品Krypton受到51%算力攻击
   C. blockchain·info爆出随机数问题
   D. 不法分子利用区块链进行欺诈
8. 从理论上讲,算力总和达到( ),就可以控制区块链的记账权、修改账本及阻止他人挖矿,从而威胁整个系统的安全。
   A. 49%　　　　　B. 51%　　　　　C. 60%　　　　　D. 40%
9. 简要说明为何区块链在金融行业的应用如此巨大。
10. 区块链的技术,除了在金融领域的应用外,还应用于哪些行业?列举3~5个行业应用案例,并探讨分析这些应用体现了区块链的哪些特性。(论述)

第十六章

国际监管与国内思考

1. 了解全球主要国家对区块链的监管态度。
2. 了解区块链在金融行业中的风险性。
3. 了解国内对区块链监管的思考。

区块链监管　法律法规　国内监管思考　各国态度

本章介绍了全球主要国家对于区块链监管态度的几种类型,详细地剖析了中国对于区块链的政策监管及其思考方向。

第十六章　国际监管与国内思考

本章思维导图

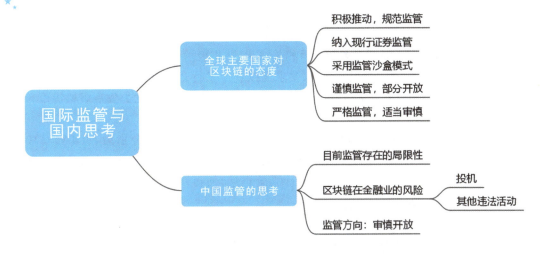

第一节　主要国家及地区对区块链的监管政策

近年来,国际组织和各国的监管机构普遍对分布式账本、区块链等技术在金融业的应用与潜在风险予以密切关注,并加强对其进行研究和跟踪。各国监管机构普遍遵循"技术中立"原则,按照金融本质而非技术形式实施监管。对金融领域的业务活动实施"穿透定性",相应纳入现行金融监管体系。在新技术、新模式还未成熟的情况下,尚未有监管机构另行设立监管制度安排。

总体而言,各国对区块链技术高度重视,一方面保持鼓励支持、积极探索的态度;另一方面加快制定规范准则,实施有效监管。根据对加密货币监管态度的严格程度及区块链技术应用水平,全世界各个国家及地区对数字货币和区块链的监管可大致分为五种类别。

一、积极推动,规范监管

(一)日本

2018年4月,拥有牌照的16家日本交易所联合成立了自律监管机构——日本数字交易所协会(Janpanese Cryptocurrency Exchange Association)。该机构除了制定行业标准外,还将携手日本的金融服务局起草首次发行通证的指南。

2019年3月,日本虚拟货币商业协会发布"关于ICO新监管的建议"。日本虚拟货币商业协会表示,为促进日本区块链业务的健全成长,在日本金融厅公布的"虚拟货币交换业研究报告"的基础上,提出"ICO新监管的建议"。

2019年5月,日本通过《资金结算法》和《金商法》修正案:将"虚拟货币"更名为"加密资产",修订后的"基金结算法"和"经修订的金融工具和交易法",其中包括加强虚拟货币兑换和交易规则的措施，于 5 月 31 日在上议院全体会议上获得批准和通过。修订案预计将于 2020 年 4 月实施。虚拟货币被重命名为"加密资产"，以防止使用诸如日元和美元等合法货币进行错误识别，通过在金融商品交易法的规定中添加虚拟货币，限制投机交易。

（二）马耳他

2018 年 4 月，马耳他通过了虚拟货币相关法律，并积极承认 ICO。据悉法律中明确规定，如果投资者因错误信息而蒙受损失，有权要求虚拟货币发行企业承担损害赔偿责任。马耳他还通过法案，成立了专门负责虚拟货币业务的政府机构，彰显以举国之力发展虚拟货币和区块链业务的姿态。

2018 年 11 月，马耳他政府三项区块链法案正式生效落地，它们分别为 MDIA（马耳他数字创新局）条例草案，TAS（技术服务提供商法案）条例草案，VC（虚拟货币）条例草案。它们为区块链、数字货币和 DLT 技术建立了第一个监管框架，使得该领域的市场成为一个保护投资者、诚信、财务稳健的市场。

2019 年 4 月，马耳他金融服务管理局（MFSA）已经批准了此前 14 个加密资产代理商的许可申请。该监管机构表示将根据《虚拟金融资产法》为这些加密服务提供商提供帮助。

（三）委内瑞拉

2018 年 2 月，委内瑞拉官方发行了加密货币——"石油币"。委内瑞拉总统马杜罗宣布，石油币今后将作为该国的国际记账单位。同年 11 月，石油币正式公开出售，并将在六家主流国际虚拟货币兑换所交易和流通。委内瑞拉议会通过了一项加密资产监管法案，赋予石油币法律效力，允许其被用于国内所有商业交易，包括商品和服务的买卖。

2019 年 1 月，据委内瑞拉当地新闻媒体报道，委内瑞拉将开通首个比特币 ATM，这有助于人们更加便捷地使用加密货币。

二、纳入现行证券监管

（一）美国

目前，美国将 ICO 纳入现行证券监管体系。2018 年 3 月，美国证监会（SEC）将监管使用 SAFT 协议（未来代币简单协议，Simple Agreement for Future Tokens）的 ICO，并向 80 家数字货币公司发出传票。

2018 年 5 月，美国和加拿大的监管机构联合开展了大约 70 项针对数字货币首次公开发行通证欺诈的调查，该行动被称之为"数字货币净化行动"。2018 年 7 月，美国税务局（IRS）宣布，已经与英国、荷兰、加拿大、澳大利亚共同成立了应对数字货币相关犯罪活动的国际工作组。2018 年 8 月，美国财政部下属金融犯罪执法局局长指出，无论可兑换数字货币的货币转移机构是在美国境内或是境外，即便境外实体并没有在美国设立实体机构，只要其业务部分或完全涉及美国，都要遵循《银行保密法》（BSA）的要求。

（二）澳大利亚

2018 年 4 月，澳大利亚政府通过澳大利亚交易报告和分析中心（AUSTRAC）宣布了实施虚拟货币交易新规则的计划。其要点有：在澳大利亚的虚拟货币交易平台必须在澳大利亚进行注册，且必须遵循政府的反洗钱（AML）/反恐融资（CTF）的合规和报告义务。

AUSTRAC 在报告中表示，如果交易所在没有注册的情况下就提供交易服务，将会面临刑事指控和处罚。这些措施也表明了澳大利亚政府是从虚拟货币的匿名性和全球性角度出发，希望可以通过监管防止不法分子借助虚拟货币进行洗钱、恐怖主义融资等违法犯罪活动。

(三) 瑞士

2017 年，瑞士金融市场监督管理局（FINMA）发文称，已联动瑞士联邦国际金融事务司（SIF）、联邦司法局、瑞士金融市场监管局（FINMA）一同成立区块链/ICO 工作组，以专项调研如何合理监管 ICO 及区块链技术，以确定是否有违反监管规定。FINMA 指出，若是在调查过程中发现 ICO 程序有违反相关监管法规或者打法律擦边球的行为，则将启动执法程序整治。

2019 月 3 月，据 Cointelegraph 消息，瑞士政府的立法机构——联邦议会已经批准了一项动议，该议案旨在确定如何遏制加密货币相关风险，以及运营加密交易平台的实体是否应等同于金融中介机构，从而接受金融市场监管。

三、较宽松，采用监管沙盒模式

(一) 英国

2015 年 3 月，英国政府率先提出了监管沙盒模式。按照英国金融行为监管局（FCA）的定义，"监管沙盒"是一个"安全空间"，在此安全空间内，金融科技企业可以测试其创新的服务、金融产品、营销方式及其商业模式，而不用在相关活动碰到问题时立即受到监管规则的约束。

2018 年 3 月，Coinbase 首获英国金融市场行为监管局（Financial Conduct Authority）颁发的电子货币许可证（E-Money License），允许他们能够在当地提供支付服务、发行能够用于银行卡和互联网及电话支付的数字货币替代产品。

2018 年 5 月，英国金融行动局（FCA）表示，正在调查 24 家涉足了加密数字货币业务的未获授权企业。FCA 并不监管数字货币，但却监管数字货币的衍生品，并表示将视 ICO 结构组成方式逐个案例监管。

2018 年 6 月，英国金融行动局（FCA）公布向其监管的银行 CEO 致信，警告处理加密数字货币业务可能面临的风险。如果涉及被 FCA 视为"加密资产"的活动，就要加大对客户活动的审查力度，应采取一些降低金融犯罪风险的举措，比如开展对关键个人的尽职调查，保证现有金融犯罪框架充分反映加密货币相关活动。

(二) 新加坡

新加坡是继英国之后，全球第二个推出监管沙盒的国家。2016 年 11 月，新加坡金管局（MAS）提出了金融科技产品的"监管沙盒"。

2018 年 5 月，新加坡金管局出台两大法令，将非证券和证券性质代币均纳入监管框架，对于加密货币，新加坡金管局正在规划新的监管文件。

基于区块链技术及点对点技术的新兴交易市场的出现，新加坡金融管理局拟采用三级结构监管，放宽准入门槛，并开始了为期一个月的公众咨询。2018 年 5 月，新加坡金融管理局发布《简化规则以提高市场运营商的业务灵活性》公告，旨在保护投资者利益，同时识别新兴商业模式来促进金融服务的创新。

(三)韩国

2018年2月,韩国金融管理部门要求加密货币交易实行实名制,以防止虚拟货币被用于洗钱等其他违法犯罪活动,外国投资者和未成年人将不允许进行虚拟货币交易。

2018年7月,金融监管机构计划根据G20国家制定的"统一监管"政策,放宽基于加密资产的规定,指导金融监管局的金融服务委员会(FCS)修订与加密货币交易商的有关指导方针。

2019年1月,韩国科学技术信息通信部和产业通商资源部开始实行信息通信技术产业监管沙盒制度,《信息通信融合法》和《产业融合促进法》也正式生效,以尽快帮助企业推出新技术和新服务。企业可以获得"实证特例"和"临时许可"。在ICT融合领域,政府已受理"以区块链为基础的海外汇款服务"等许可申请。

四、谨慎监管,部分开放

(一)马来西亚

2018年3月,马来西亚国家银行针对数字货币开展的反洗钱、反恐融资新政策正式生效,该政策要求马来西亚的数字货币交易所加入客户调查。

2019年1月,马来西亚财政部长表示,马来西亚将规范ICO和加密货币交易。财政部长称,根据马来西亚证券委员会的规定,将于1月15日开始实施一项将针对数字货币和数字代币视为证券的命令,将会推出一个框架,对于"在马来西亚的数字资产交易所发行ICO和交易数字资产的相关监管要求"做出规定。

(二)俄罗斯

2018年3月,俄罗斯已经完成了《数字金融资产》(On Digital Financial Assets)联邦法案的初稿,草案规定了数字金融资产的创建、发行、存储及流通过程中产生的关系,以及智能合约下各方权利和需要履行的义务。同时对加密货币、数字代币和挖矿进行了明确定义,同时合法化了挖矿行为。

2018年3月,俄罗斯总统普京制定的有关虚拟货币和ICO监管的联邦法案提交,涉及数字金融资产和筹集资金的代替手段。法案将加密货币和代币定义为数字金融资产,而非法定货币,不能用于支付俄罗斯的商品和服务,只允许通过已被授权的加密货币交换运营商进行交易,并为ICO建立Know-Your-Customer(KYC)规则。

(三)泰国

2018年5月,泰国政府颁布电子资产法,这一举措也被行业内人士解读为泰国政府对虚拟货币持积极乐观的态度。《泰国数字资产法》为泰国境内合法从事虚拟货币交易业务提供了顶层设计。2018年7月,泰国财政部开始发放数字资产交易资格证,正在进行相关业务的公司和有意愿参与该行业的公司均可向泰国证监会(SEC)提交申请,并于同月通过了《数字资产商业法令》。

2019年3月,泰国证券交易委员会(SEC)批准第一个ICO门户网站。同月,泰国证券交易所(SET)计划在2020年推出其数字资产平台。泰国证券交易所在声明中称,泰国资本市场将在两个领域经历向数字时代的转型。第一个领域将是资本市场基础设施的全面数字化,以便提供无纸化操作。第二个方向将是建立一个新的支持数字资产的生态系统,以创造新的机会,改变投资格局。

五、严格监管,适当审慎

(一)中国

2018年6月,在处置非法集资部级联席会议上,央行表示,将对涉嫌非法集资的"虚拟货币"相关行为进行严厉打击,针对涉嫌非法集资,非法证券活动的 ICO 和比特币等虚拟货币交易所,央行会同相关部门及时发布公告,明确态度、警示风险、并部署各地开展整治。

2018年8月,银保监会、中央网信办、公安部、人民银行、市场监管总局发布《关于防范以"虚拟货币""区块链"名义进行非法集资的风险提示》,强调打着"金融创新""区块链"的旗号,通过发行所谓"虚拟货币""虚拟资产""数字资产"等方式吸收资金的活动实则以"金融创新"为噱头,是"借新还旧"的庞氏骗局,资金运转难以长期维系。

(二)印度

2018年4月,印度中央银行宣布禁止印度各银行销售或购买虚拟货币,并给各银行3个月的缓冲期,处理已有的虚拟货币业务,这是亚洲监管机构对高波动性虚拟货币的投机行为实施打击的案例。禁令实施后,印度的个人就将无法通过银行账户向加密货币交易钱包中转款。

2019年1月,印度政府已经提供了加密货币监管框架的最新进展。印度政府在国家加密货币和加密货币业务许可等领域提供了最新立场,正在"适当谨慎"地推行加密货币法规。

(三)越南

2018年4月,越南总理签署关于"加强对比特币和其他数字货币管理的法律框架的指示"。框架内容包括国家银行(SBV)应指示信贷机构和中介支付服务机构不要进行数字货币的非法交易;SBV 将与公安部合作,处理使用数字货币作为支付手段的行为;财政部将引导上市公司、证券公司、基金管理公司和证券投资基金,不进行涉及数字货币的非法发行、交易和经纪活动;用于挖掘虚拟货币的硬件进口应受到限制;公安、工贸、信息、通信、司法等部门应加大与数字货币有关的营销诈骗活动的调查、预防和处理。

第二节 中国监管政策的思考

一、区块链的风险与监管需求

随着区块链技术的应用普及,它作为互联网数字经济时代的价值传输网络,促进了虚拟货币与实物产权间的相互流动,也将创造大量的新兴岗位以及创业机会。

区块链保证了融资项目使用权转让的便利性及可交易性。虚拟货币行业在快速发展的同时,也伴随着诸多风险,它蕴藏的巨大投机或投资价值也会让一些不法分子有可乘之机。因此,包括虚拟货币在内的区块链行业亟需规范和监管。目前,对于我国一项具有重要意义的工作是,研究学习其他国家在区块链中的监管,总结实践经验,以期为我国区块链行业的规范化发展提供指引。

二、监管政策的局限

在金融科技领域,现阶段对社会有巨大影响的,非区块链领域莫属。但是,区块链技术与金融科技其他行业有所差异,若监管者单纯直接叫停所有相关业务,这种治理在短期内可防范相关风险,但长期效果则有待商榷。从长远来看,我们应接受并支持区块链技术的发展,同时规范虚拟货币的交易,构建完善的监管框架。

第一,现阶段我国的政策对区块链众筹领域采取的是一刀切的方式。区块链技术的发展也已写入多个国家规划中,区块链的一些技术也许代表着未来网络技术发展的方向,甚至可能产生一个技术新时代。所以,我们在控制金融风险的同时,也应注重技术创新带来的巨大社会意义。

第二,在当前国内监管政策环境下,许多区块链相关业务纷纷移至海外。中国经济体量巨大,普通民众投资风险意识差,国际上大量区块链项目通过 ICO 方式向中国公民融资,或以各种方式诱导中国公民参与境外虚拟货币投资交易,无形中造成资金外流。一些中国投资者通过"科学上网"等方式,主动寻求海外区块链项目的投资。

互联网和区块链技术具有打破空间阻碍的特点,单纯依靠我国监管机构一纸禁令无法叫停境外 ICO,中国公民仍然可能深陷相关投资风险甚至欺诈之中。区块链金融相关风险可以通过点对点的方式传递至中国境内的公民,打破了国家疆界的阻隔,给现行监管政策的有效性提出了巨大挑战。

第三,从全球视野反思监管政策的制定,会发现区块链的技术特征先天决定了它具有典型的跨国性,无论是区块链 ICO 融资,虚拟货币交易还是大量区块链创业项目本身,莫不如此。特别一些国家或地区采用内紧外松策略,热情拥抱区块链技术和与之相关的虚拟货币交易、ICO 等,并且对相关企业采取一些义务豁免措施,使金融风险外溢。因此,监管机构应敞开怀抱,把它纳入某种更为有效的监管渠道之中。

三、从绝对严格走向谨慎开放

针对区块链领域的风险,金融监管机构应该把握金融创新和风险防范的平衡。

国际货币基金组织的官员在讨论虚拟货币时提出,为避免过度监管而扼杀创新,任何对虚拟货币的政策反应都需要在强力处置风险和滥用之间取得适当均衡。虽然虚拟货币在便利洗钱、逃税等违法犯罪活动,网络安全风险和消费者利益上产生某些法律风险,但是以比特币为代表的虚拟货币在促进全球支付,降低汇款费率,削弱信息被盗风险和促进传统金融机构革新等方面具有重大意义。目前已经进入较为广泛应用的跨境支付手段,如瑞波支付(RIPPLE)等,均受到区块链带来的启示。

我国在积极探索和推动区块链技术应用方面也推出了一系列举措。2017 年以来,我国发布了《关于积极推进供应链创新与应用的指导意见》《国家技术转移体系建设方案》等政策,这些政策均肯定区块链技术在推进金融行业中的正面价值。但是,在防范区块链相关金融风险方面,相关政策略显绝对。金融科技发展日新月异,监管机构如果更积极地将其纳入监管与规范中,通过监管规则重塑交易所,积极参与规则制定,掌握国际话语权,显然极具价值。

第十六章 国际监管与国内思考

1. 目前全球已经拥有一套针对区块链相对完善的监管体系。
   A. 正确　　　　　B. 错误
2. 美国对于区块链的监管是以下哪种态度？（　　）（单选）
   A. 积极推动　　　B. 明令禁止　　　C. 纳入证券监管　　　D. 采用沙盒
3. 以下哪些国家对区块链的态度是严格监管的？（单选）
   A. 印度　　　　　B. 美国　　　　　C. 英国　　　　　　　D. 马耳他
4. 全球首个提出监管沙盒的国家是哪个？（　　）（单选）
   A. 新加坡　　　　B. 泰国　　　　　C. 英国　　　　　　　D. 马耳他
5. 中国政策针对区块链众筹领域采取鼓励支持。（　　）（单选）
   A. 正确　　　　　B. 错误
6. 相对于美国，中国对于区块链的政策更为宽松。
   A. 正确　　　　　B. 错误
7. 在中国，通过科学上网，投资区块链项目是被政府认可的。
   A. 正确　　　　　B. 错误
8. 以下哪个是利用区块链进行的违法犯罪活动？（　　）（单选）
   A. 偷税漏税　　　B. 毒品交易　　　C. 便利洗钱　　　　　D. 以上都是
9. 探讨分析全球主要国家及地区为何对于区块链的态度截然不同。（简答）
10. 探讨分析国内未来对区块链的监管趋势。（简答）

参考文献

[1] 中国人民银行、发展改革委、工业和信息化部、财政部、商务部、银监会、证监会、保监会.关于金融支持工业稳增长调结构增效益的若干意见:(2016-02-14)[2016-02-16]. http://www.gov.cn/xinwen/2016-02/16/content_5041671.htm.

[2] 中国人民银行、工业和信息化部、财政部、商务部、国资委、银监会、外汇局.关于印发《小微企业应收账款融资专项行动工作方案(2017-2019年)》的通知:银发[2017]104号.(2017-05-02)[2017-05-18].http://www.gov.cn/xinwen/2017-05/18/content_5194726.htm.

[3] 中国互联网金融协会区块链研究工作组.《区块链研究工作组成果汇编》:(2017-11-15)[2017-11-24].https://www.sohu.com/a/206469564_181379.

[4] 中国银联电子商务与电子支付国家过程实验室.发布区块链成熟度评测报告:(2018-01-03)[2018-01-10].http://www.gongxiangcj.com/posts/4377.

[5] 恒大研究院,任泽平,连一席,谢嘉琪,甘源.2019区块链研究报告:(2019-10-26)[2019-11-10].http://www.gec-edu.org/yqdt/show/570915.html.

[6] 巴曙松,朱元倩,乔若羽,王珂.区块链新时代:赋能金融场景[M].北京:科学出版社,2019.

[7] 香帅.香帅的北大金融学课程.得到课程,2019.

[8] 零壹财经·零壹智库.金融科技发展报告2018[M].北京:中国经济出版社,2018.

[9] 黄卓、王海明、沈艳、谢绚丽.金融科技的中国时代数字金融12讲[M].北京:中国人民大学出版社,2017.

[10] [美]小杰伊·D·威尔逊著,王勇、段炼译.金融科技FinTech定义未来商业价值[M].北京:人民邮电出版社,2018.

[11] 赵永新、于靖、监文慧、刘立坤、田旭.互联网金融理论与实务[M].北京:清华大学出版社,2017.

[12] 成蕴琳.互联网金融[M].北京:北京理工大学出版社,2017.

[13] 杜均.区块链+从全球50个案例看区块链的应用与未来[M].北京:机械工业出版社,2018.

[14] 林熹,张开翔,黄宇翔.区块链通识.深港澳金融科技师一级考试专用教材,2019.

[15] 麦肯锡全球研究所.2018年麦肯锡全球支付报告.2018.

[16] 世界银行.2019年营商环境报告.2019.

[17] 天枰星数据研究院.2019跨境支付行业白皮书.2019.

[18] 黄斯狄.区块链金融重塑互联网经济格局[M].北京:中国工信出版集团,2018.

[19] 北京易观智库网络科技有限公司.2019中国跨境支付行业年度分析.2019.

[20] 恒大研究院,任泽平,连一席,谢嘉琪,甘源.2019区块链研究报告.2019.

[21] 欧阳日辉,文丹枫,李鸣涛.区块链推动数字经济时代——大数字时代[M].北京:人民邮电出版社,2018.

[22] 刘兴亮.区块链在中国:它将如何颠覆未来[M].北京:中国友谊出版公司,2019.

[23] 华少.区块链如何改变世界与未来[M].北京:中国文史出版社,2018.

[24] 币奇才.数字货币2019全球最新监管政策及发展趋势,简书.2019.

[25] 邓建鹏,孙朋磊.区块链国际监管与合规应对[M].北京:机械工业出版社,2019.

[26] 刘瑜恒和周沙骑,2017.证券区块链的应用探索、问题挑战与监管对策[J].金融监管研究(4).

[27] 翟晨曦等,2018.区块链在我国证券市场的应用与监管研究[J].金融监管研究(7).

[28] 卜学民,2019.区块链下证券结算的变革、应用与法律回应[J].财经法学(3).

[29] 保险区块链项目组.保险区块链研究[M].北京:中国金融出版社,2017.

[30] 许闲.保险科技创新运用与商业模式[M].北京:中国金融出版社,2018.

[31] 孙祁祥.保险学[M].6版.北京:北京大学出版社,2017.

[32] 张浪.区块链+商业模式革新与全行业应用实例[M].北京:中国经济出版社,2019.

[33] 许闲,2017.区块链与保险创新:机制,前景与挑战[J].保险研究(5).

[34] 王行江,2016.区块链保险应用探索[J].金融电子化(10).

[35] 王成,史天运,2017.区块链技术综述及铁路应用展望[J].中国铁路(9):91-98.

[36] 安德烈亚斯·安东诺普洛斯著,林华 蔡长春译.区块链通往资产数字化之路[M].北京:中信出版集团,2018.

[37] 李赫,2017.区块链2.0架构及其保险业应用初探[J].金卡工程(1):45-49.

[38] 董宁,朱轩彤,2017.区块链技术演进及产业应用展望[J].信息安全研究,3(3):200-210.

[39] Peer-To-Peer综述.中科院计算技术研究所.

[40] 万振凯主编.ASP.NET3.5前沿技术与实战案例精粹[M].北京:中国铁道出版社,2010.

[41] 段兴利,叶进编.网络社会学词典[M].兰州:甘肃人民出版社,2010.

[42] 理解SSL(https)中的对称加密与非对称加密.红黑联盟.

[43] 首次颁发档案管理系统接入可信时间戳核准证书.中华人民共和国国家档案局.

[44] GB/T 20519-2006《时间戳规范》简介.中国知网.

[45] 唐文剑,吕雯等编著.区块链将如何重新定义世界[M].北京:机械工业出版社,2016.06,第73页.

[46] 周邺飞,2017.区块链核心技术演进之路——共识机制演进(1)[J].计算机教育(4):155-158.

[47] 陈晓峰,王育民,2014.公钥密码体制研究与进展[J].通信学报 25(8):109-118.

[48] Arto Salomaa 著,丁存生译.公钥密码学[M].长沙:国防工业出版社,1998.

[49] 闪电网络.Gitbook.

[50] 高杰,2018.基于 FPGA 的比特币挖矿机的架构设计探索[J].产业与科技论坛(2).

[51] 李哲,2018.基于区块链的电子发票云平台构建研究[J].中国财政科学研究院.

[52] 宋华.供应链金融[M].北京:中国人民大学出版社,2015.